历史的盛宴 II
Feast of history

梁启超 等著　简宁 编

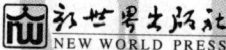

图书在版编目（CIP）数据

历史的盛宴. Ⅱ / 梁启超等著；简宁编. -- 北京：新世界出版社，2016.11
ISBN 978-7-5104-6007-4

Ⅰ.①历… Ⅱ.①梁… ②简… Ⅲ.①中国历史 Ⅳ.①K2

中国版本图书馆CIP数据核字(2016)第247766号

历史的盛宴Ⅱ

作　者：梁启超 等著　简宁 编
责任编辑：余守斌
责任印制：李一鸣　黄厚清
出版发行：新世界出版社
社　　址：北京西城区百万庄大街24号（100037）
发 行 部：(010) 6899 5968　(010) 6899 8705（传真）
总 编 室：(010) 6899 5424　(010) 6832 6679（传真）
http://www.nwp.cn
http://www.nwp.com.cn
版 权 部：+8610 6899 6306
版权部电子信箱：nwpcd@sina.com
印　　刷：三河市骏杰印刷有限公司
经　　销：新华书店
开　　本：710mm×1000mm　1/16
字　　数：276千字　印张：19.5
版　　次：2016年11月第1版　2016年11月第1次印刷
书　　号：ISBN 978-7-5104-6007-4
定　　价：38.00元

版权所有，侵权必究
凡购本社图书，如有缺页、倒页、脱页等印装错误，可随时退换。
客服电话：(010)6899 8638

目录

- 001　**第一部分　义和团运动**
- 002　庚子：辛丑随銮纪实　/岳　超
- 016　汪穰卿笔记（选录）　/汪康年
- 017　庚子问答　/梁漱溟
- 019　梦蕉亭杂记（选录）　/陈夔龙
- 040　永忆录（节录）　/韩国钧
- 041　劳乃宣自订年谱（选录）　/劳乃宣
- 043　光绪二十六年　/冯玉祥
- 052　庚子忆事　/溥　仪
- 055　义和团杂感三题　/陈独秀
- 067　义和团忆事　/马叙伦
- 068　义和团　/辜鸿铭
- 073　庚子佚事　/董作宾

- 081　**第二部分　辛亥革命**
- 082　辛亥武昌首义亲历记　/熊秉坤
- 095　辛亥前后黄克强先生的革命活动　/李书城
- 126　文学社与武昌起义纪略　/李六如
- 134　广州起义亲历记　/熊克武
- 141　荣县独立　/吴玉章
- 155　黄花岗起义与炸毙凤山亲历记　/陈其尤
- 161　四川辛亥革命亲历记　/但懋辛

174	我在辛亥前后所接触的人和事	/陈铭枢
187	滦州起义回忆	/冯玉祥
198	回忆辛亥革命	/张奚若
205	辛亥革命前后杂忆	/仇鳌
221	辛亥海军起义的前前后后	/汤芗铭
228	警卫队员	/陶峙岳
232	回忆辛亥	/王云五
240	辛亥逸闻	/徐永昌
243	入　伍	/刘汝明
249	辛亥革命杂忆	/沈钧儒
254	我在辛亥这一年	/马叙伦
262	辛亥断忆	/梁漱溟
265	辛亥那年	/冯友兰
270	辛亥革命与双十节	/梁启超
280	辛亥革命	/周作人
283	我在辛亥中的几件事	/陈嘉庚
285	辛亥断忆	/胡兰畦
289	我的童年	/溥仪
299	父亲与孙中山	/溥杰
301	载沣与袁世凯的矛盾	/载涛
305	隆裕与载沣之矛盾	/载润

308　编后记

第一部分
义和团运动

  义和团运动是中国19—20世纪之交的一件大事。这场运动起自山东、河北，后在整个中国北方发展，是一场广大下层民众自发掀起，受到一部分清朝顽固派官绅干扰的，带有浓厚排外主义色彩的反帝爱国运动。义和团以"扶清灭洋"为宗旨，以"神道灭洋"相号召，杀洋灭教（基督教）的行动掺以"刀枪不入"的法术，最终以轰轰烈烈的声势与果敢牺牲的惨剧，给世界留下了深刻的印象。世界级著名作家、记者爱伦坡在上中学时闻知义和团运动，随即模仿之，组织了一个"小义和团"。关于义和团的议论，一向是毁誉参半，争论至今日。我们且看经历过那个时代的名人们的看法。

庚子：辛丑随銮纪实

岳 超

余为满族人，姓叶赫那拉，与慈禧皇太后同族，属其侄孙辈，父名伊里布，为清廷御前虎枪侍卫。余九岁入官学攻读，兼习武。十七岁时补神机营管理大臣桂祥（慈禧之胞弟）之戈什哈（满语：卫士），故能经常伴随出入府第宫廷。庚子——辛丑间曾随銮往返北京、西安，回忆经过如次。

（一）

庚子年七月二十一日（一九〇〇年八月十五日）上午五时许，余照例肩荷英国制十三响快枪，与其他扈从二十余人随护桂祥上朝；至神武门时甫六时，即见御前侍卫、太监、宫女等随慈禧、光绪、隆裕、瑾妃及大阿哥等自宫内徒步走来。到此上朝之各王公大臣约五六十人及随员、侍从等当即就地跪下。桂祥问："佛爷上哪儿去？"慈禧似怒气犹未消（出走时曾强制珍妃投井），目光炯炯，神色严峻，仅一摆手而未发一言。桂祥即请上本人所乘朱轮、紫缰[1]之大鞍骡车，由桂祥坐在车外。此轿车上部围蓝呢，不围红呢，

---

[1] 清制：入八分公以上爵位赐朱轮、紫缰、宝石顶、双眼花翎、牛角灯、茶搭子、马坐褥和铜门钉。

原为亲贵特种仪仗。光绪乘伦贝子之车，由溥伦跨车外。隆裕及宫眷等分乘各王公大臣之车。慈禧衣蓝布大褂，挽"旗头座"式发髻（平常在宫中召见王公大臣时亦曾作此种打扮）。彼年已六十有余，因善保养，容色犹好，如四十许人。

光绪着青洋绉大褂，手携一赤金水烟袋，神色沮丧，盖国运隆替，自身安危，复不可测；兼之爱妃甫遭毒手，计时遗体尚温；光绪能克制至此，已属不易。

两宫上车后，各王公大臣或骑马，或徒步，跻跻跄跄，随后扈从，形成一色彩纷呈之凌乱纵队，约千人，尚肃静，经由景山西街出地安门西行。上午八时许，至西直门，忽下细雨，从者均未携雨具，悉被淋透，踯躅道中，厥状萧索凄苦。忆当年慈禧乘亮轿或暖轿出入此门时，黄土垫道，銮仪整肃，对对提炉中御香缥缈，檀气氤氲之情形，宛如隔世矣。

出西直门折而北，经通颐和园之御道至高亮桥，慈禧、光绪等下车，入桥头倚虹堂小息。此处小桥流水，曲槛红墙，槐柳成荫，景色宜人，原派有太监看守管理，随时准备慈禧临幸颐和园时在此打尖；南岸有船坞，北岸有码头，慈禧如欲泛舟入颐和园时，即在此处下船。

上午十一时左右，到达颐和园，两宫下车入仁寿殿打尖。慈禧每年在此居住时日，较住大内时犹多，故派有总管太监，一切供应，自甚周至。各王公大臣旋入殿叩头问安。慈禧见庆亲王奕劻、端郡王载漪等时怫然说："都是你们闹的！"言时声色俱厉。各王顿首，叩地有声，但慈禧亦未再开言。移时，出园，向西北行进。

此时由京先后赶来随銮西行者，有庄亲王载勋、蒙古亲王那彦图，辅国公载澜、载泽、志均、定昌，大学士刚毅、赵舒翘，侍郎溥兴等人，另有兵勇数千护驾。大队过青龙桥、红山口、望儿山、西北旺等地，于下午七时，到达离京七十里之贯市，即在此驻跸宿夜。

贯市为京西北大镇，与羊坊毗连，甚富庶。居民奉伊斯兰教，多李姓，相传为康熙时著名镖师神弹子李五之后，当时在京城前门外仍设有东光裕镖局,如插该局旗号,大江南北无敢劫车者。李姓族长闻御驾至,急戴缨帽出村跪接,迎两宫登清真礼拜寺大殿,甚清洁,立设盛席供上用,同时赶制全新红绸被褥进奉。此外,复连夜预备驼轿三乘,围以黄布,供两宫及皇后乘坐,以免轿车颠簸晃荡之苦。此项雪中送炭之举,竟使慈禧为之色喜,对之赏赉有加:李姓族长被赏予四品顶戴,以五品顶戴赏于精壮之回民驼轿把式。

是夜,慈禧宿礼拜寺大殿,光绪及后妃宿东、西房。桂祥总管一切,侍卫把守寺门,并在四周巡逻放哨。王公大臣亦由李姓族长招待饮食,分宿于民房中;其他人则多露宿。

七月二十二日(八月十六日),天明即起驾。出发前,李姓族长将昨晚为两宫特备之被褥分放于驼轿中,又在每轿内放进大银锭十只,每只重五十两,一为孝敬,二为压轿,以免行走时摇晃。又在各轿内放点心一大漆盒,供奉不可谓不极尽所能矣。

中午抵南口,稍息打尖。此地因受败兵散勇之骚扰、抢掠,居民多逃入深山,经侍卫、太监等到处寻觅,始获得少量小米及鸡蛋,聊供两宫及后妃熬粥充饥。其他随从人员只得向庄稼地中讨生活。盖庚子年直隶各地丰收,銮驾所经之地,多尚未收割,遍地杂粮红、瓜菜熟,以是员兵粮食,骡马刍秣,咸无代价取给于是,不付钱,付钱亦无人收。随行者均谓"得天之助,命不该绝"。

过居庸关,经四十里关沟,迄晚至岔道,山路坎坷难行,骑者均下马。在一小山村驻跸。除两宫及宫眷住民房,现煮小米粥充饥外,余众多随地露宿,忍饥挨冻,情形相当凄惨。余则坐地倚树假寐而已。

二十三日(十七日)黎明即起,向西续进。经康庄,略事休息,吃小米粥。天又下雨,道路泥泞,跋涉维艰。午后,怀来县在望,但城东有河,值山洪下泄,河水泛滥,复无桥梁可渡。驼轿把式谓"无妨",可徒涉,由士兵多名于驼轿两侧扶持,激流托轿底,几被冲走。至怀来县东门外,知县吴永率多人郊迎,夹道跪接(为出京以来初见),迎两宫等至县衙休息。吴永年三十许,外表文弱,斜肩,但甚精干。以一边塞小县,而能肆筵设席,供应自如，颇非易事。此外，并预作布置，不准散兵游勇入城，故城内秩序安堵；随员及卫队入城后食住均有所安置。

吴永见慈禧、隆裕均未带御寒衣物，即以其眷属较好棉、夹衣贡奉。慈禧而服汉人衣裳，恐尚系破天荒第一次。

当晚，慈禧召见吴永，温语嘉慰；又询其出身、履历，知为浙江人，系曾国藩孙婿。慈禧对曾印象甚好，爱屋及乌，益加器重，即派吴往西路各州开办传驿，赴前站预备皇差，征调粮食供应，总揽行营一切事务。越数日，又降旨以知府留于原省候补，并先换顶戴。回銮后复升任广东道台。

怀来县有四人抬小轿两乘，吴永命连夜用黄布围饰，以备于次日供两宫乘用，较乘驼轿尤胜一筹也。

桂祥有阿芙蓉癖，瘾奇大，随銮离京，事出仓猝，未作准备，三日来肩担重任，疲于奔命，竟忘此吞云吐雾之举。至怀来县后，稍获喘息，从者忽忆此事，偶一问询，竟触桂突发烟瘾，立即全身瘫软，神智昏迷，吸后始瘥，可发一噱。

二十四日（十八日）晨，起驾出怀来城，继续循大道西进。慈禧已传旨径赴宣化府。行十余里，前方忽闪出一彪人马，经查明为甘肃藩台岑春煊前来接驾。岑军称威远军，服黑衣，又号黑衣军，共五营，约二千余人。兵勇多倒背枪。军容不甚整肃。岑广西人，时年约四十，蓄小胡，觐见时，气势颇为剽悍。慈禧见有生力军到，当即召见，命岑注意整顿军风纪，加强治安，兼办前路粮台，而以吴永副之。自此沿途地方官始得机会有所准备，供应及时。然岑对吴永颇轻视，不仅不与合作，且常发生摩擦。

岑春煊奉慈禧懿旨整肃军纪，游兵散勇之打家劫舍者，杀不赦。见太监有骑驴者，杀之，因驴为民间物甚明。此种擅杀内官之行为，前此尚属少见，故引起都总管太监李莲英之不满，认为欺君罔上，但慈禧亦未曾置意。武卫军、毅军之散兵游勇横行恣肆，甚于匪盗。有步兵而骑马者，岑辄杀之。一时虽觉其嚣张跋扈，王公大臣为之侧目，而各地秩序则赖是扭转。是日，过沙城，宿保安州。

二十五日（十九日）宿鸡鸣驿。自此供应日见充裕，因有岑、吴驰驱前站，地方官不得不悉力报效也。

二十六日（二十日）抵宣化府，总兵、知府、知县等率大小官员数十人昇大轿郊迎。慈禧、光绪舍吴永之小轿，改乘四人抬大轿，进南门，驻跸镇台衙门。沿途未净街，居民但遥遥观看而已。在此休整三日，编成亲军小队，各赏戴金顶，发饷银二两。

慈禧派庆亲王奕劻回京交涉与各国议和，并派北洋大臣、直隶总督李鸿章为钦差全权大臣便宜行事，办理议订和约事宜。惟各国对清室王公不信任，交涉迄无头绪，至闰八月李鸿章自南方到京后始开始谈判。李抵京后住贤良寺，外军派兵为之守卫。

二十九日（二十三日）自宣化起驾，继续西行。总兵与知府将所乘大轿献出，围以黄缎，改用八人抬轿，加以侍卫及亲军等前呼后拥，虽不若在京时銮驾之烜赫整齐，究比前数日仓皇、杂乱情形改善多多矣。过大洋河，越积儿岭（直隶、山西交界处），至天镇县住宿，此县已备有行辕及供王公大臣住宿之公馆。沿途村镇，均有士绅迎接供奉。

八月初一（八月二十五日），过阳高县。初三（二十七日）到大同府。总兵以下大小官员出城至五十里铺恭迎。入城后，两宫住官衙，供应丰盛，官员随从生活均大有改善。城郊已无散兵游勇踪迹。时江苏巡抚鹿传霖募兵入卫。在此休息二日。慈禧传旨前往山西省城太原府。

八月初五（二十九日），自大同府出发，折而南行，过怀仁县、张庄、广武，入雁门关，驻跸代州；又经原平、崞县，于八月十四日（九月七日）到达忻州。因次日为中秋节，在此休息一日。十六日（九月九日）续进，宿阳曲湾；十七日（九月十日）到达太原府。

山西巡抚毓贤率领省城文武官吏数百人，至城北二十里之黄土寨跪迎，打尖后，当晚入城，驻跸巡抚衙门。太原仓库中尚存有乾隆南游及西巡太原时所用仪仗銮舆，乃取出应用，并新制龙旗二十四面，以壮观瞻。地方大小官吏，无不尽力报效，金银财帛，衣食服用，应有尽有，几又恢复大内排场。

侍卫队伍，渐有秩序，余不再任警卫矣。

八月杪，军机大臣荣禄，自北京取道南路，经保定、石家庄到太原。彼所统率之武卫中军已全部瓦解。与荣同时南奔者尚有尚书崇绮，惟已在过保定住莲池书院时自缢身死。荣禄抵太原后即奉旨充任首席军机，并命鹿传霖任军机大臣；原军机大臣王文韶（已七十余岁）在怀来已赶来随扈。李鸿章在京与各国折冲后，每日用电报向慈禧电奏请示；各省钱粮亦奉命改道径送太原行在。山西巡抚毓贤为义和团事件祸首之一，辛丑和约规定即行正法者，旋于次年正月初四执行。

闰八月上旬，石家庄方面传来德法联军突又西进之讯，攻击晋东固关要隘。固关在娘子关迤南不远，为入晋正道（娘子关为偏道），古称天险，有一夫当关、万夫难入之势。幸山西军队早有所准备，敌进攻数日，伤亡千余人，未得逞，退去。然消息传来，两宫及王公大臣闻之均如惊弓之鸟，慈禧决定迁地为良，走为上着，传旨准备起驾离晋，转往陕西省城西安府。

闰八月十九日（十月十二日），两宫在太原喘息休养一月之后，重上征途。此次随行人员较前又有增加，军队除八旗士兵外，沿途又有陕军、甘军、川军等肃立道旁，全力警卫。大队日行七八十里，经徐沟县、祁县、平遥县、介休县、灵石具（过韩信岭时，上山、下山八十里，坡度三十至四十，历时一天，人困马乏，载货均卸下）、霍州、赵城、洪洞县、平阳府、侯马镇、闻喜县、蒲州府，至风陵渡，改乘长五丈、宽丈余之未油饰旧木船渡河。时值九秋，天高气爽，风平浪静，经过甚为顺利。登黄河南岸后，即过潼关入陕，经华阴县、临潼县，于九月初四日（十月二十六日）到达西安府。全程历时半月。

西安有南院、北院。南院为陕西巡抚衙门，但房屋不若北院之原陕甘总督衙门之宽大华美，后者有房数百间。两宫同住北院，由董福祥部管带五人轮流值班护卫。每日上朝之王公大臣逐渐增至近百。江苏学政瞿鸿禨任满来西安，命在军机大臣上学习行走。由京来陕之太监续到不少，均由北路来，据谓较南路安全云。

过蒲州府时，忽降谕旨，着革去庄亲王载勋爵位；至西安后，又于辛丑正月初三日（一九〇一年二月二十一日）降旨赐帛[1]。盖李鸿章在京议和，条约十二款之第二款第一项即为惩办伤害诸国国家及人民之祸首诸臣，载勋亦单上有名，特赐帛令自尽也。嗣后又降旨革去端郡王载漪之王爵、辅国公载澜之公爵，发往新疆充军，永远监禁，永不减免；又降旨革去协办大学士吏部尚书刚毅、刑部尚书赵舒翘之职，除刚毅已在途中病故外，赵舒翘着岑春煊监视自尽。

在北京方面，大学士徐桐已病故不问外，礼部尚书启秀、刑部左侍郎徐永煜均革职正法。闻当辛丑正月初八日（一月二十六日）执行时，外人因中国处决大臣，多赴刑场参观行刑经过，并摄影。

慈禧携光绪到长安后，自觉距敌已远，内顾无忧，已至安全地带，一方面谕令李鸿章等不惜任何代价，力求早日缔成和约，一方面不顾各省天灾频仍，兵祸连结，只求继续偏安陕中，养尊处优，令将南漕之米，改以半数折价，交纳现银；半数在徐州附近起岸，由陆路运送西安。两宫在陕驻跸年余，每日自晨迄晚，长安东郊道上，车辚辚、马萧萧，但见运粮、运银[2]大车络绎不绝。关中丰收一年，可以食用三年，但自己亥以还，大旱三载，民多菜色，长安市上，饿殍载道（桂祥家雇一女仆，自谓家中有地两顷，仅为求食而来，不计工资），两宫身处宫禁，耳不聪、目不明，自不关心民命，而王公大臣视而不见，听而不闻，实情无可原，惟知日以慈禧喜闻乐见之事谎告取宠。内官李莲英入陕后更承慈禧之欢，权势日大，卖官鬻爵，多经其手。各省地方官进奉慈禧之贡品，照例另赠李莲英一份，否则则多方刁难。回銮时，用黄色绳带抬运之箱笼为慈禧财物，而用红色绳带者即为李阉之财物，李之所有竟逾慈禧之半，亦足惊人矣。

慈禧穷奢极欲，由来已久。在西安经年，未计国亡无日，民不堪扰，一

---

[1] 清制：亲王犯死罪不斩首而为"赐帛"，即用白绫数尺令其自尽。
[2] 运银方法，系用长三尺余、径尺余之原木，对半剖开挖空，敲放每锭五十两之银元宝。每段装十锭，每车装一二十段，名曰"银撬"。

味敲骨吮髓，满足一己之享受。两湖总督张之洞供应稍差，慈禧立派吴永前往坐索压挤。就饮食一项而言，即由总管大巨继禄管理，精益求精，俨然大内作风。行宫逼仄，远不若北京后宫之恢宏，然御膳房之规模，仍分为荤局、素局、菜局、饭局、粥局、茶局、酪局、点心局等，每局设管事太监一人，厨司数人至十数人不等。辛丑在陕度夏，慈禧要吃冰镇酸梅汤，关中天气温热，向无存冰，御膳房计无所出。有当地人建议，谓距长安城西南百余里之太白山，为长安八景之一："太白积雪六月天"，山中有一岩洞，深邃阴凉，内有千年不化之冰。因命地方官每日派人赴太白山运冰，供御膳房用。

慈禧好玩乐，百戏杂陈，亦不感烦腻。西安仅有一低级京戏班，自不合其口味。李莲英物色陕西地方戏班，召入行宫演唱，连以碗碟打花点说书者亦蒙其光顾。有时或与各命妇作牧猪奴之戏以取乐，以金球、元宝作赌注，或写字作画消遣。慈禧年逾花甲，自京至陕辗转数千里，颠沛劳顿，终未见风尘之色。反之，光绪容颜憔悴，若有重忧，从来未见片刻开朗或偶一强作欢笑；谨言慎行，唯恐大祸随时及身。盖慈禧对彼警惕性甚高，周围耳目众多，爪牙密布，光绪一言一行，慈禧无不立知。

（二）

庚子十一月，随驾到陕之辅国公定昌因病身故，奉旨运其灵柩回京安葬，并派员沿途护送照料。定昌兼任神机营帮统，因此由管理神机营大臣桂祥办理运灵事宜。彼时一般人视北行为畏途，以北京为险地，绝少敢轻予尝试者。时余正当青年，不计利害，自告奋勇，愿承此差。经桂祥同意，并嘱余便道一觇北京实况，尤嘱注意桂公府情形，令事毕立即返陕复命。

庚子十二月上旬，余化装农民模样，押运定昌灵柩出西安。经潼关渡河，循原道过太原，经大同赴北京。

过宣化府后，情况突见紧张，洋兵调动频繁，骚扰特甚，民不堪命。过居庸关行近北京时，余亦为之经常惊怵不安。据传：中国人见洋人时必须脱帽敬礼，否则即遭毒打，甚至有性命之忧。余顺利押运灵柩至城郊寄庙停放后，即入城通知定公爷之家属，完成任务。

"国破山河在，城春草木深！"京师市街依旧，景色全非：战迹斑斑，蓬蒿满目，一派亡国景象。八国侵略军已将北京瓜分：正阳门、崇文门、宣武门迤南由英军与美军管辖，东直门至西直门迤北由日军管辖，朝阳门迤南由俄军管辖，阜成门迤南由法军管辖、迤北归义（指意大利——编者）军管辖，皇城内由比军管辖。在各国军管地区内之商店住户，均须在门前张挂各该管辖国国旗。例如：东直门至西直门迤北地区内，均悬挂日本太阳旗，并在旗上大书"大日本顺民"字样。早晚扫街、泼水各两次，稍有违犯，即遭毒打。入夜，各户门前得点燃灯笼一个。洋人向中国商店、住户赊买需索，视成寻常。未及逃亡之王公、大臣、贝勒，被洋人入府抓去，勒逼抬粪、运尸、蹓马或作其他劳役者，颇不乏人。

其时，京中有能操外语之民族败类，甘愿为虎作伥，横行霸道，欺压善良；其中有投各管辖国充当各该地区巡捕者，着各国不同之警察服装，作洋人统治中国人之爪牙，尤为可恶。彼等对居民打骂勒索，向各该地区特许开设之赌局、烟馆逼收规费、"保险费"。娼妓满街，盗匪如毛，买卖估衣与百货之摊贩，充斥街头，其中有洋兵抢来之"战利品"，有盗贼之赃物，均明目张胆，公然销售。

入侵各国驻军都无恶不作。城北日军驻区居民拥挤，生活较安。日军任川岛浪速为警察局长。还都以后，清政府竟仍令继续办理，并加聘川岛为警察总教练，试办警政。

到京之次日，余往东城方嘉园胡同桂公府察看，已住满德军，百余间房屋及其中家具什物，尽为德军所占用。联军统帅、德军司令瓦德西住在西苑仪鸾殿。一切坛庙、官衙、局所均被践踏破坏，不可言状。

余在此黑暗、惨淡之北京勉度春节后，即循原道遄返西安复命，共费时三十八天，至西安时已二月上旬矣。桂祥改派余至总管虎神营大臣溥兴处充当戈什哈。

（三）

按辛丑条约第一款之规定，钦派醇亲王载沣为头等专任大臣，于六月初七日（一九〇一年七月二十二日）由北京启程"赴大德国大皇帝前代表大清国大皇帝暨国家致惋惜之意"。实则载沣去德道歉较此为早，并于辛丑五月由德返国至西安复命。

闻载沣抵德京柏林后，清德双方对谢罪仪式曾一度发生争执。德皇威廉大帝命中国亲王见德皇谢罪时须行跪拜之礼，此种侮辱，使载沣不堪忍受，后经据理力争，谓世界各国使节觐见彼此元首时均无行跪拜礼者，若德皇强欲清使行中国礼，受礼者未必光荣，如传闻于他国，反为德国之耻，措辞委婉而极有理，经过多次往返交涉，威廉始放弃原议，决定行三鞠躬礼。

至于为克林德建立之纪念碑，至辛丑还都之后始在崇文门大街兴建，有牌楼五个，高二丈余，共费银一百二十万两，费时年余。此一国耻纪念碑直至一九一九年第一次世界大战结束时，始被驻京法军会同民国政府派人予以拆毁，将一部分石块移放中山公园。今日所见之"保卫和平"牌楼即其一部分。

辛丑七月，西安传说：北京和议告成，两宫即将择日还都。以是自京流亡西安者，无论王公大臣、官吏兵卒，无不欢欣若狂，奔走相告；忙于置办行装，选购土特产（如土布之类）。溥伦患近视，通满、汉、蒙文，好唱戏；但附庸风雅，又好金石书画，兴之所至，竟将西安碑林中之某名碑拆卸后藏诸府中，于还都时装车运京。见之者不明就里，但谓伦贝子装了一车石头当作宝贝。

西安作为行在达一年余，为市场带来一定之表面繁荣，但对广大人民并未有所补益，唯见生活程度日高，贫富益见悬殊而已。故还都之讯，老百姓反映不仅甚为淡漠，且有早去为妙之感。盖关中旱荒三年，在上者一不关切，二不救济，而还都之举，最要者莫如交通工具及人力畜力之征集，除有自备车马者之外，均须向西安府与长安县要车马、要人伕，而此两个衙门即转而向四乡农民征用，不问是否农忙季节，有车征车，见人抓人，三年旱灾之后又逢此项征用与徭役,"苛政猛于虎"之说,不为过也。

按清代驰驿之制,官吏过境,不论官阶大小,地方官均得为之预备食宿。此次还都,对御驾必须尽力供奉,事属当然;但尚有其他大小官吏及其眷属、随从达数千之众,在供应方面,负担既重,困难亦多,因决定分三批启程:第一批,为在陕无紧要工作者;第二批随銮应命者;第三批,在京中无要事者。又将沿途各州县,分为尖站与宿站,俾便分工合作,计划供应。

饮食供应办法,按官阶高低而定。例如王公大臣,为每人"上八八"一席,有海味及鸡鸭鱼肉菜品等八碗八碟;"下六六"一桌或数桌,供随员及卫士等食用。中下级官吏每人"中八八"一桌,有鸡鸭肉菜等。如此办席一次,常达数百桌,故每过一州县,支应局所搭临时厨房即占半条街。

宿所方面,各公馆张灯结彩,供应周全;但至次晨离去之时,不仅所陈铜香炉、锡蜡台常不翼而飞,连彩绸亦被席卷而去。此种贪污盗窃行为,虽为下人所作,在上者亦熟视无睹,故作痴聋。地方官惟有含怒忍痛,转而嫁祸于小民而已。

太监对地方官吏需索要求尤苛,致使某县令因无法张罗,愤而摘下官帽,声称"干不了"而去行辕坐地待罪。

(四)

辛丑八月(一九〇一年十月)两宫由西安回銮,除省城内趋炎附势之士绅紧张周旋外,一般人民则毫无表示,彼此既休戚无关,阶级对立更见分明,感情自必更无由建立也。

两宫分乘八人抬亮轿,舆夫所穿红绸驾衣,系仿照北京銮仪卫之款式裁制。轿前有御前大臣及侍卫并辔而行,再前为大群武装部队,而以二十四面黄龙旗开路。大道上均垫黄土,两旁有护驾军队之士兵站道,计有属陕西巡抚升允之陕军,有属甘肃提督邓增之甘军,有属四川提督夏毓秀之川军,亦有属直隶提督马玉昆(已八十余岁)之毅军。

第一日，出长安东门，仅行进四十里，止于临潼县，为两宫去华清池温泉休沐也。次日起，按站前进，至华阴县，驻跸华阴庙，两宫赴华山山麓之玉泉院降香，停留一日。然后东出潼关，入河南省境，过函谷关，宿陕州。

河南巡抚为满族人松寿，善逢迎，并知发动民众，制造影响。御驾所经各地，相互竞赛供应。即尖站亦均漆绘彩画，摆设铺陈，满置鲜花，芳香袭人，甚得慈禧欢心，屡被升迁至闽浙总督。

是岁，豫省年景较好，慈禧传旨不禁跸，使农民能扶老携幼，至御驾所经大道跪迎两宫，一睹"天颜"。有献瓜果者，有献土产者，慈禧均命略取一二置轿中，或赏随从食用。对农民亦有所赏赐。

在洛阳县驻跸三日。两宫赴龙门山、千佛岩游览，在香山庙降香，道经关羽墓，亦下轿盘桓。回洛阳时，路旁遍跪男女老幼，瞻仰"御容"；亦有年老居民在门前摆设桌椅，供陈果点者，经慈禧问明情由，命将供品收下，由御前大臣给予赏赐。

慈禧为收揽人心，在洛阳订造大批银牌。牌长四寸，宽寸许，作葫芦形，带黄色丝穗，重一两，上镌"卿赏耆民"四字，不知作何解释。御前大臣及侍卫等人各带银牌若干，待慈禧向道旁某人一指，即赏给一块，而获赏者多为老人。此举直至在保定府上车时始止，共赏发银牌为数不少。

离洛阳后，第一日宿虎牢关，第二日起经偃师县、巩县、荥阳县、郑州及中牟县，于第五日至河南省城开封府，驻跸半月，因十月中为两宫万寿（光绪十月初生，慈禧则在月中），开封地方较大，便于进行庆祝活动也。万寿之日，排场甚大，一如在北京宫中，地方官吏竭力报效，所费不赀。在此期间，两宫曾游览宋室宫院旧龙亭。

两宫过万寿后即启程北上。开封距黄河仅二十里左右，因人多，车马杂沓，分在柳园口、黑岗口两处渡河。时汛期已过，河面宽度不及十里，所用渡船，为求平稳、安全与壮观，系用大船五艘联结而成，饰有龙头、龙尾，船身内外油漆彩绘。

是时已为十一月中旬，天气日见寒冷，故自此每日按站前进，不再游山逛景，以便早日到京。过卫辉府（今汲县）、彰德府（今安阳县）至磁州，自陕护送御驾之各省官员与军队，即将所负任务移交由直隶总督袁世凯及其他军队，各返本省。张勋自此与两宫开始接近，并渐获得宠信。张好交游，善花钱，人缘甚好。慈禧返京后住颐和园时，亦由张带队驻园保护。

袁世凯统率之武卫右军，系按德式操典训练，持枪背包，军容甚壮，战斗力亦强，闻已在山东将义和团肃清，故慈禧对袁颇为器重。在此以前各地编练之新军均跪迎、跪送，惟袁之部队不下跪，仅吹号、举枪，按军礼迎送。因是遂有人讽刺袁世凯，谓彼所带者为洋鬼子兵。

在开封时，慈禧降旨撤销溥儁之"大阿哥"称号，改封为不入八分辅国公衔，时溥儁已十七岁，系一纨绔子弟。在西安时因系太子身份，不容出宫，历史资料中有彼在西安看戏打架之说，事出揣测，不确。

溥儁出宫后，地位一落千丈，顿时无人理睬。因既无继承大统之望，即端王之荫庇亦不可得，兼以平日人缘甚坏，"墙倒众人推"，更为人所不齿。溥儁已无乘轿资格，落入第三批人之中回京，从此默默无闻。民国七八年间，彼住什刹海附近蒙古罗王府，仍梳大辫，常至后门一带茶坊酒肆喝茶饮酒，后忽不见，当已死。

离磁州后，经顺德府（今邢台县），到达正定府，驻跸三日。两宫到大佛寺降香，并为铜菩萨悬匾一方，闻至今犹存。此寺系唐代名将尉迟恭所建，铜佛高三丈余，殿顶已毁，佛顶露天，慈禧传旨拨款重修。寺占地甚广，房屋可驻军一师，民国以后，在军阀内战中又被破坏过半云。

由正定改乘火车北上。花车内部系用黄缎障壁，铺黄龙图案之地毯，极尽金碧辉煌之概（后曾用此车迎接班禅）。不到一日，即达北京附近丰台镇迤北之京汉铁路起点站马家堡车站。此时火车尚不准入城，马家堡距永定门十五里，有电车可通，义和团入京后轨道被拆除，车辆亦多被毁。

专车于下午三时开入马家堡车站。京中王公大臣暨文武大小官吏，均到车站跪接"圣驾"。各国男女，为欲一见垂帘听政有年之中国皇太后及政权旁落、一如监犯之中国大皇帝，咸麇集车站；见两宫出站，即蜂拥向前，秩序紊乱，毫无礼貌可言。且有持摄影机照相者，此举在当时可谓为"大不敬"。慈禧亦无如之何，可见当时清廷之威信及外人对中国元首之藐视矣。

自马家堡车站至天安门，沿途禁跸，黄土垫道，由穿马褂、挎腰刀之八旗兵站岗保护。銮仪卫出动全副銮驾，以八人抬暖轿迎两宫回宫。

天安门虽已刷抹红灰，仍可见累累弹痕，端门亦然，可见当时义和团及清军抵抗之烈。

(一九六二年)

——摘自《晚清宫廷生活见闻》

汪穰卿笔记（选录）

汪康年[1]

　　都城西山之翠微山有八寺焉，中惟焰光寺与灵光寺已鞠为茂草。今灵光已修复，改为重兴寺。或告余庚子联军既入，有拳匪余孽匿翠微，居焰光者居多，灵光次之。拳匪无所得食，则以近村富人韩姓至，勒出万金。韩请减不许，竟杀之。韩之妻子拟控诸所司，知不可恃。或曰："径入城控诸洋人较佳。"则果以兵队至寺前。匪犹高卧未知也。闻枪声一排，乃惊起，仓皇出御，尽被杀。且曰："寺藏匪，亦宜毁。"遂烬焉。一塔甚宏壮，枪炮均非宜，则以火药轰之，今惟存瓦砾矣。余怒及灵光寺，亦毁焉。

——摘自《义和团史料》

---

[1] 汪康年，字穰卿，浙江钱塘人。光绪二十年（一八九四）进士。先在上海主持《时务报》及《中西日报》。光绪三十年入京，官内阁中书，又先后创办《京报》《当言报》。本书为其杂记见闻之作，一九二六年印行。

庚子问答

梁漱溟[1]

问：八国联军进北京，距今已有八十六年了，能亲自耳闻目睹这一历史事件者如今已为数极少。梁先生对这一重大事件尚能记忆否？

答：当时我已八岁，还能记得一些事情。有的是当时听家里大人说的，比如，义和团杀了德国公使和日本书记官，当时把这根导火线说成是八国联军打进北京的主要原因。八国联军进北京后，把北京城分成八个区域，一个国家管一个地区，凡德国和日本管辖的地区，中国老百姓，受害最深，因为他们极力报复；又比如，八国联军统帅瓦德西住进紫禁城，会说外国话的妓女赛金花陪住，她还骑着高头大马在东西长安街上行走，大人都骂她是"不要脸的东西"……这些都是当时亲耳所闻。还有西太后携光绪皇帝逃离北京，消息震动全城。"国不可一日无君"的思想在当时一般人的脑子里还是根深蒂固的。记得这一消息传到我家中的时候，全家上下都哑然失色，不思饮食，连小孩子也得规规矩矩，不许像平时那样蹦蹦跳跳了。后来又听说庆亲王、李鸿章代表清廷与八国联军议和。值得一提的是辜鸿铭，他是谈判的

---

[1] 梁漱溟，著名学者，十九岁入教北京大学，为北大最年轻的教员。后来从事政治活动，系民主同盟著名政治活动家。

翻译，精通多种外国语。听大人们说，他的后台是两江总督刘坤一与湖广总督张之洞。刘、张在北京被八国联军占领后，便提出"东南自保"，以示抗衡。辜鸿铭一面参加谈判工作，一面与张、刘电报联络。我知道辜鸿铭的名字，便是在庚子年，大人们几乎天天在饭桌上谈到他。还有一件事是我亲身经历的。当时我家居宣武门外米市胡同，属美国人管辖范围。相比之下，他们对中国老百姓的压迫要稍好于德、日。但整个北京城都在外国侵略者的统治下，外边风声鹤唳，老百姓终日惶惶，都不敢轻易外出。我家也大门紧闭，足不出户。因为年纪小，这种坐牢般的日子，印象极深。有一天，忽然大门被敲得砰砰直响，进来几个外国兵，还有一位中国翻译。他们气势汹汹地在家里搜了一通，没有查出什么，偏偏在我的房间里，砸坏了我的儿童玩具枪和剑，使我十分伤心。然后盘问我的父亲，像查户口似的，最后命令："不许外人留宿，违者受罚。"走到大门口，又指着大门两侧的脏土杂物厉声厉色地说："这里太脏了，你们要天天清扫。"说完扬长而去，全家这才松了口气。父亲回到屋里一屁股坐进太师椅里，半天说不出话来。

——摘自《梁漱溟问答录》

梦蕉亭杂记（选录）

陈夔龙[1]

已革端亲王载漪少不读书，刚愎自用。自己亥冬间，其子溥儁立为大阿哥，朝中视线均集于该邸。满大臣中竟有先递如意，希冀他日恩宠者。所管虎神营，于神机营外，独树一帜。庚子拳匪乱起，一意提倡之。维时某相国、某上公均授溥儁读，皆笃信拳匪，恃以仇教灭洋。漪遂深信不疑，谓拳可恃。步军统领已革庄亲王载勋，右翼总兵其弟载澜复附和之。凡拳民入京赴庄王府挂号，即为义民。旬日之间，乱民集都城不下数万，均首缠红布，手持短刀，杀人放火，昼夜喧嚣，有司不敢过问。

各公使馆由天津调兵入京自卫，苦于兵数无多，仅于东交民巷东西巷口设卡驻兵，与我相持。董福祥一军经调扎正阳门、东安门一带，保护内廷，严饬不准与洋兵冲突。董福祥带武卫后军归荣相节制。讵载漪暗相结纳，引为己用，福祥亦以灭洋自任。荣相再三戒饬，竟不听命。实则福祥虽号知兵，

---

[1] 陈夔龙，字筱石，号庸庵，贵州贵筑人，开州籍。光绪十二年（一八八六）进士，庚子年（一九〇〇）夏秋之交任顺天府尹。后派充留京办事大臣，参与襄办和约，实授京尹一年有余。辛丑年（一九〇一）简任河南布政使，未上任。旋署理漕督。后调任湖广总督、直隶总督。义和团运动和八国联军入侵北京时，作者正在北京。本书所记庚子、辛丑事十余则，皆为作者亲身经历。

但参与阵仗无几。而泰西节制之师，彼实未经尝试，因之相持数月，拥数万之众，乘势攻取，竟无如千余守使馆洋兵何。朝廷亦以攻使馆为非计，特叫大起三次。凡近支王公大臣、内阁、六部九卿均蒙召见，面询方略。许侍郎景澄、袁太常卿昶力言衅不可开。言辞激烈，竟触载漪之怒，当面申饬，杀身之祸即肇于此。嗣闻天津不守，外兵行将入京救护公使侨民；盈廷士夫均意在从速议和，漪怒甚，遂矫旨先将许侍郎、袁京卿正法，以钳诸臣之口。未几，而徐尚书用仪，立尚书山、联阁学元相继弃市，时距洋兵入城甫三日也。比时朝野震撼，人心惶惶，几有朝不保暮之势。总缘彼有恃而不恐，盖欲早举非常之事，而事与心违，大欲未遂，矫而出此，倒行逆施，致成两宫西幸之局。而国事危如累卵，已亦身败名裂，哀哉！

当载漪恣睢用事时，余适署顺天府尹，有安抚地方之责。五月十八日，义和团火烧前门外大栅栏某洋货铺，延烧广德楼茶园，竟召燎原之祸。大栅栏以东珠宝市为京师精华荟萃之地，化为灰烬。火焰飞入正阳门城楼，百雉亦遭焚毁。此诚我朝二百年未有之变，炉房二十余家，均设珠宝市，为金融机关，市既被毁，炉房失业，京城内外大小钱庄银号，汇划不灵，大受影响。越日，东四牌楼著名钱铺四恒，首先歇业。四恒者，恒兴、恒利、恒和、恒源，均系甬商经纪，开设京都已二百余年，信用最著，流通亦最广。一旦停业，关系京师数十万人财产生计，举国皇皇。

余适入内奏事，忽奉旨令于召见军机后入见。向例臣工叫起，均在军机之前，此次忽命留后，不知上意所在。心切惴惴，亟趋诣朝房祗候。晤庆邸，略谈数语。忽苏拉来报，端郡王已到门，余素无一面之缘，无从款叙。渠入门横目以视，故为不屑之状。庆邸亟谓彼曰：此是顺天府尹陈某，在此预备召见，是我们衙门旧同事，署任京兆，现在地面上事全亏他。渠唯唯。余甫与周旋，内监已传旨命余入见。两宫问地方安靖否。后问所管近畿各州县，有无民教相仇之案续行发生。末谓："昨日四恒因炉房被毁，周转不灵，呈请歇业。四恒为京师金融机关，岂可一日闭门。我命步军统领崇礼设法维持。他与四恒颇有往来，又系地面衙门，容易为力。讵彼只有叩头，诿为顺天府之事。尔是地方官，本难卸责。此事究应如何办理？我想四恒本非无钱，不过为炉房所累，一时不能周转。如以银根见紧，官家可先借银给他从速开市，免得穷民受苦。尔可回署传谕该商等妥筹办法，以三日内办好为妥。"

承旨出，刚相候于门外，对余曰："四恒事太后曾向我谈过，我谓非君不办。但奉托一言，勿论如何，切勿牵累当铺。至嘱，至嘱！"余奉命已觉毫无办法，聆刚相言，更不知其意何在。当即回署，传见大、宛两县。讵两县均系油滑老吏，不献一策。治中王君系忠厚长者，询之亦不得要领。此事关乎民生市面，又奉特派，讵能任意延宕，空言搪塞。经历邢君进而言曰：尹署有事，治中两县经历同见。"接济四恒，先须筹款，京师城厢内外当铺约一百十余家，均系殷实股东，若命两县传谕每家暂借银一万，共有一百十余万，可救暂时四恒之急，且当铺均有殷实股东，闻刚相亦有当铺三处。"始悟刚相切托毋牵累当铺者以此。余谓："市面如此恐慌，当铺与四恒风马牛不相及，岂可以官势硬借？"邢谓："四恒局面恢阔，各家当铺均借有四恒之款，此时不过借官面为渠筹划拨耳。"余谓："君言甚善。惟早间奉上面谕，允拨官款伙助，既有官款，何必累及当铺。现与诸君但商此时如何承借，将来如何归还，暨如何分配，如何抵押种种手续耳。自维一介穷京曹，与四恒素少往还，不知该商等内容底细，今奏借官款，勿论内帑，勿论部帑，责任均由顺天府一人担负。万一四恒将来不能归还，又将奈何？"金云："此层可不必顾虑。京中大宗商务，如木厂、洋货庄、山西票庄、粮食铺、当典铺均借有四恒银两，必有借券为据，即以借券作抵押品。如奏请一百万官款，即令四恒将各商借券一百万存入府库备抵，岂不切实。"余以为可行。斟酌再四，票商殷实，并有山西老号为根据，当商纵令关闭，架上有货，亦较他商为切实。卒以二者借券为抵。议定，余挑灯自行削草，漏夜缮折；冀早奏上，奉旨允行，人心为之大定。

查原奏系请官款一百万两：计内帑五十万两、部帑五十万两。内帑五十万，越日即行发出。部款五十万，余请于王文勤公文韶。时官户尚。比时户部为董福祥驻兵，司员星散，部库亦被封锁，无从领取。而四恒需款甚急，文勤亦无所措手。适遇戎曹旧僚友某君告余曰："闻君处分四恒事甚好，商民莫不感诵。户部现驻董军，部款未能领出，自系实情。但该部有内库，在东华门内内阁后门东偏。闻之先辈言，庚申文宗幸热河濒行，敕户部提银一百万存入内库。此时当尚存在，何不一查。"翼日入见文勤，备述始末。文勤曰："微君言，吾亦忘之。"立时传谕所司，开库发款，分交四恒领讫。厥后两宫西幸，洋兵入京。东华门为日兵佐守护。全权入京。百事待理，部库五百万余款，均由某国捆载东去，赫德为余言。而全权办事处设立，需款孔亟。余犹密令陶君大均权商日官，将内库剩存五十万两联车运出，以济急用。事后思之，诚为始愿所不及云。

端邸挟贵倚势，盛气凌人，汉大臣中稍有才具者，必遭忌克。当义和团火烧正阳门，中外衅端已启，朝廷犹不忍毅然决裂，特于五月廿一、二、三等日，连叫大起，召见王公贝勒军机内阁六部九卿，面询方略。每日两次召见于西苑仪鸾殿东煖阁。两宫背窗北面坐，门由西进，座前设御案一，与门相距咫尺，臣工揭帘入，由御案前经过，均往后跪；案前数尺地，由近支亲王军机重臣环跪，便于参赞密勿。他臣不敢越过。讵是日早起，嘉兴许文肃公景澄进门稍迟，视阁内人数拥挤，无从退后，乃跪于御座旁。军机大臣仁和王文勤公文韶首言外衅万不可开，使馆尤宜保护。端邸当面呵斥。文勤汗流浃背，俯首不敢再言。皇上紧握文肃之手，谓："尔出使外洋多年，现又在译署当差，必有处置善法。"文节对如文勤所言。近支王公群相责备，人多言杂，不得要领而退。

迨午后二次叫起，各大臣咸在仪鸾门外朝房伺候，袁忠愍公昶忽谓濂公曰：（名载濂，端王兄。）"围攻使馆，此系野蛮办法，德使已被戕，倘各使再有伤害，各国岂肯干休。弥天大祸，即在目前。请向端邸切说，不可孟浪。"言时声泪俱下，顿失常度。濂公怫然曰："此事我不能管，尔可径向端王说话。"未几，两宫叫起，各大臣慑于天威，咫尺不敢进言，但静候上头处分而已。连叫三日大起，仍不得要领而散。从此端邸切恨许、袁二公，杀机即伏于此。七月初三日，两公菜市正命，举国衔哀。

越数日，余谒荣文忠于邸第，商酌弹压地面方略。董福祥排闼直入，谓文忠曰："此事从何说起，顷间端邸传见，令我添兵攻取使馆，我兵已损伤不少，岂可再调。"言词悻然。文忠漫应之，余料其尚有他事，先辞出。福祥告文忠曰："我看陈府尹很好，不知端邸何以大说渠闲话。"文忠曰："陈府尹与端邸各办各事，如风马牛不相及，闲话从何而来。我见端邸可代为疏通。"越日，文忠入直，两宫发下端邸封奏一件，共参十五人，首李文忠，次王文勤，均请即行正法。余第十五，折中不言余由兵部出身，但言余由总理衙门出身。意余与洋人办过交涉，因以罪余。时文勤甫入直房，文忠即将端折置入匣内，不令文勤阅看。少焉，内奏事太监传旨入见，诸事承旨毕，参折尚存御案上。太后无语，皇上视文忠冀有转圜之策。文忠奏曰："中外决裂如此，全系载漪作成，今日又有封奏，不知载漪愿将祖宗天下闹坏到如何地步方始罢休！"太后矍然曰："我亦不以彼为然，今日封奏，着即阁起，勿庸议。"文忠碰头回顾王文勤曰："可速碰头谢恩。"文勤重听，此事全不知底细，尚以为获邀赏赐上方珍件也。迨退入直庐，文忠以原折交其阅视，文勤惊喜交集。

余以署任人员，日在枪炮林中，力顾考成，代人受过，太觉不值，言于文忠，请令王君培佑回府尹任。文忠初不允奏，嗣以端邸与余有意见，恐蹈危机，因奏饬王培佑回本任。太后谓："陈夔龙署事以来，百废俱举，且经手承办要件甚多，何能听其交卸。"文忠谓："陈夔龙奉办各要件，已有端倪，既有本任人员，似应令其到任历练，俾免旷职。"太后始允，既而曰："陈夔龙办事得力，无端令其交卸，未免面子下不去。"文忠谓："诚如上言，查王培佑现署太仆寺卿，亦系三品大员，可否即令陈夔龙署理。"旨曰"可"。余遂于七月十二日卸府尹任。迨二十一日北京不守，两宫西狩，余无守土之责，获免清议，惟有惭汗而已。

董福祥围攻使馆，相持日久。一日，端邸忽矫传旨意，命荣文忠公以红衣大将军进取。红衣大将军者，为头等炮位。国朝初入关时，特用以攻取齐化门者，嗣后并不恒用，弃藏至今，形式仅存。即访当年谙习演放炮弹兵弁之子孙，现存亦属寥寥。炮身量极重大，非先期建筑炮架不适于用。以地势言，此项炮架须建立于东安门内东城根城外，即御河桥桥南西岸。迤逦数十步即英使馆，统计由城根至使馆不及半里。各国公使参随各员并妇孺等，均藏身于馆内。该馆屋宇连云，鳞次栉比，倘以巨炮连轰数次，断无不摧陷之理。不知该邸何以出此种政策。此炮放出，声闻数里，宫中亦必听闻，亦断不能演而不放。文忠心颇忧之。继得一策，以炮弹准否全在表尺，表尺加高一分，炮位放出必高出一尺之外。密嘱炮手准表尺所定部位略加高二三分，轰然发出，势若雷奔电掣，已超过该馆屋脊视线，出前门直达草厂十条胡同山西票商百川通屋顶，穿成巨窟。该商等十数家环居，左近一时大惊，纷纷始议迁移。越日收拾银钱账据，全数迁往贯市暂往。厥后洋兵入城，各种商号均遭损失，西号独克保全，不伤元气，未始非此炮之力。各使经此番震撼，益切戒心。当议约时，各使犹复提及此事，意颇悻悻。余私谓李文忠公曰："当日演放炮弹时，尺码若不加高，恐使馆已成灰烬，各使亦难幸存，不过肇祸愈烈，索款愈多，求如此时之早定和局，戛戛乎其难矣。"文忠亦以为然。

义州李鉴堂督部秉衡以川督奉命巡阅长江。维时拳教相讧，沿江各督抚会电，略谓：内地拳民不可恃，各国战事不可开。洋洋千余言，推督部领衔。朝廷虽不尽从，亦尚未显示决裂也。自日本书记生杉山彬、德公使克林德先后被杀，战事已起。某相国、某上公奏保督部知兵，电召来京。时维七月初三，正许、袁两大臣授命之日。督部入景运门，某上公迎之于九卿朝房，余适有他事与马军门玉昆酌商，军门奉命驰往天津督战。同在朝房，督部昌言于众曰："前次沿江督抚电奏，我不知情，系张香涛窃用我名领衔，李中堂在广东，亦有电奏。朝廷任用此种人，焉得不误大事。"某上公闻之，趋奉惟谨，亦若督部一到前敌指挥裕如。督部亦沾沾自负，不惮顿翻沿江联衔前议。迨其复请训赴津，夤夜驰往荣文忠公邸第，屏退侍从，密谓文忠曰："洋兵如此利害，战事那有把握，我此番往前敌，但拼一死；可速电召李中堂，迅即来京办理和议。"文忠愕然曰："君早间请训，吾辈一同入见，君谓民气不可拂，邦交不可恃，战事必有把握，颇动两宫之听，何一日之间所言自相矛盾如是之甚也。"督部默然，匆匆辞去。讵甫至杨村，所带部曲半已哗溃，督部亦遂吞金自尽。倘于请训之时，以对文忠之语密陈于两宫之前，未始不可回圣意。比时舍战言和，各使适困馆中，转圜较易为力，条款亦何至如后次之虐。西狩之行更可中止，国计民生保全甚大。督部不次之务，始以大言欺世，继以一死塞责，毕命疆场，诚得所矣。而君子不取焉。

余由庚子五月十七日署顺天府尹，七月十二日卸任，为时不及两月，承办要件极多，而奉旨督办京津一带转运事宜，尤为重要。时以衅端已启，成败未定，特命府尹筹备大车二百辆，以备万一翠华西幸之用。爰假转运军需之名，以镇人心，而备缓急。都下风鹤告警，京员眷属纷纷南下，日需车马为数不少。既经出京，一时不能遄回；辇下车马更形缺少。而董福祥、余虎恩所带之兵，到处抢掠，京员自有之车马大半被劫。总以上情形，一时骤办二百辆大车，甚非易事。因思京通十七仓花户约数十家。夙为仓蠹，彼等气魄甚大，每户以少数计，约有大车数十辆，或百辆，若假以辞色，令其急公奉上，仍从宽给价，彼既享优价之利，而又得报效之名，宁非所愿。爰令大、宛两县，剀切晓谕。该仓户等均各乐从。不三日间，车辚马萧，辐辏于尹署左近。余为编号，暗以兵法部勒，五车为一起，二百车分为四十起，遇有前敌各军应需车辆，更番转运，限七日为来回。然勿论前途所需如何紧急，必留车三分之一不准拨动，专备内廷临时之用。讵余甫卸任后，本任王君不甚解事，遇有各军需车，尽数支取，而通州一带败兵充斥，掳掠横行，此项车马一去不能复还。三日之间，署为一空。余时犹居署内，偶一出门，只见署之左近空诸所有，不似日前肩摩毂击景象，心窃异之。

讵十五日八钟，军机处苏拉传信，谓赵堂请即刻前去谈话。赵堂即赵尚书舒翘，时以刑尚入直军机兼管顺天府尹事。余疾趋入内，尚书谓余曰："顷间两宫有西行意，问君前办之车马尚存若干？"余谓前办大车二百辆，因前敌各军转饷孔亟，截至十二交卸日止，计发出一百二十辆，留存八十辆，均专案移交后任收讫。顷进内时，目睹府署前后左右并无车马，不知王府尹如何办法，竟尔一辆无存。尚书愕然。嘱余回署，转告本任，从速预备。余回告王君，渠惊惧之下，手足竟无所措，但有涕泣。余亦无可如何。

讵十六日八钟，苏拉又来，谓尚书请我仍到军机处说话。余谓："是否并约现任顺天府尹偕往？"答曰："并不请王府尹。"余心颇不谓然，第不能不往。余谓："昨嘱预备车马一事，已转告王府尹，渠焦急万状，今日公何不约渠商办，而又促我前来。讵另有他事相委？"公谓："上西行意甚切，非车马不行，此事保之（王府尹字）如何办得来。我意请君不分畛域，助予一臂，前雇车马既已转运无存，烦君另行代购二百辆，以供上用。"余云："此事此时万办不到。从前人心未去，号令能行；各仓户尚在京中，车马在家徒费膏秣。一经官家收用，咄嗟立办。今则人心惶惶，仓户避乱，转徙一空。勿论二百辆，即二十辆亦无从雇用，此层请公原谅。尚有为公申明者，从前奉旨命顺天府尹筹备车马，余固顺天府也，自应遵旨承办。今余已交卸，负责自在顺天府尹。第恐两宫不察，谓余系承办之员，此时既有延误，应余执咎，余虽不敢分辨，倘因而获重罪，讵非冤甚。乞公于召见时，代为分别婉陈，免滋余咎。"并谓："余今日即移家南城，不复寓署内，明日公若为此事，尽可向保之商办，勿再约我，即约我亦不能来。"故示决绝，以免纠缠，实则尚未移家也。

讵十七日八钟，苏拉又来传信，谓礼亲王在军机处，即刻候余说话，是日，正值徐、立两尚书、联阁学授命之期。昨夜拿交提署，已有所闻，举家正深惶惧，今忽闻礼邸请余说话，妻女相对，愁惨万状，不知此去是吉是凶。继而余妻许夫人慨然曰："事已如此，势难托故不去，君但放心前往，倘有意外不测，家中事我自任之。"余不顾而去。讵知一到军机处，仍系尚书出见，乃知尚书虑以己名约余不来，故特假称礼邸相约也。余疑虑顿释，谓："公今日约余，又系何事？"尚书执前说，谓："上问究竟能预备若干？但有数十辆，亦可济用，不必二百辆之多。两宫体恤如此，君敢不相助为理乎？"余故询公曰："今日顺天府来否？"公谓："他不能办事，未曾约他。"余至此不能不急，且不能不怒矣。因敛容对曰："此乃顺天府应办之事件，我现在并非顺天府，一切事权不属。公舍现任顺天府不问，而独向余责难，岂以余为可压制,而将坐余以诿谢之罪耶?"正彼此争执间,荣文忠忽由宫门趋出,谓:"车马之事,上知一时无从预办,太息曰:'既无车辆,我们决计不走便了'。"尚书闻之喜甚。余数日忧惧,为之顿释。正拟退出,适徐侍郎承煜趋进,与文忠密语。余从旁窃听,大约监斩徐尚书诸人事,顾盼自适,文忠默然不发一言。侍郎喋喋不休。文忠厉声曰:"我尚有事,不必再谈。"掉头回北屋。余亦乘车归寓,许夫人及吾女已望眼欲穿。越四日黎明,两宫竟西行矣。余不能麻鞋间道,奔赴行在,迄今思之,辄深内疚。

西林岑制军春萱以门荫官水部,洊升京卿,因缘际会出任粤藩。戊戌政变为康梁牵累,几遭严谴,从宽改调甘藩。庚子勤王,带队由蒙古草地驰廿余日,夜达京师。各省勤王兵无一至者,制军一旅不啻从天而降。两宫褒奖逾恒,承恩遂由此始。余适为京兆尹,任京津前敌各军转运事,制军诣余索取车马,意在驰往前敌助战。维时李鉴堂督部甫出京,督带余虎恩、张春发各军驰往杨村等处,军事孔棘,督部惟拚一死以塞责,大局已不可收拾。制军亲率材官健儿,由草地来京,仅百数十人,余军尚驰驿需时,余言之荣文忠公曰:"杨村已将不守,通州势成岌岌,李鉴帅全军恐致覆没。若令制军继往,不过同归于尽,人才难得,须爱惜之。"文忠曰:"君意云何?"余谓:"某奉旨办理转运事宜,阳为接济前方战事,实则专备两宫西幸,不至临时周章。查昌平地近南口,为入宣府大同要道,不如姑令制军驻兵此地,藉资休息,徐观世变,为异日之用。"文忠谓然。制军不知底细,临行意颇怏怏,余亦不便明告之。未十日,都门飞牡,翠华西狩,道出南口,制军就近首先迎驾,旋扈跸由晋而秦,极蒙恩眷,遂跻开府,总制川粤,官符极其煊赫。后为项城所尼,不安其位。辛亥铁路风潮,全国震骇,特起督蜀。甫至鄂中,武汉已发大难。余时任北洋,电保制军移督湖广,责以规复鄂垣。讵知已微服扁舟,潜回沪渎,卒徇党人之请,首先列名,电迫朝廷逊位。臣节不终,识者惜之。当制军膴仕时,凭恃恩宠,嫉恶如仇,颇有赫赫之名,与南皮、项城相鼎峙。时论南皮屠财,项城屠民,西林屠官。三屠之名,流传几遍中外。又谓南皮有学无术,项城有术无学,西林不学无术。此言殊不尽然。制军幼承庭训，雅负权略。余官京曹时，曾见其受业于吾乡李苾园尚书之门，执弟子礼甚恭，部务之暇，辄手持一卷，拳拳服膺云。

两宫西狩为七月二十一日。余时尚在尹署，当与京尹王君培佑商酌，谓："和议即在目前，府尹为地面官，衙署局势极宏敞，洋员必来寻问。君若不远引，余愿偕君同洋员向机应付，徐图补救之法。"王君无远略，但思逃避。余谓："君若离此地，余无守土之责，不得不先君行矣。"适前敌运输车马遄回数辆，余急乘之，偕妻女出署。许夫人不令余车先行自为前驱，谓：迎面倘遇敌兵，拼作一死，留余身为国家效力。友人胡砚孙观察延，因乱回秦，所寓在黑芝麻胡同，仅派家人看守，当即驱车暂寓胡宅。所见沿途避乱平民万人如蚁，均往西行，鸦雀无声，景象极为凄惨。困处胡宅三日，一无所知，但闻洋员并无恶念，亟觅庆邸议和。偶思译署总办舒君文，在署资格最深，与总税司赫德颇有交谊。所居东四牌楼九条胡同，与余宅望衡相对，中仅隔于甬道，爰命仆向彼探问各方消息。维时敬尚书信、裕尚书德、那侍郎桐，均在彼处，后均升任大学士。苦不知余之住址，闻余尚在京，均各欣然约余速往会商要事，缘舒与赫德已经浃洽数次，又得日兵驻宅保护，隐然成为办事机关。

诸公述赫德言，各公使寻觅庆邸甚急，意在出而议款，甚至邸宅探寻多次，不如据此联衔具奏，请饬令庆邸回京议约，便宜行事，与各国公使浃洽。余谓："此论良是。但各国指名请庆邸还京，万一两宫不谅，庆邸亦在嫌疑之地。不若据情奏请钦派亲信大臣，会同庆邸来京开议，较为妥善。"金谓为然。由余拟就奏稿。时圣驾已抵山西大同，庆邸因病留滞怀来行馆，稿虽拟定，无人赍投。译署旧友吏部郎朴君寿，后官福州将军，殉辛亥之难。亦在坐，平时颇以白首冯唐为感。余谓朴君曰："君欲建功立业，此其时矣，盍冒险一行。"众亦怂恿之，朴遂允。由余另拟上庆邸公函，详述原委，所具奏折，即请庆邸专弁径达行在，守候恩命，折中具衔者八人，昆中堂冈领衔，以次叙列。庆邸接见朴君后，即将原折派弁驰递大同行在。时两宫正启銮幸太原，接到此折件，即命庆邸迅速入京，并未另简他人，但电催李文忠迅速到京，会同办理。第驾幸太原时，竟将庆邸眷属全行携去，亦可以测上意矣。此八月初三日事也。同日并派会衔入奏之八人，为留京办事大臣，汉大臣仅余一人，实为惭幸。

初十日庆邸入京，传谕明日午后一时，同在北城广化寺会面，并约赫德同来。庚申恭邸接见洋员，即在此寺。余与诸大臣均到，河山风景，举目悬殊，不禁相对饮泣。款议须俟文忠莅京，始能着手。先商之赫德，转告各兵官，先行开放各城门，俾四乡粮食菜蔬照常入城，以维生计；并戒各国军队强占民房、抢掠奸淫，以保人格。赫德一一允诺。浃旬阴霾，已见一线曙光，此会诚大有造于商民也。赫德谓："城内有外兵驻扎，可保无虞。附畿各州县镇市，闻尚有义和团勾串土匪溃兵，肆行杀掠，外人啧有烦言。此事中国地方官应负责任。倘外兵出而剿洗，玉石俱焚，所伤实多。"庆邸谓余曰："尔可行知顺属各州县，一律设防自卫。"几忘却余已卸京兆任。余谓："现任府尹王君培佑不知逃匿何处。大、宛两县消息亦复寂然，容即托人探访。"庆邸莞尔曰："我以为尔尚是顺天府，但虽卸任，此事总得帮忙。"余唯唯。邸又嘱将此次会晤情形，详细拟稿，即日六百里驰奏。时电线已断。

昆相起而言曰："徐中堂桐以身殉国，从容就义，拟请附奏请恤。"庆邸勃然变色曰："徐相已死，可惜太晚了，倘早死数日，何至有徐小云尚书论斩之事。"因言十七日早间，徐尚书诸人已拿交军署。军机入见，传旨片交刑部即行正法。荣相碰头吁恳，谓："外边消息甚紧，京师岌岌可危，不宜骈戮大臣，即令有罪，亦须审讯明确。况本日系文宗显皇帝忌辰，例应停刑，可否暂交刑部，狱中讯明再办。"上不允。而徐侍郎承煜已承命监斩，文忠退出殿外，与我相遇，即曰："今日又杀小云，骇人听闻。此人必须保全，他日议和亦得一臂助，拟与君再行请起，代为乞恩。"又曰："此数日间，吾二人亦犯嫌疑，恐难动听，不如邀同荫轩（徐桐字）、文山（崇绮字）四人请起，力量较大。君在此少候，我立约彼等即来。"先商文山，谓："与小云虽无深交，亦无意见，可以同往。"迨约荫轩，渠冷笑，谓文忠曰："君尚欲假作好人，我看此等汉奸举朝皆是，能多杀几个才消吾气。吾子奉命监斩，不能代乞请。"文忠废然而返，曰："事不谐矣，冥冥之中，负此良友奈何！奈何！"此七月十七日事。小云诸人之命，实断送于此人之手。假使小云尚在，今日议事多一解事之人，岂不甚善。渠死事遗折，我不能代奏。庆邸谈此，意极愤。余等闻之，均各怃然。此为全权入京第一次会晤洋员，商办和议之肇端，余故详为之记。

拳民虽恣睢暴戾，寻仇擅杀，然亦尚知敬重长官。余署京兆尹时，各城门闹市，均设神坛，虽亲贵大臣经过，喝令下舆行礼，不敢不遵也。独余车过时，知为顺天府，谓系父母官，转学西人举一手为礼。一日，余正在宅中，与仲山尚书茗谈，仆人来言有大师兄求见。延之入，立于阶下，持刚相名片一纸，谓："现因会中人数太多，饔飧不给，所寓某寺与府中所设平粜局相近，拟借拨京米二十石备用，俟筹有钱米，即行奉还。"余尚迟徊，尚书谓："彼等亦君之子民耳，不如给之。"当即缮发谕帖，令其持向局中，与该局委员浃洽，如数拨用。时天际浓云密布，大雨将至，该拳民仰天太息曰："我等亦系好百姓，倘上天早半月降雨，四野沾足，早已披蓑戴笠，从事力作，哪有工夫来京作此勾当？"所谓盗亦有道也。翼日谒刚相，手出军机处交片一纸，系交仓场拨米三百石备用，嘱余就中划还。余谓："将来平粜事竣，于报销册中声叙数语可耳，此时勿庸汲汲拨还也。"

古语有之"塞翁失马，安知非福"。此言良信。当义和团初起时，崇尚书礼时任步军统领，责司地面，与右翼总兵载公澜臭味差池。载公言之端邸，意欲甚之，而未有间。适四恒歇业，两宫召尚书维持市面；尚书诿之于余，上意颇不怿。端邸以有间可乘，遂谋去公，奉旨开去步军统领，以庄亲王载勋补授。勋固谄事端邸惟谨，而迷信拳教者也。步军统领又名九门提督，即古之执金吾，管理京师地面，权势重要，驺从尤极煊赫。公卸任之次日，以理藩院尚书入直，遇余于东华门，一同下车进内。尚书往昔入直，材官箭手左右侍从约数十人，每过九陌，软尘飞扬十丈，朝野群相艳羡。至是入内，侍者仅仆役二人，与余相似，意颇萧索。顾谓余曰："今日太不成局面"。余谓："京师拳民充斥，弹压非易，提督一官，尤难称职，公已轻轻摆脱，岂不甚善。"尚书默然。厥后载勋任事，一味纵容拳民，杀人放火，靡日无之，卒造成蒙尘之祸。各国公使在京议约，惩办罪魁，载勋首罹其殃，适为尚书替人。犹忆洋兵入城时，以尚书曾任提督，祸几不测；邸第为东城之冠，已为洋兵占据，原存四恒银七十万两，无从索回，只身寓西北城穷巷养疴。余曾往存问，尚书惟有太息。余曰："当日公若久任提督，则今日罪名恐不属之载勋矣。余方为公贺，公何戚戚为。"

庆邸入京后，各官民避难离京渐次来归，大宛两县由京西来谒。探知王京兆培佑尚在固安，函约来京，与余同见庆邸。王君贸然曰："此时北京太不成局面，各国弁兵纷纷占据，幸得邸堂到京，请令各公使速将洋兵全数移扎城外，不得在城内居住。"庆邸无词以对，旋即送客。继谓余曰："此人太不晓事，如何能作府尹！"即日专折请以余补授，疏入允准，并令随同全权办理议款。又旬日，李文忠抵京，余遂秉承两全权襄办和议。京师每届冬令，贫民众多，顺天府向设粥厂兼放棉衣。兵燹之后，库帑无存，不得已电寄山东袁慰亭中丞、上海盛杏荪京卿，请各助棉衣裤五千套，即日运京。一面商之日本军官，索回禄米仓小米两厫，分设粥厂十余处，孑遗之民，免受饥寒，私心稍慰。

维时公约未定，俄使请另订俄约，先行结束东三省要案，各使不谓然。日本公使争之尤力。而俄政府不顾也，连电俄公使催促文忠办理。文忠亦以为可，连电行在，乞先允俄所请。虽两全权列名会电，每于发电后，始知照庆邸。一日将夕，庆邸忽令材官促余到府说话。时洋兵分据地段，下午七钟以后，不能通行，翼辰往谒，邸以电奏阅看，并谓："李中堂任意坚执，竟徇俄人之请，我可担不起此项罪名，我拟奏劾之，尔可代削一稿。"余沉思良久，笑谓邸曰："急脉似宜缓受，此项电奏到西安，必难邀允，不过仍饬令两全权合并公约，和衷商办。今贸然奏劾，两宫必疑两全权先不和衷，文忠虽系重臣，究是外臣，邸则皇室懿亲，倘因全权不能和衷，生出枝节，贻误议款，朝廷责邸，必较责李相为严，且目前正在用人之际，李相又为中外安危所系，邸纵奏劾，试想两宫能允许乎。既不邀允，试问两全权随时与各使议约，相见之下，何以为情。"邸云："然则如何？"余谓："可将此案详细曲折情形，缮函密寄西安枢府备查，此间仍和衷办理公约事宜。俄约一事，各国即不允另案先结，行在亦断不允许，于公议私情，庶几两全。"事遂中止。李相亦微有所闻。

辛丑三月，余奉简河南布政使。李相告邸议约需才，会电留余，俟和议告成再赴本任。五月各国撤兵，交还驻兵地面。顺天府为日本军官驻地，该军官颇留恋，不肯即时让出。余故使其长官闻知，饬令交还。甫经接收，即日移寓署中，督同两县查看屋宇，均尚完好，各房档案文卷一无所有。署外照墙日官告示张贴层叠。体制攸关，爰饬两县以修理墙壁为辞，漏夜洗刷净尽。翼日余出署，即有原驻署中之日官带领士兵以拜谒为名，还至署内逐一查勘，继见甬壁上彼等所出示谕均已除去，颇为惊异。盖彼不料余进署如是之速，办理各事又如是之整肃也。

旋奉修理跸路工程之命，同被命者张都御史百熙（后升尚书）、桂侍郎春、景侍郎沣。从事匠作者又三月余。时两宫已由西安启銮，初拟由潼关北渡，继改道先至汴梁，俟万寿后再行回京。庆邸忽奉电旨，速往开封祝禧，意恐各使尚有违言，须庆邸到汴面询底细。邸意迟疑，嘱余往商李相，代为一决。时李相已移居私第，病莫能兴，闻余来延入卧屋相见。余谓："庆邸现奉召入汴，人心颇为惊皇。"李相谓："两宫召邸，大约不放心来京，庆邸不可不去。"余故谓"现在中堂抱病，庆邸傥再离京，若大京师，何人主持，似多未便"。公强起曰："可告之庆邸，京中议约及译署事，我任之；地方事尔任之。庆邸可放心前去。总之庆邸不去，两宫不来，言尽于此。"余转告庆邸，遂定期就道。讵启行之日，黎明各官均在西车站齐集恭送，俟见杨莲甫观察神色仓皇，就余言曰："昨夜外部侍郎徐进斋忽焉病逝。中堂三更呕血盈碗，神智昏迷。邸堂将行，此后外交事何人承任。"少焉，庆邸到站，即将侍郎病故，中堂呕血升余，一一告知。庆邸颇惊诧，火车开行有定时，难以久留，匆匆上车去，但嘱我辈小心办事而已。

先是李相宣言："陈筱石外放藩司，我不赞成。目今外交才少，此人应留京大用。"余闻之切切私虑。以汴藩夙称优缺，京僚获简，不啻登仙，若改京职，依然清苦，讵穷命应如是耶！今进斋病故，外部侍郎一席金谓非余莫属，姑且听之。讵事有出意外者，武进某京卿外交财政均其所长，而尤醉心督抚，一闻进斋之耗，恐被特简，特密电西安政府，谓那琴轩侍郎曾任斯职，必堪胜任。进斋遗折上，琴轩果奉简矣。适跸路工程将次竣工，命余赴汴藩新任，在中途迎銮。未即启行，李相骑箕仙去，两宫震悼。庆邸甫抵汴，即命迅速回京。余闻邸将回，不能不在京稍候，又虑邸到京后留我襄办俄约。未几，又奉署理漕运总督之命，位列封圻。庆邸亦不便强留，爰即南行，在河南宜沟驿迎銮，两宫召见，嘉劳有加，即日真除，送驾至直隶磁州，跪安后，折回汴梁，取道徐州，赴淮浦接篆任事，余遂为外吏矣。时辛丑年十二月事也。

辛丑和约肇于庚子之乱，条款之酷，赔偿之巨，为亘古所未有。当时主款议者，几为众矢之的，旁观不谅，责备之严，诚不足怪庸。讵知当局之含垢、忍尤，艰难应付，有非楮墨所能罄者。当庚子七月廿一日，两宫西行，各国军队入京，庆邸随扈，因病留滞怀来县；适奉全权之命，八月初十入京。合肥李文忠早经奉命来京议约，甫卸粤督任，权寓沪上，直至闰八月十八日始到京。先行传见总税务司赫德，遍拜各国公使，各国统兵大臣尚未能接见也，此为议和之始步。各公使与各军官先行商酌条款，有此国以为是，他国以为非者；有各公使以为然，而各军官否认者。类如驻兵及防护使馆，拓充守卫使馆汛地，并营建炮台兵房等事，均由军官主议者，各使不得干预。纷纷扰扰，三月有余。迨议款粗有成局，各使遣员来告，并出示草案，谓：向各军官苦口商酌，竭力争执，始允如此定议。明知条款之酷虐，但中国铸此大错，亦实无可如何。现有一言奉告，将来条款送到，中国政府万不可一字驳复，须知我等公使责任在重修旧好；各军官则穷兵黩武，意在直捣西安。中国政府若允照款议，自奉旨之日起，战事即为结束，各军官但办交地退兵等事。军费大宗即于此日截止，随时再由中政府与各使妥商节目，徐图补救大纲之所不及，岂非轻而易举。若一时嫌条款酷烈，不允照办，各军官闻之群相起哄，诚恐兵事一起，动员令一发，为害胡可胜言。此时各公使竭尽能力重订议款，原有各条款自难删去，不知又增出几许条件，试问中国尚能领受乎？即幸而仍照原款定议，但经此波折，不知又费几许时日。即以兵费一项而论，恐又加增数百万以上。两全权以各使所论各节意在关切，而非恫喝，爰即密电行在备案。

开议之日，先期由领袖日斯巴尼亚公使来照，谓："该使馆廨宇狭隘，坐位无多，来宾请以十人为限。"意极骄蹇。维时，李文忠公病卧贤良寺寓所，不能莅会。庆邸约余及那琴轩相国（时官户部侍郎）并法、英、俄、德、日五翻译偕赴日馆。各公使与参随各员咸集，首由领衔日使将约文节略朗诵一过，面交庆邸。邸答以"今日承各公使面交和约一件，容即电奏西安行在，俟奉有电旨，即行恭录知照"。随将来件交余收存，辞各公使出，各使亦不远送，意谓此乃中国求成也。庆邸谓余曰："端王等迷信拳匪，肇此大祸。今日会议席间，令我难受，我为国受辱，亦复何说。尔速将各使交来条约送请中堂阅看，即日会衔电奏行在，冀邀俞允。此事今日必须办竣，电奏稿不必送我酌定，但于发电后抄稿送阅可耳。"辞甫毕，匆匆乘舆去。余回顾那相，讵知感受他项激刺，兼在使馆中为炉火蒸熏，出馆复经朔风扑面，寒热大作，登时患病，不能偕往。

余只身往贤良寺，始知文忠病迄未愈，不能见客。当以此事紧要，讵能延误，商之杨莲府同年，时以道员充文忠幕，后官直隶总督。先将条件呈文忠一阅，再行请示方略。莲府笑谓余曰："中堂此时沉沉昏睡，约件集三寸许，讵能一一过目。不如由老宪台代拟电奏稿，呈中堂阅定，即行电发，较为便捷。"余以事体重大，讵可擅便。莲府复曰："军机迅急，间不容发。今日不办，万难推到明日，此稿宪台不拟，试问何人敢拟。"余正踌躇如何下笔，始能动两宫之听。文忠之四公子季高世兄出谓余曰："家君昨日曾经说过，此次奏件，须用重笔。"余笑答曰："如用重笔，只好请出宗庙社稷，方可压倒一切。"爰即本此意拟一电奏稿，交季高送入卧内，请文忠阅定，即刻电发。追电讫，余稿持送庆邸阅看，时已午夜。化干戈为玉帛，此其发端。

至今思之，阅时已二十五年，情事犹如在目前也。

当和约电奏寄到西安，两宫逐一阅视，以偿款数目太巨，惩办罪魁太重，德使克林德建碑京师有关体制，防护使馆将六部翰林院划入界内，堂子祀天重地亦须迁移，其他各款种种苛求，坚不允行。荣文忠公婉言力陈，以事机迫切，非俯允不能弭患。慈禧愠甚，谓："请皇上斟酌，我不能管。"次日，北京全权电催，以各使专俟准驳确信，以定师行进止。文忠复据以上陈，慈禧谓："两全权但知责难于君父，不肯向各使据情据理力与争辩。我既不管，皇上亦不管，由你们管去罢。"言毕，将电稿掷地。文忠皇恐万状，不敢再陈，惟有伏地碰头。皇上徐曰："尔等亦勿庸着急，明日再说。"文忠回邸私议，视此情状，明日上去，亦无结果。惟时全权电信又到，情形迫切，文忠喟然叹曰："此事责任在我，惟有淡中着笔，从权办理，庶几有济。"默视慈禧之意，未尝不知非允不可，不过允之一字，难以当面说出。越日入见，此事暂不提及，先将他事请旨讫。继云："前日两全权电奏之件，已阅数日，刻间又有电来催，前已面请圣旨，可否由奴才等下去酌拟一稿，呈请改定，再行电发。"慈禧默然，继而曰："如此亦好。"文忠退出，即与枢府诸公查照来电之意，大致以宗庙社稷为言，姑为允准。拟具电旨，不敢再请起面呈，即交内奏事处总监呈请睿鉴。旋传旨知道了。文忠得旨后，即行电发京中，即日接到，知照各国公使，和议遂由此定局。此系庚子十二月杪之事。迨辛丑十一月，余奉命迎銮，在河南彰德行在，获见文忠。文忠为余缕述之，并云："尔等在北京应付各公使，所处极难；我在西安于两宫前，委曲求全，得以了结此事，所处更难。今幸回銮在途，河山如故，然一思去年纵拳诸公铸此大错，其肉岂足食乎！"

和约第二次开议惩办祸首。各公使订期在英馆齐集，该馆屋宇轩敞，并不限定中政府预会人数。维时李文忠公病愈，与庆邸同入坐，随往者仍那相与余及翻译各员，与上次相埒。全权中坐，各使环坐，余与那相坐于全权之后。各使对我情谊，较为联络，礼貌亦较前次恭谨。英使首先发言，谓："今日特议严办祸首一条，有名单一纸在此。但某意此案罪魁，确系端王一人，若能将端王从严处置，其余均可不论，不知全权之意如何？"庆邸谓："端王系皇室懿亲，万难重办。各国亦有议亲议贵之条，此事断不能行。我前日于私邸曾对诸君说过，诸君亦无他议，何以今日又复申此说？"英使笑曰："我亦知其办不到也。"言次将单开各员名及所拟罪名，逐一朗诵，请中国照办。单内人多，难以备录。中如庄王载勋、右翼总兵英年、刑部尚书赵舒翘、山西巡抚毓贤均请从重论。余以次递减。全权告以庄王、毓贤诚有罪。总兵英年当时并无仇洋实权，不过联衔出有告示，原难辞咎，但讵能正法，至重不过斩监候罪名。至赵尚书舒翘，仅随刚相往近畿调查情形一次，所居地位亦无仇洋之举，更无罪之可科。即谓其不应附和刚相，革其任亦足蔽辜，讵可重论。各公使亦唯唯。文忠复谓："前数日诸位所言罪魁，并无启尚书秀、徐侍郎承煜在内。今日忽将二人加入，此是何意？"词未毕，义公使起而言曰："某前日谒中堂于贤良寺，曾问徐侍郎为人如何？中堂告余曰，此人不好，七月初三监斩许侍郎景澄、袁太常昶即是他，十七监斩徐尚书用仪等也是他。二十一日，两宫西狩，逼令其父徐相国桐自尽者又是他。此种人中国不办，各国只好代办。至启秀之罪，日公使亦获有凭据。"文忠愕然曰："我不过随便一句话，尔竟据为实录。"庆邸以他语乱之，义使始无词。时已傍夕，各使谓今日开议，此案未能议结，殊为可惜，请先散会，明日再具照会。庆邸出馆时，私谓余曰："看此情形，英年、赵舒翘或可减罪。"讵越日，各使联衔照会送到，坚执如故，不能丝毫未减。而德使复怂恿其统帅瓦德西，以急下动员令相恫喝。厥后均如来照办理，罚如其罪者固多，而含冤任咎舍身报国者不得谓无其人，只有委之劫数而已。

庚子京师拳匪之乱，正阳门城楼化为灰烬。辛丑，两宫回銮有期，余奉命承修跸路工程，以规制崇闳，须向外洋采办木料，一时不能兴工。不得已令厂商先搭席棚，缭以五色绸绫，一切如门楼之式，以备驾到时藉壮观瞻，然费帑已数万金。余旋外任，此项工程无人过问。漕督岁支养廉约九千五百两，公费亦有万两。余素崇节俭，不尚奢靡，当节省岁入一万两，作为报效重修正阳门城楼之需，以为各疆吏倡。计全国二十一行省，大省报效二万，小省报效一万，可凑集数十万，何难克日兴修。讵皆置若罔闻，迟之又久。某督入觐，面奉懿旨谓："门楼为中外观瞻所系，急需修建，漕督曾报效银一万两，各省督抚受恩深重，而竟置之不理，不知是何居心。"太息久之。某督承旨后，始行电商各省，多方凑集得银三十余万两，克期兴工，经岁而工告竣，都城雉堞顿复旧观。惟查各省所筹之项，均系提用正款，并求一解私囊而不可得。南省某督素负盛名，至谓："如此巨款可惜徒事工作，何不移作兴学之用，较有实际。"宁知学堂之害，于今为烈。试问今日革命巨子，何一非学生造成。弃礼蔑义，无父无君，恐非某督九泉之下所能预料者耳。

庚子七月廿二日，两宫西狩。八月，全权大臣庆邸、李文忠公先后入京，主持和议。京畿内外，人心渐定。余再尹京兆，徇顺直商民之请，两次吁恳回銮，均蒙优诏褒答。逾年五月和约签字，洋兵一律撤退，交还京师地面，适奉旨定期十月还宫。维时京城残破不堪，急须修理。全权大臣先期电奏，请派大员承修跸路工程，行在枢府拟定长沙张尚书百熙、长白桂侍郎春奏请派充。慈圣笑谓："此次工程，须由在京大员中拣派情形熟悉，较为得力。我意中已有两人：一兵部侍郎景澧；一顺天府尹陈夔龙。不如一并派充，四人合办。"枢臣承旨后，即刻电京遵照。桂侍郎前在庄王府任差，有庇拳嫌疑，不果前来。张尚书一时不能赶到，先由余与景侍郎召匠选料，赶速开工。初次入东华门，蓬蒿满地，弥望无际；午门、天安门、太庙、社稷坛等处为炮弹伤毁，中炮处所密如蜂窠。想见上年攻取之烈，不寒而栗。披荆斩棘，煞费经营。此外如天坛、先农坛、地坛、日月坛，暨乘舆回时经过庙宇，大半均被焚毁，急需修理，工程浩大，估计实需工款约百万两。而堂子全部择地移建，与正阳门城楼之巨工尚不在内。景侍郎狃于从前习惯，凡工程估定价目后，堂司各员例取二成，节省经费拟照前例，借工帑余润，以偿拳乱损失。余不以为然，谓："此次庚子之变，为二百年所未有。九庙震动，民力艰难，此项工程不得以常例论，应核实一律到工，即所派员司一律自备夫马，洁身任事。将来大工告竣，准给优保以酬其劳。"侍郎意不怿，谓余有意与彼作梗。适张尚书到京，颇以余所论为是。侍郎无如何，始允会同入奏立案。余等分期率同司员督理工作，历经三月，工程大致完竣，当即电知行在。奉旨：跸路工程现已修竣，陈夔龙着即赴河南布政使新任，在中途迎銮。讵在京尚未启程。复奉旨署理漕运总督，即日驰往行在，于河南汤阴县宜沟驿接驾。次日扈从至彰德府，复奉实授漕督之命。次日复扈从至直隶磁州，恭谢天恩，送驾讫。数日之间，三次召见，赏赐优渥，并赏白金一千两。旋面谕即行折回河南，取道淮徐，赴漕督任。逾年壬寅，接张尚书等函，知堂子业已兴建讫。余复于漕督任内捐廉银一万两，倡修正阳门城楼；各省均提公款助修。计一年余始行工竣。承修跸路工程之案乃告一结束。特备书以谂来者。

庚子拳匪之役，余署京兆尹两月，适冒三大险，而卒化险为夷。端邸奏参中外大臣十五人，不才竟附骥尾，傥非圣明保全，几遭不测，此一险也。承办前敌转运车辆备西狩之用，乃因后任不善酌剂，两宫临时传差，竟缺车马之供。傥因此竟触上怒，责难原办之人，获咎匪浅。卒邀圣鉴，不加罪遣，此又一险也。以上二险，余已载入笔记中。更有一险，言之犹为可骇。当中外开衅之初，总署照会各公使，限二十四点钟一律离京。各使以限期促迫，万来不及，纷纷函请展限。德公使克林德径往总署面商，中途遇害，狙击者乃虎神营旗兵。端邸等以大错业已铸成，不恤倒行逆施，围攻使馆之事起。各使困处使署，水米果蔬均各缺乏。具一公函，请查照总署前议，即行离京。但须求兵队保护，并烦得力大臣一员伴送到津，乘轮回国。此函到后，枢译两府公同商酌，事属可行，第派兵恐生枝节，而伴员尤难其选。刚相忽宣言曰："我意中有一人，如令伴送各使定能胜任，不知渠肯去否？"众询何人？刚相云："陈府尹曾在总署当差，与洋人素相识，现署京尹，又系地面官，京通一带均其管辖地，呼应较灵。"荣文忠谓："陈府尹现兼武卫中军差使，军事与民事均资熟手，一时恐难离京。"刚相谓："各使来函请派军队护送，陈某现在武卫军，若奏令率同军官偕往，讵不更善。"文忠语塞，但云："姑与彼商之。"乃谓余曰："伴送洋员出京，此事诚险。刚相言非君莫属，我看各公使入困馆中，实非了局，彼等愿离京，不如送往天津，搭轮返国，留他日相见地步。君如愿往，可令董福祥派兵一营随同护送。"余谓："董军前戕害日本书记官山杉彬，各使恨之切齿，万不能派往。"文忠谓："武卫中军右翼统领田总兵玉广与君同乡交好，派其带兵偕往何如？"余思各使多疑，虽来函自请离京，特故作无聊之词，为希冀缓攻之计，岂肯自寻荆棘冒此危险。第默察枢府之意，甚愿将计就计，令洋人全数出京。府尹一官，职司地面，傥奉命伴送各使，在我亦复无词可诿，姑作依违之语，以观其后。讵两日后，各使复来一函，果如余所逆料。略谓："前函请贵王大臣派员伴送我等出京，继思由京至津二百四十里，火车已断，沿途溃兵拳匪谅复不少，节节阻止，试问贵王大臣，有何十分把握能保护我等一律平安抵津？虽有伴送大员，恐中途若遇险阻，无从为力。我等公同商酌，惟有力守使馆，专俟大兵来援，万一竟遭不幸，各国政府岂肯干休。迩时大军来华，定惟贵国枢廷首辅大臣是问"云云。前事遂寝，余于无形中消除一大苦陷。各公使自为一身计，实不音兼为我计，否则一出国门，溃兵拳民相逼而来，余与各公使同归于尽，他日议款，不知从何说起。第就余而论，率能化险为夷，诚幸事已。

——摘自《义和团史料》

永忆录（节录）

韩国钧[1]

光绪庚子夏，余以明保奉谕送引。五月中旬买舟循卫河，自河南赴津。抵德州闻义和团事起，朝廷与外人宣战，诏旨中有"与其隐忍图存，贻羞万古，曷若大张挞伐，一决雌雄"等语，余读之即以为忧。舟由德州行经东光吴桥，即见义和拳纷然如蚁，沿途焚杀之声不绝于耳。至静海已闻炮声隆隆，知不克至津，即至亦必不能入京，乃议折回，转抵东光县境，舟为拳民所阻，同行皆舣舟以待。忽水上血腥触鼻，注水于瓯，缕缕然皆血也。询知日间义和拳在此杀数十人，闻之悚惕。翌晨，某运司舟强行解维，余衔尾而过。抵大名属之龙王庙易舟而车，孰意车甫行，即遇拳匪数百，阻不令进。时同行车六，余有护勇四，各擎枪实弹以备，余亟止之。而拳首至车前言曰："我搜洋人耳，车无洋人即放行。"乃从容而过。不三十里，而后车八辆已尽为所劫，杀死男妇幼小共八人，举车骡一切饱载而去。而余顾幸免。

——摘自《义和团史料》

---

[1] 韩国钧，江苏泰州（今泰县）人。举人出身，辛亥革命后曾任江苏民政厅长。后多主持水利工程。

劳乃宣自订年谱（选录）

劳乃宣[1]

（光绪）二十五年己亥，在吴桥任。义和拳教门者，白莲教之支流也，其源出于八卦教中之离卦教。嘉庆间惩禁有案，而根株未能尽绝，直、东州县犹有潜相授受者。上年，其党类在山东冠县以仇天主教为名，聚众为乱，而官民皆目为义民，纵容姑息，其势日盛。予考出其教派源流，出示谕禁。又引据嘉庆十三年谕旨、嘉庆二十年那文毅公奏疏，刊《义和团教门源流考》分布城乡，广为劝导，县境初尚无信从者。而邻近之故城、景州、阜城、东光等邑皆有焚毁教堂、聚众抗官之事。景州请兵督师，遣乐字营往，与战胜之，留防于景。

十一月晦，县属庞家桥突有德州拳党勾结县民聚众二三百人，焚教堂一所、教民六家，杀不奉教平民一人。予急调景州兵至，其众已去，获余党十余人。十二月五日，又聚数百人于辛集，声将报复。予遣兵往，彼列队迎敌，击杀九人，生擒十余人。内有节小廷者，其党之二师兄也，号称能降神

---

[1] 劳乃宣，号玉初。先世籍山东，从祖父始入籍浙江省桐乡县，一八六三年成为孔门乘龙快婿，一八七一年考中进士，一八九九年时任吴桥县知县，反对义和团运动。其后一直以保守姿态反对革新。辛亥后以清朝遗老自居，参加了张勋复辟。一九二一年病死于青岛。

附体。予升堂鞫之，启重门，任民纵观，令其当众实验。踞坐，口作神言，摔下答之，号呼不能，复作神状。请诸上官戮之，与阵殁诸人皆传首示众。余治罪有差。民间有被诱习者，改悔免罪，各村皆取结不得信从，阖境随皆绝迹。予以所刊《源流考》遍呈上官，具牍力陈防范惩禁之策，请奏明请旨施行，而上官置不省。是年补行上年大计，复保荐卓异，著《古筹算考释续编》成。

（光绪二十六年）正月，与教士议结拳党毁教堂及教民家屋之案，命工匠实勘。估计教堂赔银二百余两，教民六家共赔银二百余两，责诸拳党家属。是月，奉旨示禁义和拳，各长官皆出示颁行。予刻为奉禁主和拳汇录，于识语内痛陈其害。五月，义和拳党入京师，上下皆纵容，予知不合于上，于义当去。

——摘自《义和团史料》

光绪二十六年

冯玉祥[1]

戊戌政变以后,清廷的统治愈益日暮途穷。光绪二十六年即一九〇〇年春天,义和团在山东直隶各处先后爆发蔓延。

由我这个亲身经历者所了解的说来,义和团起事的原因中,最不可忽略的要算民众与教堂间恶感的深化。

外国教士初来中国传教,我国人民对之极端仇视。其原因,一是由于人民幼稚的民族感情,他们对外人本怀有歧视的观念;二是教会本身也有许多不检点之处,因而招致了人民严重的反感。那时教士们由于他们本国政治上经济上地位的优越,在中国社会上形成一种特权阶级。我国人民一旦受洗之后,借着外人的势力,便也趾高气扬,在地方上作威作福,任意生事。地方官因为外人的牵掣,无法与以干涉,人民也敢怒而不敢言。于是外国教士益发乐于在背后支持,希望由此多吸引教徒,扩张教会的势力。这样一来,教

---

[1] 冯玉祥,安徽巢县人。出身行伍,一生以"丘八"自居,曾是民国政坛上叱咤风云的实力派人物,手握数十万大军。一生的多数时间,爱国忧民,进步趋时。一度信仰基督教,人称"基督将军"。一九四八年自美国回国经苏联的途中不幸因轮船失火遇难。此文他以"官兵"的身份回忆义和团,别有意趣。

徒的气焰越高涨，人民对于教会的恶感越深，仇视的观念一天天加强，一发遂不可收拾。当时在华教士，可分耶稣教和天主教两种，耶稣教教士态度较天主教为好。所以这两种教堂，本质上虽同样是人民眼中的公敌，但仔细分辨，尚有程度上的差异。

义和团原是白莲教余部，最初打的是反清复明的旗帜，在民间私相传授。后来随着教会与民众对立之深刻化，于是便逐渐染有排外的色彩，由对内转移而为对外，形成一种中国初期反抗帝国主义的民众武力。义和团初起时是在山东的曹州东昌一带。他们的口号是"扶清灭洋"四个字。在这样的号召之下，各地民众风起云涌的附和参加，到处焚烧教堂，仇杀外人，毁电线，拆铁路。这种极端排外主义的表现，可以充分地说明民众对于帝国主义的恶感，是怎样的深刻和严重。

在义和团势力最盛的时候，有所谓铲除二毛子的一种附带运动。二毛子，就是指中国教徒而言。平常因为教徒们借着洋大人的势力对同胞作种种的侮辱，这时便不期而然的有一般人联合起来，挨家搜查这种狐假虎威的二毛子。搜查时并没有一定的标准，任便人随意乱指，你家里如有一个十字，就说你是个二毛子；他家里有洋灯洋油洋火，也说是二毛子。一经指认出来，就百般的勒索。穷苦人家多少出几个钱便可了事；富者则千方百计地予以刁难，非至倾家荡产不肯罢休。这为义和团本身，造成最严重最可惋惜的罪恶。

练军接到镇压义和团的命令，是在这一年的正月初八日。我们的队伍最初开到保定府东北白沟河；在这里稍事弹压，百姓们便销声匿迹，完全平息。带队的张协统——山东济宁州人——当天晚上和队伍讲话，出人意外地讲出了这样一段话：

"我们不要得罪百姓，义和团是好事。他们打洋鬼子，我们不要干涉。我们到这里来，是上头的命令，没法子，不得不来罢了。——这是秘密的话，大家可不要告诉别人说。"

张协统这样一讲，军队知道了，百姓也就立刻知道。于是他们重新又把义和团练起来，声势反而较前更大了。因为以前还是秘密的组织，现在则官宪方面已经默许了。依照当时的情况看来，如果带兵的官长能够认真的镇压，切实劝导，义和团的平复，倒是一件极容易的事情。不过当时官长都存有阳奉阴违的心，不情愿真正消灭他们，但也无力指导他们走上正道，所以结果军队在东边镇压，百姓跑到西边去练；军队在西边镇压，百姓又跑到东边去练，形成一种故意放纵，掩人耳目的情势。

义和团初起时的蓬蓬勃勃的盛势，清廷委实吃惊不小。他们的运动显然含着排外与反清的两种成分，随着时间的推移，客观形势的演变，排外的念头也很可能的重复转移而为对内的斗争。因此清廷便有一度的犹疑：剿灭它呢？抑或应当因势利导，使它成为纯粹的排外运动？最后的决定是采取了后者的策略，立时由政府创练义和团。从此这一幼稚的民众运动，便被清廷所利用。

三月中旬，保定府接到创练义和团的谕旨，各地遂公开成立团练，彰明较著地从事练习。保定府城南五十里，东流大寨口内有个天主堂，这时候遂成了众矢之的。义和团为要做些实际的工作给民众看，便率大队兵丁去打这座东流天主堂。为此问题，练军的官长分裂成为两派：一部分官长主张打，一部分官长主张不打。主张打的一方面认为既然奉令练习义和团，自当先杀些外国人，以正观听而平民气；主张不打的人，则顾虑到怕因此酿成祸变。后来主张打的人占了决定的势力，当晚即调动队伍随同义和团一同出发。

练军已经久未经过战事，一切行动和计划都幼稚得可笑。出发的时候是在晚上，每人给一个纸糊的灯笼照路，几百的灯笼联在一起，排成二三里长的行列，从远处望来，火光烛天，好像正月里赛龙灯似的。那时我就怀疑：晚上行军，怎么可以打灯笼呢？自己疑云满腹，莫测玄奥。在路上走着，倒觉得好玩，一点也不感到寂寞。离东流约有二里左右，正在进行的当儿，天主堂那里砰砰地响了两枪，冲着行列打过来。义和团在前头，听见枪响，回头就跑，队伍也随着溃了下来。鬼也没有看见一个，就一退二十里。那时也不懂什么叫作兵站，吃的东西都是临时由百姓供给。听说队伍退了下来，百姓送来的烙饼，就命为"得胜饼"；送来的绿豆汤，命名为"得胜汤"；送来的茶，也叫"得胜茶"；什么都是得胜，那心理真是可笑。待了三四天，又决定继续进攻。这次进攻，由两个人抬一副门板，走在前面，借以掩护后头的队伍。不料刚刚要冲上去，天主堂那里劈里啪啦又是一排枪声，把这边打伤了好几十，死了的也有好几位。队伍败下来了，你抱怨我，我抱怨你，大家对于义和团的信仰，不由得起了动摇。正在这时候，队伍即接到上谕：严拿义和团匪兵。于是轰动一时的气势蓬勃的义和团，遂急转直下走向败亡的结局中。原来这时八国联军已经攻陷天津，聂士成力战阵亡。败报传到京师，西太后等仓皇出走，在北京留守的，只剩了庆亲王奕劻等数人。拿办义和团的上谕，似乎就是这时传下来的。我们的队伍接到这道谕令，就到处攻打义和团。始而下令提倡，继而又复下令捕拿，朝令夕改，军民不免怨言四出。关于满汉的界限，这时也有许多目兵已有一点模糊笼统的概念，也有些目兵连这一点概念也没有。官长都是拿钱吃饭主义者，叫打就打，不打也行，自己反正是没有主张的。

不久，北京亦为联军所陷，京津一带的溃兵大批的直向保定府退下来。这些军队，平素没有主义，没有训练，到了这时，有限的一点纪律，亦全部废弛。沿途任意抢掠，百姓所遭的劫难，真是不堪设想。其中有一幕骇人听闻的惨剧，很值得一写。那是武卫右军的兵在溃退的途中遇见一位坐轿车的华贵少妇，手上戴有两副赤金镯子，因此触动了一部分士兵的非分之念。他们尾随着她，到了晚上约在六点左右，有十几个士兵蜂拥而上，喝令轿车站住，强迫那女子把镯子交出。那女子坚执不肯，士兵大怒，抽出刀来，照着女子的肩膊砍下去，连同手臂一齐砍了下来，镯子遂被士兵抢走。

所谓赤金镯子，那时队伍里弟兄们听过的人多，见过的人可少。两副镯子为少数人得去，其余的人不免眼红，这时看见得镯子的人走在前头，后面的人便开了一排枪，把前面得镯子的人尽数打死，镯子不消说就归后面的人所有。消息一传到最前头的一连人的耳朵里，他们也眼红起来，立地将队伍散伏在两旁的高粱地里，等候得到镯子的人来到，又是一排枪，将那班人全数打死，镯子遂又由他们夺走，分途四散。合计起来，为了两副赤金手镯，害死一个女子，又害死整整一连官兵。

溃兵从京津一带退走的时候，练军即在保定附近设放几十道卡子，专门收缴溃兵的枪械。镯子的惨案发生了，又临时奉令盘查带赤金手镯子的溃兵，查出来，就立地枪决。当时查出的嫌疑犯约有四十多个，统统都就地枪决。这一事件，连同各地枪杀的嫌疑犯，至少怕也在千余人以上。军队平素没有训练，没有纪律，是多么危险的事！这是我们应该知所警惕的。

保定府焚烧教堂的情形，说起来也非常可笑。每次动手，百姓们聚集教堂附近，先大声呼啸一场，呼啸完了，然后再纵火焚烧。队伍接到百姓纵火的报告，即出动镇压，可是走近教堂一里左右，即停止不前，等到教堂烧完了，再疾趋而进，敷衍塞责。保定府东关和南关的教堂，统统是如此烧掉的。因为这个缘故，联军于攻陷京津后，即派兵进占保定府。联军未到以前，官府下令，二十里以内不准住百姓，以便外国兵驻扎。命令一下，百姓扶老携幼，纷纷出逃，有资财的人有地方可逃，倒还没有什么大关系。穷人呢，就哭天号地，走投无路了。

联军开到前三日，保定练军已陆续退出，后方留守的是副哨官张绍绪和我。他同我到藩台衙门去，请示留守处刀枪铁矛以及给养等如何处置。到了那里，张副哨官向中军官述说来意，那人微笑了一下，直截了当地回答说："这时候护院大人自己还顾不了自己，哪里能管这些闲事！请您赶紧回去，该怎么办就怎么办吧。"

若是在机警一点的人，一听这话，自然应该立刻回来，赶紧自己设法处置了，预备出走。哪晓得这位张副哨官却坚执地不走，非要请示护院大人不可。中军官不耐烦，就一直支吾他。他们说话，我在外头听得很清楚，心里实在闷不住了，就一步进到屋里说："中军大人，张老爷，我们可不可把东西都捆起来放到井里，上面再用东西掩蔽？咱们该怎么走就怎么走。"

中军官一听我的话，连声说：

"好，好，好！就这么办，就这么办。"

这样我们才退出来，一路上张副哨官却大大地抱怨我，说我多嘴，不知高低，好管闲事。我也不便和他争较。刚走到营门口，正要进去的时候，有个人飞奔的从东边跑来，说外国兵来了。大家一听这话，也就顾不得入营，急忙向西逃窜，留守处的东西不消说全都丢了。这次我算深深领教了那些官长，他们都不过是些酒囊饭袋。事先如果稍肯负责，稍有打算，留守处的东西我想怎么也不会丢掉的。

使我最惊讶最痛心的，是我在西城所看见的情形。这时城里的许多大人先生们，居然已经预先制好了八国的国旗。看见小个儿的鬼子进来，就把太阳旗高高的悬挂起来，表示是大日本的顺民。看见高个儿的鬼子进来，于是又换上德国旗，表示是大德国的顺民。悬挂外国旗的，一百家中起码总有六十家以上，而且每家都置备八面，相机轮流悬挂。然而穿短衣服的劳苦同胞，却不做这种勾当。这也许他们有硬骨头，不肯这么做；也许是因为他们穷，根本没钱买置八块布的缘故。这种奴颜婢膝的劣根性，真正叫人气死！如此民族，被人家生吞活剥，随便凌辱，原是不足为怪的。我觉得这都是我国数千年来封建文化和奴隶教育的结果。

联军进了城，第一件事情就是把藩台廷雍、骑兵营营长王占魁和城守尉某杀掉了。因为保定府义和团初起时，藩台廷雍在背后主张得最力。那时保定府城守尉——清廷的亲贵——曾暗中积极怂恿廷雍鼓动拳民，扩大排外运动。廷雍受此激励，益发疯狂地奖励义和团的暴动，北关南关两处教堂之被焚，事先都是得到廷雍的同意的。教堂正烧的时候，王占魁又乘机将南关教堂传教的一位莫姑娘抓出来枪杀了。因此联军动了公愤，一进城首先就把他们三人抓住，在莫姑娘被杀的地方，一一杀掉，同时还用地雷把城角轰坍了一大块，留下了一个永难磨灭的民族耻辱的纪念。联军统帅瓦德西，这时也驻节保定府城里。

我跑出城来，就到城东中阳村赵万顺先生家里暂避。赵万顺是我幼年时的一个朋友。他家里有他的老太太，女人，小孩，同他的一个兄弟。在这里住着，我得到几个极深的印象，至今犹不磨灭。赵家吃饭，每餐只喝两碗小米稀粥，一天两餐，都是如此。粥里只是少许的米粒，简直不能充饥。我家里虽然穷，可是一天只喝两餐稀粥的生活却还没有见过。后来我问赵老太太：

"你们光喝稀粥吗？"

"天气快冷了，"赵老太太说，"每天没有什么事做，用不着吃得太饱，喝两碗稀粥就算很好，比咱们家强的，也是这样。"

经我这次叩问以后，赵老太太怕慢待了客人，每餐特意留几块红薯给我吃。老百姓原来每天只喝两碗稀粥呀！在这儿，我不由得想起了镇压义和团时所见的一幕情景：我们的队伍开到容城，住在北关一座文庙里。时在初春，天气极冷，白沟河县官为要博得军队的欢心，特为我们预备了一堆同三间房屋不相上下的木炭，放在庙里给我们作烤火之用。火焰熊熊地燃烧着，我蹲在大殿里，心里不住地在想："这笔钱从哪里来的？不是从百姓身上抽来的血汗吗？"地方官在百姓身上搜刮的时候，锱铢必较，搜刮到手，却这样挥霍如粪土，这样的糜费无度！这一幕奢侈浪费的情景，与眼前自己所亲见身受的艰苦情形比较，叫人作何感想。

联军开到保定，并没有携带粮秣，于是每天一早到四乡各处去劫粮，并且抓人抬东西。百姓一看这情形觉得不妙，每天不到天亮就吃早饭，吃完早饭就逃向村外，找个低凹的地方躲着，一直要到晚上才敢回家。那时我们往往躺在洼地里，脸向着太阳，心里说不出的悲愤，说不出的痛楚。肚子里一面在辘辘作响，奏成一曲饥饿与愤激的交响乐。

一天，我们从地里回来得很早，正吃晚饭的时候，忽然听见一阵打门声，吓得大家立刻丢下碗筷，急急惶惶地向菜窖里躲，后来仔细地倾听，才听见外面不住地喊：

"赵大哥！赵大哥！"

赵万顺就同我说：

"你的个儿大，你隔着墙望一望是谁？"

我隔着墙头向外一望，看见门口站着一个二十余岁的男子，后面跟着一个十七八岁的女子。经了一番询问，我把门开了，原来那女子是赵万顺兄弟的未婚妻，因为荒乱，家里不敢负责，特意领交赵家来完婚，了却一桩心事。那个男子，不消说就是那女子的哥哥了。为了居住方便，家里立刻为他们结婚，当时就在地上扫了一堆土，插了三根草棍，参拜天地，完成婚礼。正是这时，又听见外面有人嚷："外国兵进村来啦！"万顺的兄弟一听这话，也顾不得害羞了，抓住他新婚妻子的手，急忙跳墙跑了。万顺、万顺的老太太、万顺嫂子，都抿着嘴对他俩嗤嗤地笑。

外国兵抓人抬东西，年轻的小伙子是不要的，专门要抓五六十岁的老头儿。因为老头儿身体弱，抬东西时常常摔倒，这时外国兵就在一旁鼓掌大笑，引以为乐。这时要是老头儿的儿子看不过，要上前代替老头去抬，外国兵就拳足交加，没头没脑的一阵乱打。最残暴的要算是日本兵，许多惨无人道的事情，都由他们做出来。他们常常拿百姓当靶子，随意瞄射。比如他们在站岗的时候，若是望见百姓远远的步行而来，便举枪瞄准，打中了的时候，就拍手狂笑不已。那时村上的老百姓在一起谈话，都以此为中心，不是说东村里打伤了人，就是说西村里打死了人。奸淫的事情，更是层出不穷。保定府附近各村五十岁以下的女人，被外兵奸淫至死的不下一二百起。

在赵家住了不久，打听到我们的队伍在固安县大宫村驻扎，我就到那里去。路上整整走了两天，每天足要走一百多里路。两天的长途跋涉，走得我精疲力尽，浑身瘫软得如同麻木了一样。平素我的身体本很强健，只因这次住在赵家，每天只喝两餐稀粥，营养太不充分。又加我在路上走得太急，所以到了大宫村，身体感到极度的疲弱。幸亏队伍找着了，并没有什么意外的不幸遭遇，我得有安心的休息。这时在大宫村同住的队伍，尚有天津镇锦字六营，是由徐锦标带领的。

队伍在这里住着，李鸿章已由广东赶到北京议和。这时联军坚持要清廷交出四凶，然后才能停战撤兵。所谓四凶，就是载漪、载勋、董福祥和刚毅四个主动拳变的人。这条件确实给清廷一个大难题。因为四凶里头，亲贵占了三个，还有一个，也是朝廷的重臣。这如何能够轻言交出？后来联军以清廷不允所求，扬言要继续西进，骇得那位与唐朝武则天先后媲美的西太后，急忙由大同跑向陕西。同时即刻促谕令：载勋革职，刚毅交督察院吏部议处。

不料正在这交涉停战的时候，忽然大宫村又出了枪杀德兵的乱子；刚刚有一点眉目的调停交涉，至是又生出枝节。

那乱子是这样发生的：大宫村锦字六营的一个士兵在村外放哨，瞥见从涿州那边来了两个德国兵，骑着马，耀武扬威，不可一世。那兵激于一时的义愤，举起枪来打落了一个，另外一个回马即逃。死了的落了马，放哨的那兵就将马牵走，以为出了一口气，心里万分痛快。这件事，除开那放哨的士兵外，村里的队伍不消说大家都不知道。不久，德兵大队到来，在二三里外即开枪攻击。队伍听见枪声，一时摸不着头脑，不知道是怎么一回事，只有向后撤退。锦字六营退向沧州，保定练军退驻蠡县。因为时间匆促，应用东西都不及携带，沿路受尽辛苦，到了蠡县，我们的队伍住在城里侯家庄，其余分驻于城内各处。

大乱以后，一切政务都陷于停顿状态。军队这时同没了娘的孩子一样，零仃漂泊，给养无着。吃的虽暂由地方上供给，可是饷用却成了问题，即便极少数的买菜的钱都付不出来。吃的小米又坏，每次吃饭，只好囫囵着向肚子里吞咽。义和团事件后来虽然结束了，然而他们所留下的苦难的日子，却得要大家慢慢地熬着。

——摘自《我的生活》

庚子忆事

溥 仪[1]

在庚子那年，慈禧利用义和团杀洋人，又利用洋人杀义和团的一场大灾难中，荣禄对慈禧太后的忠诚，有了进一步表现。慈禧在政变后曾散布过光绪病重消息，以便除掉光绪，这个阴谋不料被人发觉了，后来闹到洋人出面给光绪看病，慈禧不敢惹洋人，只好请洋人看了病。此计不成，她又想出先为同治立嗣再除光绪的办法。她选的皇储是端王载漪的儿子溥儁，根据荣禄的主意，到元旦这天，请各国公使来道贺，以示对这件举动的支持。可是李鸿章的这次外交没办成功，公使们拒绝了。这件事情现在人们已经很清楚了，不是公使们对慈禧的为人有什么不满，而是英法美日各国公使不喜欢那些亲近帝俄的后党势力过分得势。当然，慈禧太后从上台那天起就没敢惹过洋人。洋人杀了中国百姓，抢了中国的财宝，这些问题对她还不大，但洋人保护了康有为，又反对废光绪和立皇储，直接表示反对她的统治，这是她最忍受不了的。荣禄劝告她，无论如何不能惹恼洋

---

[1] 溥仪，清朝最后一个皇帝。三岁登基，六岁逊位。少时在故宫做小皇帝，青年时在天津做寓公，中年时被日本人拉到东北当伪满洲国皇帝。颇多传奇色彩，他对于义和团只出于传闻，但由于其生长于深宫，身份之殊，故言有价值。

人，事情只能慢慢商量，关于溥儁的名分，不要弄得太明显。《清史稿》里有这样一段记载："患外人为梗，用荣禄言，改称大阿哥。"慈禧听从了荣禄的意见，可是溥儁的父亲载漪因为想让儿子当皇帝，伙同一批王公大臣如刚毅、徐桐等人给慈禧出了另一主意，利用反对洋人的义和团，给洋人压力，以收两败俱伤之效。义和团的问题，这时是朝廷最头痛的问题。在洋人教会的欺凌压榨之下，各地人民不但受不到朝廷的保护，反而受到洋人和朝廷的联合镇压，因此自发地爆发了武装斗争，各地都办起了义和团，提出了灭洋口号。义和团经过不断的斗争，这时已形成一支强大的武装力量，朝廷里几次派去军队镇压，都被他们打得丢盔曳甲。对团民是"剿"是"抚"，成了慈禧举棋不定的问题。载漪和大学士刚毅为首的一批王公大臣主张"抚"，先利用它把干涉废立的洋人赶出去再说。兵部尚书徐用仪和户部尚书立山、内阁学士联元等人坚决反对这种办法，认为利用团民去反对洋人必定大祸临门，所以主张"剿"。两派意见正相持不下，一件未经甄别的紧急情报让慈禧下了决心。这个情报把洋人在各地的暴行解释为想逼慈禧归政于光绪。慈禧大怒，立刻下诏"宣抚"团民，下令进攻东交民巷使馆和兵营，发出内帑赏给团民，悬出赏格买洋人的脑袋。为了表示决心，她把主"剿"的徐用仪、立山、联元等人砍了头。后来，东交民巷没有攻下，大沽炮台和天津城却先后失守，联军打向北京来了。慈禧这时又拿出了另一手，暗中向洋人打招呼，在炮火连天中派人到东交民巷去联络。北京失陷，她逃到西安，为了进一步表示和洋人作对的原来不是她，她又下令把主"抚"的刚毅、徐桐等一批大臣杀了头。在这一场翻云覆雨中，荣禄尽可能不使自己卷入旋涡。他顺从地看慈禧的眼色行事，不忤逆慈禧的意思，同时，他也给慈禧准备着"后路"。他承旨调遣军队进攻东交民巷外国兵营，却又不给军队发炮弹，而且暗地还给外国兵营送水果，表示慰问。八国联军进入北京，慈禧出走，他授计负责议和的李鸿章和奕劻，在谈判中掌握一条原则：只要不追究慈禧的责任，不让慈禧归政，一切条件都可答应。就这样，签订了赔款连利息近十亿两白银、让外国军队驻兵京城的辛丑条约。荣禄办了这件事，到了西安，"宠礼有加，赏黄马褂[1]、双眼花翎[2]、紫貂，随扈还京，加太子太保[3]，转文华殿大学士"。

——摘自《我的前半生》

---

[1] 黄马褂是皇帝骑马时穿的黄色外衣，"赏穿黄马褂"是清朝皇帝赏给有功的大臣的特殊"恩典"之一。

[2] 花翎是清朝皇帝赏给有功的大臣的礼帽上的装饰品。皇族和高级官员赏孔雀翎，低级官员赏鹖鸟翎（俗称老鹳翎，因是蓝色的又称蓝翎）。皇帝赏给大臣戴的花翎又依据官阶高低有单眼、双眼、三眼之别。

[3] 商代以来历朝一般都设太师、太傅、太保，少师、少傅、少保作为国君辅弼之官，设太子太师、太子太傅、太子太保、太子少师、太子少傅、太子少保作为辅导太子之官。但后来一般都是大官加衔，以示恩宠，而无实权。明清两季亦以朝臣兼任，纯属虚衔。

义和团杂感三题

陈独秀[1]

我对于义和团两个错误的观念

义和团，在中国现代史上是一重要事件，其重要不减于辛亥革命，然而一般人不但忽略了它的重要，并且对它怀着两个错误的观念：

第一个错误的观念：憎恶义和团是野蛮的排外。他们只看见义和团排外，看不见义和团排外所发生之原因——鸦片战争以来全中国所受外国军队、外交官、教士之欺压的血腥与怨气！他们只看见义和团杀死德公使及日本书记官，看不见英人将广东总督叶名琛捉到印度害死，并装入玻璃器内游行示众！他们只看见义和团损害了一些外人的生命财产，看不见帝国主义军事的商业的侵略损害了中国人无数生命财产！他们只看见义和团杀人放火的凶暴，看不见帝国主义者强卖鸦片烟、焚毁圆明园、强占胶州湾等更大的凶暴！他们自夸文明有遵守条约及保护外人生命财产的信义；他们忘了所有条约都是帝国主义者控制中国人之奴券（最明显的是关税协定及领事裁判权），所有在华外人（军警、外交官、商人、教士）都是屠戮中国人之刽子手，所

---

[1] 陈独秀，"五四"新文化运动的旗手，中国共产党的创始人之一。

有在华外人财产都是中国人血汗之结晶！他们指责义和团号召扶清灭洋及依托神权是顽旧迷信，他们忘记了今日的中国仍旧是宗法道德、封建政治及神权这三样东方的精神文化支配着！义和团诚然不免顽旧迷信而且野蛮，然而全世界（中国当然也在其内）都还在顽旧迷信野蛮的状态中，何能独责义和团，更何能独责含有民族反抗运动意义的义和团！与其憎恶当年排外的义和团野蛮，我们不如憎恶现在媚外的军阀、官僚、奸商、大学教授、新闻记者之文明！

第二个错误的观念：以为义和团事件是少数人之罪恶，列强不应因少数人之故惩罚全中国人民以巨额负担。他们不曾统观列强侵略中国，是对全民族的，不是对于少数人的；剧烈的列强侵略，激起了剧烈的义和团反抗，这种反抗也是代表全民族的意识与利益，绝不是出于少数人之偶然的举动。即或义和团当中及纵容义和团之贵族夹有思想上、政治上争执的动机或其他更卑劣的动机，而群众之附和义和团，则由于外力尤其是教会压迫的反应，可以说毫无疑义。义和团事件，无论是功是罪，都是全民族之责任，不当推在义和团少数人身上。全民族都在外人压迫之下，若真只有少数人、义和团不甘屈服，那更是全民族无上的耻辱了！若因为参加义和团运动者为全民中之少数，则参加辛亥革命与"五四"运动者，也是全民中之少数，我们决不能只据实际参加者之数量，便否认其实质上代表全民族的意识与利益。文明的绅士学者们，说义和团事件是少数人之罪恶，说列强不应该惩罚到义和团以外的人，不啻是向列强跪着说：我们是文明人，我们不曾反抗汝们惩罚少数的义和团，不应该皂白不分连累到我们大多数安分屈服的良民。情形如果是这样，还幸亏有野蛮的义和团少数人，保全了中国民族史上一部分荣誉！

义和团的野蛮，义和团的顽旧与迷信，义和团时的恐怖空气，我都亲身经历过。我读八十年来中国的外交史、商业史，终于不能否认义和团事件是中国民族革命史上悲壮的序幕。

——摘自《向导》第81期

义和团的起因及影响

戊戌政变后，清廷的反动，日甚一日，同时，帝国主义之政治的经济的侵略，也日甚一日。全国，尤其是北方穷苦的农民及手工业者之生活困难与失业增加，和帝国主义经济的侵略（外货输入）成为正比例；同时，清廷一方面对内厉行反动政策，一方面图结外人之欢心和缓其责难，保护外人及教堂之严令，纷如雪片的颁布到各县各镇乡；因此，遂逼成"义和团"事件。

"义和团"事件的起因十分明白：一是经济上的原因——农民对于帝国主义侵略的反抗；一是政治上的原因——清廷反动政局趋于极端之结果。

思想简单的北方农民及失业的游民无产阶级，凭了英法联军入京火烧圆明园，中日战争割地赔款，洋货充斥物价飞涨，教堂教徒势力熏天，政府因仿办洋学堂、洋船、洋枪炮等增加租税——这些多年的直觉，遂由白莲教的反清复明运动，一变而为义和团的扶清灭洋运动。恰当此时清廷反动的政局日趋极端，无论如何媚外，终不免外人借口要挟的责难，至外国容纳亡命的改革派，尤为清廷愤恨，及义和团运动起于山东，延及直隶、东三省，端、庄、毓贤、刚毅辈遂思利用之以铲除外人干涉，以偿其尽量反动之大欲。

义和团之蔑视条约，排斥外力外货及基督教，义和团之排斥二毛子三毛子——帝国主义者之走狗，都无可非难；义和团之信托神力，义和团之排斥一切科学与西洋文化，自然是它的缺点，然这些本来是一般落后的农业社会之缺点，我们不能拿这些特别非难义和团。

义和团真正缺点是：（一）只是冲动的暴动之一群，而没有相当的组织，致一败而遂瓦解；（二）与反动派合作而为其利用，致失社会上进步分子的同情。这是在国民运动中第二次给我们的教训！

义和团运动之失败，在国民运动上遗下两个极大的影响：一是因此暴露了清廷之罪恶与昏庸，戊戌以来社会上所谓维新党，分化为立宪与革命二派，这是好的影响；二是因此一般富于妥协性的知识阶级，附和二毛子三毛子的宣传，以排外为野蛮为耻辱，损坏了民族革命反抗外国帝国主义之精神，这是恶的影响。这个恶影响为害于国民运动至大，远及于辛亥革命一直到现在。

克林德碑

京中各校十一月十四、十五、十六放假三天，庆祝协约国战胜。族旗满街，电彩照耀，鼓乐喧阗，好不热闹。东交民巷以及天安门左近，游人拥挤不堪。万种欢愉声中，第一欢愉之声，便是"好了好了，庚子以来举国蒙羞的'石头牌坊'（即克林德碑，北京人通称呼石头牌坊），已经拆毁了"。余方卧病，不愿出门，一来是觉得此次协约国战胜德国，我中国毫未尽力，不便厚着脸来参与这庆祝盛典；二来是觉得此次协约国胜利，不尽归功军事。在我看来，与其说是庆祝协约国战争胜利，不如说是庆祝德国政治进步。至于提起那块克林德碑，我更有无穷感慨，无限忧愁，所以不管门外如何热闹，只是缩着头在家中翻阅闲书消遣。

我在闲书中看见罗惇融氏两篇文章：一曰《庚子国变记》，一曰《拳变余闻》。这两篇文章，和这一块克林德碑却大有关系，兹将其中顶有趣味的几处抄出来，给大家一读：

义和拳源于八卦教，起于山东堂邑县，旧名义和会，东抚捕之急，潜入直隶河间府景州献县。乾字拳先发，坎字继之。坎字拳蔓延沧州、静海间，白沟河之张德成为之魁，设坛于静海属之独流镇，称天下第一坛，遂为天津之祸。乾字拳由景州蔓延于深州、冀州，而涞州，而定兴、固安，以入京师。天津、北京拳匪本分二系，皆出于义和会，此后皆称义和团。……京师从授法者，教师附其耳咒之，词曰："请志心归命礼，奉请龙王三太子、马朝师、马继朝师、天光老师、地光老师、日光老师、月光老师、长棍老师、短棍老师。"要请神仙某，随意呼一古人，则孙悟空、猪八戒、杨戬、武松、黄天霸，等也。又一咒云："快马一鞭，西山老君，一指天门动，一指地门开，要学武艺，请仙师来。"一咒云："天灵灵，地灵灵，奉请祖师来显灵。一请唐僧、猪八戒，二请沙僧、孙悟空，三请二郎来显圣，四请马超、黄汉升，五请济颠我佛祖,六请江湖柳树精,七请飞镖黄三太,八请前朝冷于冰,九请华佗来治病,十请托塔天王、金吒、木吒、哪吒三太子,率领天上十万神兵。"诸坛所供之神不一,如姜太公、诸葛武侯、赵子龙、梨山老母、西楚霸王、梅山七弟兄、九天玄女。

慈禧太后以戊戌政变,康有为遁,英人庇之,大恨。己亥冬,端王载漪谋废立,先立载漪之子溥儁为大阿哥;……载漪使人讽各国公使入贺,各公使不听,有违言,载漪愤甚,日夜谋报复。会义和团起,以灭洋为帜,载漪大喜,乃言诸太后,力言义民起,国家之福;遂命刑部尚书赵舒翘、大学士刚毅先后行,导之入京师,至者数万人。义和拳谓铁路电线,皆洋人所借以祸中国,遂焚铁路、毁电线,凡家藏洋画洋图皆号"二毛子",捕得必杀之。

义和团自谓能祝枪炮不发,又能入空中指画则火起,刀槊不能伤,出则命市人向东南拜。都人崇拜极虔,有非笑者则戮辱之。仆隶厮圉,皆入义和团,主人不敢慢,或更借其保护。稍有识者,皆结舌自全,无有敢公言其谬者矣。义和团既遍京师,朝贵崇奉者十之七八,大学士徐桐,尚书崇绮等,信仰尤笃。义和团既借仇教为名,指光绪帝为教主,盖指戊戌变法,效法外洋,为帝之大罪也。

以启秀、溥兴、那桐入总理衙门,以载漪为总理。日本书记杉山彬出永定门,董福祥遣兵杀之,裂其尸于道。拳匪于右安门焚教民居,无老幼男女皆杀之。继焚顺治门内教堂,城门昼闭,京师大乱。……正阳门外商场,为京师最繁盛处,拳匪纵火焚四千余家,……火延城阙,三日不灭。……载漪等昂言以兵围攻使馆,尽歼之。

开御前会议,载漪请围攻使馆,杀使臣,太后许之。

下诏褒拳匪为义民,给内帑十万两。载漪于邸中设坛,晨夕虔拜。太后亦祠之禁中。城中焚劫,火光蔽天,日夜不息。车夫小工,弃业从之。近邑无赖,纷趋都下,数十万人,横行都市。凡所不快,指为教民,全家皆尽,死者十数万人。杀人刀矛并下,肢体分裂。被害之家,婴儿未匝月,亦毙之。

太后召见其大师兄,慰劳有加。士大夫之谄谀干进者,争以拳匪为奇货。

知府曾廉、编修王龙文献三策，乞载漪代奏："攻交民巷，尽杀使臣，上策也；废旧约，令夷人就我范围，中策也；若始仗终和，与衔璧舆櫬何异？"载漪得书，大喜曰："此公论也。"御史徐道焜奏言："洪钧老祖已命五龙守大沽，夷船当尽没。"御史陈嘉言自云："得关壮缪帛书言，夷当自灭"，编修萧荣爵言："夷狄无君父二千余年，天将假手义民尽灭之。"……当时上书言神怪者以百数。

太后谕各国使臣入总理衙门集议，德使克林德先行，载漪令所部虎神营伺之于道，杀之，后至者皆折回。徐桐、崇绮闻之，大喜，谓"夷酋诛，中国强矣"。太后命董福祥及武卫中军攻交民巷，炮声日夜不绝。拳匪助之，披发禹步，升屋而号者数万人，声动天地。洋兵仅四百，董福祥所部万人，攻月余不能下，武卫军死者千人。……尚书启秀奏言："使臣不除，必为后患；五台僧普济有神兵十万，请召之会歼逆夷。"……御史彭述谓"义和拳咒炮不燃，其术至神，无畏夷兵"。太后亦欲用山东僧普法、余蛮子、周汉，三人者，王龙文上书所谓三贤也。

天津陷，……京师大震。彭述曰："此汉奸张夷势以相恫吓也。姜桂题杀夷兵万余，夷方穷蹙，行乞和矣。"时桂题方在山东，未至天津也。

李秉衡至自江南，太后大喜。……太后闻天津败，方彷徨，得秉衡言，乃决战。……洋兵既将逼京师，乃变计欲议和，……以桂春、陈夔龙送使臣至天津，使臣不肯行，复书词甚慢。彭述请"俟其出，张旗为疑兵，数百里皆满，可以怵夷"。闻者笑之。是日李秉衡出视师，请义和拳三千人以从，秉衡新拜其大师兄，各持引魂旛、混天大旗、雷火扇、阴阳瓶、九连环、如意钩、火牌、飞剑，拥秉衡而行，谓之八宝。北人思想，多源于戏剧；北剧最重神权，每日必演一神剧，《封神传》《西游记》，其最有力者也。

无何，通州陷，李秉衡死之。……敌兵自通州至，董福祥战于广渠门，大败。……七月二十日黎明，北京城破。

五月中，有黄莲圣母，乘舟泊北门外，船四周皆裹红绉，有三仙姑、九仙姑，同居舟中。——直督裕禄迎入署，朝服九拜，弗为动。……圣母坐神橱中，垂黄幔，香烟敬供，万众礼拜，城陷逃去。拳匪散为盗，劫圣于舟中，审为圣母也，缚而献诸都统衙门，获重赏。一仙姑投水死，一仙姑与圣母同被执，皆戮之。

义和拳称神拳，以降神召众，号令皆神语。……庚子四五月间，津民传习殆遍，有关帝降坛文，观音托梦词，济颠醉后示，皆言灭洋人。忽传玉帝勅命关帝为先锋，灌口二郎神为合后，增财神督粮；赵子龙、马孟起、黄汉升、尉迟敬德、秦叔宝、杨继业、李存孝、常遇春、胡大海，皆来会师。其所依据，则《西游记》《封神传》《三国演义》《绿牡丹》《七侠五义》诸小说，此中所常演之剧也。

匪扬言海口起沙横亘百里外，阻夷船，团中海乾神师为之也。既而一僧来，自称海乾，众虔奉之，着黄缎服，手念珠，持禅杖，受众供养；城陷后，不知所终。

拳匪之祸，成于匪首张德成、曹福田。……德成语其众曰："顷睡时，元神赴天津紫竹林，见洋人正剖妇女，以秽物涂楼上，为压神团法也。"他日又言："元神赴敌，盗得洋炮机管，炮不得燃矣。"更率众周行镇外，三匪，以杖画地曰："此一周土城，一周铁城，一周铜城，洋人即来，无能越者。"……无何城陷，张匪挟巨赀行，至王家口，索盐商王姓具供张，……王不能堪，村人愤甚，乃共谋刺之；共捕德成，余匪尽逃，德成叩头乞饶。众曰："试其能避刀剑否？"共研之，成血糜焉。……福田不敢与洋人战，日列队行周衢，遇武卫军，则缚而戮之，报聂士成落堡一战之仇也。……绅商虑开战则全城糜烂，力请于裕禄议和，裕禄令请命于福田，福田不可，曰："吾奉玉帝勅，命率天兵天将，尽歼洋人，吾何敢悖命勅。"……众以商民生命为请。福田曰："死者皆劫数中人。吾扫荡洋人后犹当痛戮不忠不孝不仁不义之人，完此劫数。"及马玉昆兵败，津城陷，福田易装遁。……潜归里，里人缚送之官，磔之于静海县。

徐桐以汉军翰林至大学士，以理学自命，日诵《太上感应篇》，恶新学如仇。门人李家驹充大学堂提调，严修请开经济特科，桐榜二人之名于门，拒其进见。其宅在东交民巷，恶见洋楼，每出城拜客，不欲经洋楼前，乃不出正阳门，绕地安门西出，……拳匪起京师，桐大喜，谓中国自此强矣。其赠大师兄联云："创千古未有奇闻，非大非邪，攻异端而正人心，忠孝节廉，只此精神未泯。为斯世少留佳话，一惊一喜，仗神威以寒夷胆，农工商贾，于今怨愤能消。"

这一篇过去的历史，本无甚足道；但是今日提起那块克林德碑，便不由人要回顾这一段可笑可惊可恼可悲的往事。古人说："往事不忘，后事之师。"所以首先抄出来给我健忘的国民一读，然后再发表我的意见。

原来这块克林德碑，是庚子年议和时设立，向德国赔罪的。为何要设立这块碑向德国赔罪呢？因为义和团无故杀了德国公使克林德氏，各国联军打破了北京城，为须要中国在克林德被害的地方设立一块石碑，方肯罢休。你说中国何等可耻！义和团何等可恶！

现在德国的民党，正在要革那皇帝和军国主义的命，协约国乘势将德国打败，我们中国人也乘势将这块克林德碑拆毁，大家都喜欢得了不得，都以为这块国耻的纪念碑已经拆毁，好不痛快！在我看来，这块碑实拆得多事。因为这块碑是义和拳闹出来的，不久义和拳又要闹事，闹出事来，又要请各国联军来我们中华大国朝贺一次，那时要设立的石碑，恐怕还不只一处，此时急忙拆毁这一块克林德碑，岂非多事？

何以见得义和拳又要闹事？这是诸君必然要质问我的。诸君！诸君！莫道我故作惊人之语！诸君若不相信，请听我将义和拳过去现在及将来发生的原因结果，略说一番：

这过去造成义和拳的原因，第一是道教。义和拳真正的匪魁，就是从张道陵一直到现在的天师。道教出于方士，方士出于阴阳家，——与九流之道家无关，此说应有专篇论之。——这是我中华国民原始思想，也就是我中华自古迄今之普遍国民思想，较之后起的儒家孔子"忠孝节"之思想入人尤深。一切阴阳、五行、吉凶、灾祥、生克、画符、念咒、奇门、遁甲、吞刀、吐火、飞沙、走石、算命、卜卦、炼丹、出神、采阴、补气、圆光、呼风、唤雨、求晴、求雨、招魂、捉鬼、拿妖、降神、扶乩、静坐、设坛、授法、风水、谶语，……种种迷信邪说，普遍社会，都是历代阴阳家、方士、道士造成的。义和拳就是全社会种种迷信邪说的结晶，所以彼等开口便称奉了玉皇大帝救命来灭洋人也。

第二原因，就是佛教。佛教造成义和拳，有两方面：一方面是佛教哲理，承认有超物质的灵魂世界，且承认超物质的世界有绝大威权，可以左右这虚幻的物质世界。超物质的世界果有此种威权，义和拳便有存在的余地了。一方面是大日如来教（即秘密宗）种种神通的迷信，也是造成义和拳的重要分子。所以义和拳所请的神，也把达济、济颠和《西游记》上的唐僧等一班人都拉进去了。

第三原因，就是孔教。孔子虽不语神怪，然亦不曾绝对否认鬼神，而且《春秋》大义，无非是"尊王攘夷"四个大字。义和拳所标榜的"扶清灭洋"，岂不和"尊王攘夷"是一样的意思吗？

儒、释、道三教合一的中国戏，乃是造成义和拳的第四种原因。这"脸谱"、"打把子"的中国戏剧，不是演那孔教的忠孝节义，便是装那释、道教的神仙鬼怪；有时观音、土地和天兵天将出来搭救那忠孝节义的人，更算得三教同归了。义和拳所请的神，多半是戏中"打把子"、"打脸"的好汉，若关羽、张飞、赵云、孙悟空、黄三太、黄天霸等是也。津、京、奉戏剧特盛，所以义和拳格外容易流传。义和拳神来之时，言语摹仿戏上的说白，行动摹仿戏上的台步，这是当时京、津、奉的人亲眼所见，非是鄙人信口开河罢！

最近第五原因，乃是那仇视新学妄自尊大之守旧党。庚子事变，虽是西太后和载漪因为废立的事仇恨各国公使，然还是少数。当时政府中人，因为新旧之争，主张纵匪仇洋者，实居十之八九，徐桐、刚毅、启秀，其代表也。这班人不知西洋文明为何物，守着历代相传保存国粹妄自尊大的旧思想，以为我们中华大国先圣先贤的纲常礼教，灿然大备，那外洋各国的夷人算得什么。戊戌年康、梁主张效法西洋，改变旧法，被旧党推倒，也就是这个缘故。所以戊戌年谭、林等六人被逮时，西太后召见刑部尚书赵舒翘命严究其事，赵对曰："此等无父无君的禽兽，（康有为听着！）杀无赦，不必问供。"他们眼里，以各国夷人不懂得中国圣贤的纲常礼教，都是禽兽，至于附和而且主张效法那禽兽的中国人，不更可杀吗？所以他们戊戌年将一班附和禽兽的新党杀尽赶尽，还不痛快；到了庚子年，有了保存国粹三教合一的义和拳出来，要杀尽禽兽，他这班理学名臣，自然十分痛快，以为是根本解决了。徐桐赠大师兄的对联，正是这班人的思想之代表。

以这过去五种原因，造成了义和拳大乱，以义和拳大乱，造成了一块国耻的克林德碑，这因果分明的事实，非是鄙人杜撰得来的。以过去的因果推测将来，制造义和拳的五种原因，现在都依然如旧。义和拳的名目，此时虽还未发生，而义和拳的思想，义和拳的事实，却是遍满国中，方兴未艾，保得将来义和拳不再发生吗？将来义和团再要发生，保不得又要竖起国耻的纪念碑吗？诸君倘有信吾言，请观左列之事实：

扶乩的风气，遍于南北，上海的盛德坛算是最有名了，所有古代的名鬼一齐出现，鬼的字、鬼的画、鬼的文章、鬼的相片，无奇不有，实在比义和拳还要荒唐。

长江一带三教合一的泰州教，京、津一带静坐授法的先天道，都在那里鬼鬼祟祟的活动，这派头不和白莲教、义和拳是一鼻孔出气吗？

北京城里新华街修了一条马路，本打算直通城外，只因为北京的官场和商民，都恐怕拆城坏了风水，这条马路只造到城根而止，你说可笑不可笑！

安庆修理宝塔，动工的日子，要算算和省长的八字冲犯不冲犯。北京选举总统的日子，听说也曾请有名的算命先生，推算和候补总统的八字合不合。

济南镇守使马良所提倡的中华新武术，现在居然风行全国。我看他所印教科书（曾经教育部审定）中的图像，简直和义和拳一模一样，而且他所作的发起总说中说道："考世界各国，武术体育之运用，未有愈于我中华之武术者。前庚子变时，民气激烈，尚有不受人奴隶之主动力；惜无自卫制人之术，反致自相残害，浸以酿成杀身之祸。良蒿目时艰，抚膺太息，……"岂不是对于义和拳大表同情吗？

湖南督军张敬尧带兵到四川到湖南打仗，到处都建造九天玄女庙，出战时招呼士兵左手心写一"得"字，右手心写一"胜"字，向西对九天玄女磕几个头，保管得胜。诸君看看这是什么玩意儿？

皖南镇守使马联甲的侄女得了疯病，用五千元请张天师来治，那天师带领一班法官，请到天兵天将，用掌心雷将妖捉去，天师所过的芜湖、安庆、九江等地方，众人围着求符咒的不计其数。这是何等世界！

山东东河、平阴、荏平、肥城等县，发现了三阳教匪（教首为王会臣、李同升等），在各乡镇传教，说入教的人能避刀枪，无知愚民入会学习者，日见其多。

天津南开学校开教职员游艺会的时候，有一位国文主任某君，讲一篇历史的谈话，说曾国藩是蟒蛇精转胎，他身上的癣，就是蛇皮的证据。有一天去见张天师，天师不肯见他，他再三要见，见面之后，他的蛇魂便被天师收去，随即无病而死。哈哈！这就是北方一个著名的学校的教育！

天津庆祝协约战胜，各界游行街市，内中最奇怪的是南开学校做了一个船名叫"国魂舟"！学生二人扮作关羽、岳飞坐在舟中。校中复以"国魂舟感言"为题，考试学生的国文，一般学生的文章，无非是称赞关、岳二武圣为中国的国魂。这还不算奇怪，最好的有二位学生文章内中有云："噫，其中亦不思吾国魂舟中曾有关公、岳飞其人乎？洋人，洋人，毋笑吾为孱弱！""安得有如关、岳者昂坐舟中，而使黄毛碧眼之辈，伏跪膝下，而大快人心者耶！"唉！呀！曹、张（是义和拳两位大师兄，不是现在两位大督军）出产地之青年思想，仍旧是现在社会上，国粹的医、卜、星、相，种种迷信，那一样不到处风行，全国国民脑子里有丝毫科学思想的影子吗？慢说老腐败了，就是在东西洋学过科学的新人物，仍然迷信国粹的医、卜、星、相的人，我还知道的不少咧！

政府当局的人，目下为时势所迫，也说要提倡新学，也说要输入西洋文化，这不过是表面上敷衍洋人，怕外交团不承认他的位置罢了。其实他们的脑子里，装满了和新学和西洋文化绝对相反的纲常名教，和徐桐、刚毅是一流人物，还不及徐、刚诚实。所以开口一个礼教，闭口一个纲纪，像那非纲纪礼教无君臣上下的西洋文化，岂不是他们的眼中钉吗？

现在的新派人物，虽说没什么思想学问，但总算是倾向共和科学方面。在代表专制迷信的旧人物看起来，这些新人物，无非是叛逆，是异端邪教，所以时时刻刻想讨灭这班叛逆异端邪教，方足以肃纲纪而正人心。这就是中国自戊戌以来政变的根本原因了。

照上列的事实看起来，现在中国制造义和拳的原因，较庚子以前，并未丝毫减少，将来的结果，可想而知。我国民要想除去现在及将来国耻的纪念碑，必须要叫义和拳不再发生；要想义和拳不再发生，非将制造义和拳的种种原因完全消灭不可。

现在世上是有两条道路：一条是向共和的科学的无神的光明道路；一条是向专制的迷信的神权的黑暗道路。我国民若是希望义和拳不再发生，讨厌像克林德碑这样可耻纪念物不再竖立，到底是向那条道路而行才好呢？

原载《新青年》5卷5号

义和团忆事

马叙伦[1]

这年是清朝光绪二十六年，北方出了义和团的事件，欧美日本八国联军攻入北京，皇太后皇帝都向西安逃跑了。那时杭州有三份上海报纸，是《申报》《新闻报》《中外日报》，但是我们书塾里只教员室有报看，我们哪里敢进去。这位陈老先生却常常把时事告诉我们。一日，他把我叫得去，告诉我联军进了北京，皇帝走了。我好像天向我头上压下来了，就嚎陶大哭。他老却不响，直待我哭得太伤心了，他才对我说："你不要哭，慢慢对你说。"我听他的说话，好像基督徒相信《圣经》一样，晓得他老必定有个道理的，也就止了泪。他老说："你去息息罢。"我内心还是凄凉得很，也没有话说，就退出了。

后来他老并不怎样特别地告诉我什么，但是我们从他老讲历史里说到六朝五代和宋明亡国的事，我们不知不觉了解我们所处的时代了。他老又叫我们在课外看《天演论》《法意》，和《黄书》《伯牙琴》《明夷待访录》一类的书，我们又不知不觉懂得须要革命了。因此我们考试文里也大变了色彩。

——摘自《我在六十岁以前》

---

[1] 马叙伦，浙江余杭人，字夷初。同盟会会员。北大著名教授。曾任国民党教育部次长。抗战期间为著名民主人士。

义和团

辜鸿铭[1]

　　当庚子灾变结束,朝廷回到北京之后,中国政府在全民族的支持下,开始致力于采纳欧化方案。——中日战争首次将欧洲那极端的物质实利主义文明的可怕怪物带到中国门口,置于中国古老文明的面前。此前,中国的文人学士虽然对这一可怕怪物感到惊奇、厌恶和憎恨,但他们仍然蔑视它,试图不去理会它对于中国人民及其文明可能造成更大的伤害。这个怪物远在欧洲,在另一个大陆,所以危害尚且遥远。而中日战争之后,中国及其文明与这种可怕的怪物——现代欧洲那极端的物质实利主义文明之间——就仅仅是一海之隔了。于是,在中国文人学士之中,便激起了一种异常强烈的忧患意识。其结果,自然是一场由忧患和激动所造成的疯狂。那些最坚定的保守派,甚至已故的光绪皇帝,也愿同康有为及其中国的雅各宾派,同这些打算把希腊人的木马引入特洛伊城[2]的人们合作。实际上,也就是要祈求和呼唤

---

[1] 辜鸿铭,福建厦门人。清末民初的怪杰。中西混血儿,生于马来西亚,在欧洲受的教育,精于西学而独嗜中学,民国以后以遗老自居,长袍马褂、脑后垂辫。在北大讲西洋文学,从教者颇众,在外国人心目中名气尤大,时有"来中国可不看故宫,不可不识辜鸿铭"之说。他关于义和团的议论,自然脱不了"王道"的味道,但有的地方也不无道理。

[2] 这里是指引狼入室,引祸进门。

现代欧洲的物质实利主义文明之可怕怪物来援助中华民族。对此，反对的呼声蜂拥而起："我害怕希腊人，甚至怕他们的礼物"！（Tinco[1] Danaos et dona ferentes!）张之洞在这时候，正如我们所见到的，建议来个调和，但骄傲的满洲贵族起而声言："不可，我们宁愿像一个真正的人那样去死"，誓死抗拒（Perissons en resistant）。已故的帝国大臣徐桐，一位中国一流人物和满族派成员便说："要亡么，要亡得正。"

与此同时，对这种可怕怪物的恐惧，对现代欧洲实利主义文明可能即将占领中国并毁灭中国文明的可怕恐惧，迫使一般中国人、整个华北的农民发了疯，他们组成义和团，奋起支持满洲贵族。已故皇太后尽其最大努力设法摆脱这种困难而复杂的局势。但是，当外国海军袭击并攻占大沽口的消息传到北京之后，皇太后得出了"对战败的人来说，不再希望有任何救星便是唯一的救星"（Una salus victis, nullam sperare salutem）的结论。她同意下令向公使馆开火。于是，满洲贵族和整个华北的农民疯狂地、不顾一切地做出极端之举，要赤手空拳地将可怕的现代欧洲实利主义文明这一怪物，以及在中国的所有外国人统统赶入大海。就这样，中华民族以自身的文明资源，以满洲贵族的英雄主义和勇敢的义和团小伙子的视死如归精神——正如海军将军西摩尔的一个部将所看到的，他们如痴如狂地向现代欧洲的枪口冲锋，与他们的对头作孤注一掷的抗争，来保卫和挽救中国文明。可是，这最后一搏以失败告终。此后，中国人民得出一个结论——正如我将说明的，一个错误的结论——认为他们自身的文明资源，要对付现代欧洲民族物质实利主义文明的破坏力量，是无能为力的，没有效果的和不中用的。

…………

继大侯曾国藩之后，中国文人学士名义上的首领是李鸿章。在中日战争李鸿章倒台之后，中国的文人学士则群龙无首。其结果，是中国的统治权，正如我所说过的，它曾经在太平天国叛乱时期从满洲贵族手中落入汉族文人

---

[1] Tinco：疑是"Tmeo"之误。

士大夫手里，现在则又重新回到了满洲贵族手中。裕禄，[1]这位义和团暴动时在天津自杀的满人总督，继李鸿章之后做了直隶总督和北洋通商大臣。不过。他还算不上是满洲贵族的首领。成为满洲贵族首领的，是已故军机大臣荣禄。[2]他是中国的索尔兹伯理勋爵。

已故索尔兹伯理勋爵，是英格兰贵族阶层中最后一个不仅拥有卡莱尔极为欣赏的那种彬彬有礼的英国气派，而且在私人和社会生活中还拥有马太·阿诺德谈论诗时所称的——"气魄"的人。同样，中国的荣禄也是满族最后一个不仅具有高尚品质、尊贵气派，和人们常可以从有教养的满族青年身上看到的那种温文尔雅，还具有宏大气度、一种"大人阁下"——大贵族威严的人物。目前，我在北京见到的最为出色的满洲贵族，甚至于现在的摄政王，也没有索尔兹伯理勋爵和荣禄身上的那种"气魄"。除荣禄之外，近来满洲贵族中唯一的另一位具有"宏大气度"的人，是已故皇太后。皇太后不止是一位像英国维多利亚女王那样的伟大贵妇或女国主，她还是一位高贵的"不同寻常"的女性。

然而，俾斯麦对于索尔兹伯理勋爵的看法，也同样适用于中国的荣禄。在谈到国务活动家和政治家的索尔兹伯理勋爵时，俾斯麦说道："他只不过是一块看上去像钢的涂色石膏。"相反，俾斯麦则与比康兹菲尔德勋爵一样，富有才华。无论是索尔兹伯理勋爵还是满人荣禄，都不曾自命为天才。相比之下，不管是俾斯麦还是比康兹菲尔德勋爵，则都费尽心机加强修养——以提高智识水平。另外，索尔兹伯理勋爵和荣禄的血液里，都仅仅有英雄主义和高贵品格，可以说是块好铁或贵金属，但是他们却并未努力，或因太执拗

---

[1] 裕禄，满洲正白旗人，喜塔腊氏，字寿山。监生出身，1887年授湖广总督，因反对修芦汉铁路被降职。1898年升为军机大臣、总理衙门大臣。旋任直隶总督兼北洋大臣。义和团运动初起时主张镇压。后清廷改剿为抚，他亦改为利用义和团以排外。八国联军攻占天津后，他败守北仓，北仓败，自杀于杨村。

[2] 荣禄，满洲正白旗人。瓜尔佳氏。字仲华。荫生出身。百日维新开始后不久，出任直隶总督兼北洋大臣，为慈禧太后所宠信。后得袁世凯密报，帮慈禧镇压了维新运动。义和团运动期间，他任军机大臣，节制北洋海陆各军。曾屡请镇压义和团，保护使馆。

与骄傲，不屑于去努力把自己血液中的贵金属经由智识修养的精致坩锅与文火耐心地加以提炼。事实上，他们未能将其血液中的好铁冶炼成纯钢。

结果，他们两个人，索尔兹伯理勋爵这个品格高贵的英国大贵族，与骄傲的满洲贵族荣禄——当他们在各自的国家处于危急的关头，而本人又负有最高责任的时候，——两人都非但未能控制局势，反而听任局势的摆布。索尔兹伯理勋爵做梦也没想过要向南非的布尔人开战，更没想到要吞并德兰士瓦。但他听凭事态自由发展，直到南非共和国总统克鲁格（Kruger）送来了最后通牒之后，那个伟大而骄傲的赛希尔[1]的热血，才终于战胜了国务活动家和政治家索尔兹伯理勋爵，使他在战争爆发前夕的那场极其动听、令人难忘的演说中，怒火中烧，不可遏止。这一演说，读起来就像莎士比亚笔下科里奥兰纳（Coriolanu)的那场演说：

你有数不清的说话！叫我撕裂心肺
也容纳不下。呀，奴才，你这该死的奴才！
原谅我，爵主们，这是我生平头一次
不得不骂。

其结果，是布尔战争的爆发和南非持续两年多的祸乱。同样，中国的荣禄——正如有一天保存在武昌总督衙门的电报会证明的——他做梦也不曾想攻打外国使馆，更谈不上要将所有外国人都赶出中国去。要说正确和公正，外国人指责已故中国皇太后和荣禄处心积虑围攻使馆，要把所有外国人赶出中国，就好比指责已故维多利亚女王和索尔兹伯理勋爵在南非战争之前，阴谋发动布尔战争并吞并德兰士瓦一样。事实恰恰相反。荣禄尽最大努力，去抑制那些刺痛了自尊而发疯的满族王公们，保护在京的外国人，维护和平。当克林德男爵被董福祥[2]军纪涣散的部下杀死时，他心如刀割，给张之洞总

---

[1] 赛希尔（Cecil）：索尔兹伯理的本名。
[2] 董福祥，甘肃固原人，造反起家，后被左宗棠收编。所属官兵多为甘肃人，称甘军。曾参与收

督发出一封告别电报，绝望地呼叫："Tout est Perdufors1' honneur——一切都完了，只剩下自尊了。"实际上，像索尔兹伯理勋爵一样，荣禄听凭事态自由发展，漫无节制，直到外国海军发动猛攻，占领大沽炮台，他身上那骄傲的满族血液才占了上风。于是，他放开抑制之手，让端王带着拳民、董福祥带着漫无军纪的甘军为所欲为。结果不言而喻。

这样，索尔兹伯理勋爵和荣禄一经考验，便表明他们正如俾斯麦所说："只是一块看上去像钢的涂料石膏。"孔子说："古之矜也廉，今之矜也忿戾"（《论语·阳货第十七》）。

——摘自《辜鸿铭文集》

复新疆之役。一八九七年调防北京，编为荣禄所辖武卫后军。义和团运动爆发后，参与围攻使馆，杀死日本书记官杉山彬。（辜鸿铭此处有误。德国公使克林德并非为甘军所杀，而是被端王的虎神营士兵打死的）。庚子议和，董氏被指为"首凶"，但因他握有甘军实力，虑"激变"，清廷仅予革职处分。

庚子佚事

董作宾[1]

清光绪二十六年庚子之乱，是中国外交史上的一大玷污，直到现在，我们永远也忘不掉的一个沉痛的困难。当庚子那年，我才五周岁，大致还记得一点，我家在南阳，南阳也是当时闹教案的地方，仿佛记得：我们小时玩的小洋画儿，都被大人拿去撕毁，并且烧掉了。据说这些东西都是精怪，都会活的，是洋人们把来害中国人的东西；有些带翅膀的小洋人儿，会飞在一家的树上，他的身体被树枝穿破了，破处显着新鲜的血迹；天主堂把中国的小孩子整个装入玻璃瓶内，有些把眼睛、鼻子、耳朵剜割下来配药。这一类的谣言，真把我们小孩子吓得毛骨悚然了。

庚子之乱的主角，自然是义和团，我们那里也有。记得有一次北隔壁高宅（当时的巨绅）设立拳坛，学习者乃是一个十五六岁的少年，他焚香礼拜之后，两手合十，夹着一注燃着的香支，口中念念有词，忽倒在平地，向四处乱爬，以口掀地，唇上粘了许多泥土，据说是猪八戒附体。另一个是孙悟空附体，又耍金箍棒，又要上树。据说下来了神之后，力大无穷，十八般兵

---

[1] 董作宾，河南南阳人。著名学者。甲骨文大师，中国"甲骨四堂"（郭、罗、董、王）之一。一九六三年去世。

器，都可以随便使用。那时我是一个才记事的孩子，也曾挤在人层隙里看热闹，人家姑妄言之，我也姑妄听之而已。同时也有一种红灯照，可是没有见过。

春间在河南安阳小书摊上看见几本日记，有一册题着是《庚子日记》，下面注了一行"此本最要，切勿毁失"。翻了一下，果然有些重要的史料，里面记着作者在天津时，适逢庚子之变，作者是个有心人，把当时社会上不安的情形，战事的始末，都记得非常清楚。作者姓汪，名桐采，这是从印章上看出来的，但不知是何处人氏。有时在日记中，也见到他自称桐翁。好罢，我也叫他桐翁罢。民国十三年，是桐翁七十三岁，是他的第二甲子，现在若在世的话，已经八十五岁了，也许此公早已作古了。

我对于义和团，曾有一点影子，所以看他这本日记便觉非常有趣。固然，现在五六十岁的老者，如果是记性好的人，总可以有头有尾的给你谈一些庚子遗事，可是见于记载，那就难能可贵了。桐翁的《庚子日记》中，记义和团、红灯照都很亲切，很真实的。例如五月十七日云：

> 十七日，丁巳，晴。在南阁下遇义合拳二十余人，着紫花布衫裤，扎头、系腰、裹腿皆用红布，足穿皂布靴，左手抱单刀，二目直视，结队急走，前有一人帖。闻是赴各处拳场拜客。城关皆有，亦乱民之流亚也。

当时义和团在津横行之状，亦见于十九、二十、二十二等日记：

> 十九日，己未。午后谣言四起，街市闭门。拳民肆行，路人有跪接者。
>
> 二十日，庚申，晴爽，微风。合街闭门，人心摇动甚于昨日。拳民赴各官署滋闹，任其所为，索马数匹，皆为奉上。拳坛索官兵差遣弹压，亦不敢不派。诸事皆多费解，良可怪也。岂裕制军不省

人事乎？

二十一日，辛酉，晴爽，有风。拳民据四门，多人把守，出入之人，皆严行搜查。

二十二日，壬戌，半晴阴，大风土。消息愈紧，炮声隆隆不绝。叶植初晚间来，曾亲见拳民二千余人由曹老师带来。又见幼女十四人，衣履皆红色，行走手不停扇，年岁约十龄左右，内有一人稍大，约十八九岁，即所谓红灯照也。二更后，天沉阴，霢雨。四门皆有拳民把守，为首者张姓，自称天师附体，将运司绿轿抬去乘坐。本县阮大令为拳民驱逐，幕友、家人逃散一空。狱门大开，囚犯皆出，肆行无忌，为所欲为。官则深藏不出，人心摇动，举国皇然。

此日上有眉注云：

此非张德成，乃又是一人。遇运司杨□□于陆氏门前，叱令下轿叩首，将轿坐去。杨大人暂至陆宅，另轿回署。令人喷饭。

桐翁亲自看见的红灯照，也有详细记载。

（五月）初九日，己酉，晴爽。是日乱声尤其，风声鹤唳，人心惶惶。晚间空际红灯遍布，真怪异也。

十三日，癸丑，晴和。二更归来，在中营前望见红灯在西方偏北，约高过城三倍，朗若巨星，时上时下，亦或横行，皆徐徐移动，所谓红灯照者是也，怪异之事，近于邪教，恐非吉兆。

又记红灯照之黑幕云：

奸盗邪淫，无所不备，红灯照专择十五以上者于夜间教之，该死已极。

此六月二十七日所记，时桐翁已避乱居静海，谓其地"义和团肆行，与津中相等"云。

桐翁记天津焚毁教堂的情形也很详细。焚教堂是五月十八日的事，所焚有东街、镇署前、西门内各教堂。十八日记云：

十八日，戊午，晴热。……三更后，忽闻人声鼎沸，登房环顾，见东方火起。乃因东街教堂有人暗入，经阮大令诣验，见有炸弹一具，乱柴两堆，急上院面禀。好事者趁此知会拳师，竟为纵火焚毁，并将镇署前、西门内各教堂同时焚烧。传闻不延烧民房，未知确否。

十九日，桐翁曾亲到教堂查看，在其日记中有：

天明始歇，稍睡即起，往看西门内教堂，果未延烧民房，亦属奇怪。惟东街之教堂，熄后经人复燃，致连烧铺民十余家之多。

此上有眉注云：

有曲为解者，谓因有人以秽泼救，以致破法，实狡词也。

据桐翁所记，天津并无屠杀外人之事件发生，仅见有外人被殴而受伤者，这是五月初六日事：

初六日，丙午，晴，有风，平夕。见有受伤洋人男女共十余人，坐洋车从门前而过，询系苏家桥焚掠教堂，被拳民所殴云云。

桐翁记天津拳乱始末颇真切，起初他是正在天津居住，到了五月二十六日才避乱到静海，静海去津甚近，所以直到六月十八日天津失陷，他都随时有详确记载，这可以说算是一种最真切的直接史料了。现在从他的《庚子日记》中摘录出来天津拳乱的始末，以供留心近代史者之参考。其大要略如下：

五月初六日，苏家桥焚教堂，殴伤洋人。

初九日，己酉，晴爽。人心惶惶，晚间空际红灯遍布。

初十日，庚戌，晴阴间。火车止至杨村，余轨俱毁。

十三日，癸丑，晴和。二更，见红灯在西方偏北，朗若巨星。拳民在南乡一带聚集数万人。

十五日，乙卯，晴热。拳民遍街横行，乱萌已启。

十六日，丙辰，晴热。各街已募乡勇。

十七日，丁巳，晴热。义和拳二十余人，赴各拳场拜客。

十八日，戊午，晴热。东街、镇署前、西门内各教堂被焚。

十九日，己未。拳民肆行，路人有跪接者。晚间东方火起，人声鼎沸，枪炮隆隆，红灯满天。东南四更时亦见火光。河东陈家沟洋兵与拳民冲突，水师营开炮帮打。

二十日，庚申，晴爽微风。街市闭门，拳民各处肆行，杀人如戏。

二十一日，辛酉，晴爽有风。午后闻炮声，东南方火光起，至夜未熄。拳民开放县狱，占据四门，搜查行人。

二十二日，壬戌，半晴阴，大风土。消息愈紧，枪炮声隆隆不绝。河东一带，火光烛天，闻自西方庵、陈家沟、老龙头、马家口逶迤十余里，房舍尽燃，概成灰烬。曹老师带来拳民二千人，又红灯照幼女十四人。四门皆有拳民把守。拳民驱逐阮大令，大开狱门。

二十三日，癸亥，晴阴间。枪炮弹触壁穿屋，大可怕人。拳匪为已不支，死亡枕藉。

二十四日，甲子，晴和。是日有讲和之说。大沽口失守。

二十六日，丙寅，晴和（桐翁避难至静海）。

三十日，庚午，晴热。闻天津仍未停战。见二十七日上谕，与各国开兵。津中信息传闻不一，大沽东南两局武库等处均失守。土匪逃兵，四乡焚掠。

六月初四日，甲戌，晴阴间。闻天津大兵云集，各铺言往见制军，欲为讲和。制军云"已经奉旨，万不能和"。又请如果开战，须躲开城厢，亦未邀准。紫竹林仍未攻进。每日时闻炮声，火警亦时有所闻。

初八日，戊寅，阴。张老师住浙江会馆，杨老师住江苏会馆，气焰颇大，而法皆不灵。不知将来如何交卷也。

十一日，辛巳，晴和。用原船下卫（按，桐翁九日由静海赴杨柳青，本日由杨柳青至天津），十二点钟到，在同春吃饭，即闻炮声。闻自前日洋人连放炸弹，华宅落三枚，锡臣家落一枚，此外见者甚多。东城楼墙、南城楼墙、古楼皆被击损，督署尤惨破不堪。由同春出，顺城根出毛贾伙巷，隔河望见院署外墙缺口甚多，正徘徊间，忽飞来一子，将照壁以东击坏。天成号被炮火轰着，烧房数十间，女眷逃出，徒步而行，令人长叹。顺路至津店，至一点钟时，被炸子将天棚中梁击折。

十二日，壬午，晴热。炮声日夜不休，城内外炸弹如雨，未敢出门。

十三日，癸未，晴热。自日前各团任意抢掠，新泰兴、仁记、顺全隆、播喊、隆宝实各行之外，又有恒庆号、同发祥亦被抢劫。市面各有戒心。至南门外，遥望紫竹林一带洋房周围皆焚毁殆尽，正街大楼亦多损坏，惟将各路口用大米包堆堵如墙，故一时未能攻破。正在远望，适飞来枪子一个，将卖西瓜号筐打翻，遂抽身进城。拳民伤亡甚多，所谓能避枪炮者，盖设词也。所可怪者，不但举国若狂,即寿帅亦信之如神,殊不可解。刻下大兵云集,约有一百五六十营,乃竟不能取胜,后事何堪设想耶。登南城,见团民为洋兵所败,三马返二,千余人自相践踏,死者甚多。

十四日,甲申,晴,极热。一日未闻炮声。督宪饬小队车轿至侯家后盐船上迎接圣母仙姑上院,真千古笑话。大旗书"黄莲圣母"、"天兵天将"大字。车轿皆以红绸洋布围罩,其人不得见,轿前有一人舞剑而行,状类求雨之马皮,合街皆执香跪接,真妖孽繁兴也。船主李姓闻制台执香迎于大门之外。

十五日,乙酉,晴,暑。八钟至西头上船,行次又闻炮声隆隆不休。(按,本日桐翁又赴杨柳青)

十六日,丙戌,晴,暑,午后雨。六点起,收拾行李回静。正欲启行,荷舫忽来,云:昨(十五日)午前,洋人发炮向城内乱放,一点钟时伊院北屋西间由房顶入一炸子,由西山墙而出,急向南屋躲避,乃未经坐定,又来一弹将南房外间中檩打折,透入屋内落地而炸,人皆从烟中钻出,一惊不小,特为赶来。

十七日,丁亥,晴阴间,极热,午后下雨一阵。(桐翁在静海。下同)闻津中本日间洋人攻西关一带,商民伤亡甚重。城内之逃出者门为之塞,真惨不忍言也。

十八日,戊子,晴,暑。午刻,由下游逃来难民甚多,知于十五日洋人攻打甚急,炮弹乱飞,日形其紧,至本日清晨城陷,系日本旗号,虽不甚杀戮,而为团民所挂者伤亡亦属不少。运署及各庙相继火起。南北坛均歇业,前之红布缠腰裹腿、执刀枪横行者,皆改装易服,不复从前高兴矣。昨晚尚不准人言洋人得胜,必须张大其词,云"将洋人杀尽,团民甚强"云云。若说实话,直有性命之忧,令人气闷。

桐翁所记尚有可作补充史料者,即是在五月十九日的夜间外兵已和团民

开衅了,他这一天日记上记载甚详:

> 河东陈家沟有拳坛一处,洋兵至彼处,攻之以炮,拳民俱散,乘势焚掠居民,而制台竟传令开炮。拳民不令百姓过河,死者甚众。河东民居约毁数千间之多。

又批注云:

> 水师营开炮帮打,兵端已开,若止乱民焚掠,犹可救也。

这就是当日桐翁所谓"晚间东方火起,人声鼎沸,枪炮隆隆"的背景了。洋兵与拳民正式冲突,水师开炮帮打,实在算"兵端已开",此兵端又开自洋人之炮攻拳坛,所以桐翁要大书特书的。这也算天津之役值得注意的一件史实。

当日义和团之横行及其愚昧无知,可恨又复可笑。如桐翁避难在静海时,看见团民由水路前往天津去集会。他的六月初八日记云:

> 平夕,河下自上游放来多船,满载义和团,皆以黄布包头,黄布束腰,各持刀枪。鼓号仿洋式,以洋铁为之。半属幼童,衣多褴褛,面有菜色,真是一群乞丐,以此欲平洋人,令人绝倒。

又至沧州、德州间之齐家堰时,听说该处拳匪杀人一船,系广生局船,凡一百五十口之多。这地方的拳坛,却又有特别的来历。据桐翁六月二十七的日记云:

> 此处坛神为济颠僧,拳匪皆饮烧酒,吃狗肉,数十里犬已无存。
> ……

——摘自《义和团史料》

第二部分

辛亥革命

  辛亥革命是历史行进的里程碑。清王朝在中国200余年的统治，随着1911年10月10日武昌起义的一声炮响，灰溜溜地给画上了句号。是爱新觉罗王朝寿终正寝，还是革命党人的艰苦奋斗？从名人自述中，读者想必会得出自己的结论。

  严格地讲来，辛亥革命并不只是武昌起义本身，它前及四川的保路运动，后至大江南北的起义与独立。下面所收录的就是这样一个范围内的名人自述，其中既有革命的志士，也有观潮儿，甚至还有被革命的倒霉鬼。不过，现今他们都有一个共同的角色——名人。

辛亥武昌首义亲历记

熊秉坤[1]

（一）工程第八营发难经过

当三烈士[2]就义之先一日，即十月九日（八月十八日）下午五时，邓玉麟偕杨洪胜匆卒到工程营前队第三棚徐少斌处，密召熊秉坤曰："今日汉口炸弹失慎，孙武受伤入院医治。清吏恐慌，大事搜捕。我等决定今日起事，炮队先行发动。军械所系汝营驻守，今夜无论如何困难，一听炮声，必须即行占领。发难后各营需要子弹，此点甚为重要。旗帜、符号，今日已被搜去。少数子弹、炸药，由杨洪胜随后送来，作为响应之用。"熊与邓、杨、徐等，当拟定简单办法如下：（一）肩章反扣，白绷带缠右臂以代符号，俾易识别；（二）军队出动时，全副武装，去其背囊减轻累赘；（三）工程营进据楚望台

---

[1] 熊秉坤，字载乾，湖北江夏（今武昌）人。初投湖北陆军第八镇工程第八营为士兵，加入共进会，任该营总代表，积极开展革命活动。一九一一年十月九日，汉口机关被破坏，武昌戒严。次日午后七时率众起义。后任第五旅旅长。一九一三年在南京参加讨袁失败，流亡日本，加入中华革命党。一九二七年参加北伐，后长期任国民党政府参军。一九四六年退伍。中华人民共和国成立后，历任湖北省政协常委，中国人民政治协商会议全国委员会委员等职。

[2] 三烈士为革命党人彭楚藩、刘复基、杨洪胜，他们于一九一一年十月九日在武昌被捕，翌晨就义。

后，立派兵一部出城迎接南湖炮队进城，占领阵地；（四）今夜口号："同心协力"。邓、杨旋即辞去，即将此办法分别通知各标、营同志。

一面又由熊秉坤令支队长郑挺军速通知驻楚望台军械所同志，妥为准备，届时内应勿误。嗣杨洪胜复到工程营，密交枪弹两盒于熊秉坤曰："少顷再送炸药来。"同志见了子弹，极为兴奋，几有抢夺之势。熊秉坤棚与排长哨棚毗连，恐生事端，急示意于杨，杨会意而去，复曰："汝营门卫兵须换一同志，免生阻碍。"时营门卫舍长系右队代表杨金龙，当由熊介绍见面，如言照办。杨洪胜去后，熊将子弹自留六粒，各队代表各三粒，平时胆大与长官有恶感者各发两粒。发动时向操场发三响，以为信号，其余留作必要之用。又嘱诸同志，如官长不加反对，决不故意残杀。分布已毕，静候炮队动静。

以后杨洪胜又送炸弹到营，适与本营右队队官黄坤荣（系卫兵司令官）遇，虽有杨金龙在场，仍无法掩护，炸弹因以落空。杨金龙事后谈及，杨洪胜携酒瓶式之炸弹一束到营，当时黄坤荣监视甚严，守卫兵不敢启门。杨扣之急，卫兵佯问："是谁？"杨答以"我"。卫兵不得已再问："汝姓什么？此时戒严，不能会客。"黄知有异，即呼："捉歹徒。"杨闻不妙，即返身遁。迨门启，杨已远逸，黄与卫兵亦未追。

杨返寓喘息未定，而捕杨之军警至（杨洪胜住第十五协西营门左侧第一家，房主系李襄麟之差弁，平时见杨形迹可疑，料杨是革命重要分子，遂白李捕杨）。杨见捕者多人，即投以炸弹，未发，返身而逃。军警尾追，杨再以第二弹投之，爆力极弱，未能伤人。追者不舍，杨又投第三弹，亦未伤人。杨力促气败，匿于工程营前伏龙寺后之菜园内，军警搜捕得之，送与督署，此十月九日夜十一时也。是日晚九时半熄灯就寝，竟夕以待，不闻炮声，实深诧异。炮队本为军中骨干，行动须得步兵掩护，始能发生作用，各方戒备森严，其不果行，亦意中事也。

是日夜间工程营戒严，官长均领弹携枪守各排出口，并武装巡查各棚，嘱各安心睡觉，且曰："革命不能成事。某时某处杀多少革命党徒。何必拖累家庭。"云云。士兵大小便者，即令以痰盂盛之，防范之严，可想而知。

左队支队长任振纲平时谨慎奉公，颇得排长信任，此次戒严令下，即唤任携枪领子弹。但任早受总代表熊指示，右臂已缠有白布，排长一见，即夺任手中枪，枪内且装有子弹两粒，因是被其看管。熊秉坤闻讯，愈加不安，辗转床褥，一夜未曾合眼。翌日，熊派李泽乾出营探听消息，李回告机关均闭门，彭、刘、杨已遇害，城门未开，右路巡防营放哨已自第十五协至我营左右各街。早操毕，熊令李泽乾通知各队代表，饭后不要分散，有话相商。会餐时，官长到者极少，熊谎于众曰："今日奉总机关令，责工程营首先发难。因军械所为我营所守，如各营呼应，亦必先到军械所领取子弹，如我营不先动，别营必不敢有所举动。"当约定下午三时晚操发动，众以无子弹对。熊问昨日所发子弹，则以昨夜未用，置之身边恐有危险，已弃置矣。熊亦无可如何，其余均照昨议，并派人送信至军械所。此时安排虽定，其实毫无把握，正忐忑间，工程营后队传达兵送信来云，今日由熊秉坤棚接守卫班，嘱预备一切。熊闻之喜极，盖工程营守卫向由前、后、左、右四队轮值，一天一换；今日轮班，应归后队第三排，因昨夜附属右队去军械所挖掘战沟（专以供守卫兵抗御革命力量者），辛苦一夜，不能接班，故轮到第一排。守卫班长名曰卫舍长，虽在卫兵司令指挥之下，而换班接哨，均由班长指挥，无形之中增加许多便利。所虑者厥惟子弹。忽本排第二棚同志吕功超向熊言其家有子弹，问其故，则答："余兄昔充吴元恺营马弁，恺字营由北通州回鄂解散，余兄携回子弹交余嫂存放楼上箱内，并嘱好好保存，将来有大用。余兄现去川……"，话犹未已，该排排长亲信于郁文、章盛恺两同志接言曰："排长有子弹，如熊总代表要用，我俩负责盗取。"熊即令吕、于、章三人分途去取，各得两盒。当令金兆龙分发给各同志，时已十二点矣。熊嘱副班长陶启元在营督率造饭，监视官长，严防匪徒乘机抢劫；又令于郁文盗取腰牌两面，一交李泽乾，一自佩，相偕外出。入第十五协南营门，先至第三十标第三营前队；同志方维、谢涌泉正言今日在操场捕去张廷辅事，见熊至，急问曰："怎么样？"熊答曰："干！特来请你标响应。"方等要熊上楼与王文锦商议。王为该队司书，居队官室，熊告以发难事，王曰："你如何办就如何好，这边不成问题。"旋至第二十九标第二营第二排，蔡济民掀被而起，泪痕未干，盖因彭、刘、杨惨死故也。熊谓不应作儿女态，并询以炮队发难计划。蔡曰："哪里有计划？他们都跑了，摇清（即孙武）面部炸伤，只有叫炳三（即邓玉麟）再去炮队试他一试。"熊曰："我营决定今日下午三时晚操发难，汝标可能响应？"蔡曰："现只有望老哥干一干，我决带队响应"。并约定，发难后带队过第十五协西营门，以放枪三响为信号，直趋军械所会合。蔡允诺，熊辞返营。

下午三时许，谢涌泉来工程营问晚操动静，并谓该标已布置响应。熊以晚操未下，必是汉奸走漏消息，乃另约晚间点头道名后、二道名前，即七点钟时发难，其余仍如前约；并请转知第二十九标。谢去，熊复通知各队及守卫同志，小操场发枪三响，一齐动手，先杀与我等对抗之官长，即鸣警笛集合，并再次通知军械所。至此，营中排长方定国、队官罗子清均向熊表示不加干涉；熊亦说明革命旨在反清，只要不妨害革命行动，绝不杀害汉人。方、罗均先行离去。

此时已点头道名，熊即顺前、后、左、右四队巡视，以验士气如何，各同志均跃跃欲试，惟一般非同志士兵呈惶恐状，见熊曰："我辈应如何？"熊令照样武装，听从指挥。熊行至本队第一排第三棚，闻第二排有吆吼声。熊知有变，即取枪在手，且装且行，遥见第二排排长陶启胜对面跑来，熊开枪对其射击，陶下楼逸去。熊上楼至穿堂间，同行之章盛恺、程凤林两同志为对方击中，金兆龙、程定国、林振邦、饶春堂、陈连魁诸同志均下楼不得。楼梯门为代理营长阮荣发，楼下为右队队官黄坤荣、司务长张文涛诸逆所堵塞，若辈一面放枪，一面大呼曰："汝等均有家小父母住在此地，此等事做不得，要灭九族。赶快觉悟，各回本棚，不要胡闹！"云云。熊等见此情景，即将痰盂、花盆、瓦钵、板凳诸物，充作兵器，向下抛击，诸逆仍不退阵。同志吕中秋向阮击一枪，阮带伤返身向前队穿堂人丛中开枪数响，毙同志冯某。同志徐少斌还击，毙阮于水沟内。熊与诸同志见阮返身向前队奔去，即一拥下楼，程定国一枪打死黄、张两逆，其余官佐有越墙者，有匿于厕所者，均未究。熊即鸣警笛集合，惟以人声嘈杂，应者甚少。撬开军械库，得开口军刀二十四柄，当分发各代表佩用。熊与杨金龙领队头，金兆龙等押队后，率队出营。向左转弯，遇前队队官李占魁，李向队头连发三枪，未伤人，杨还击，李即逸去。过第十五协西营门，熊向内放三枪，以践前约。此时随行者，不过四十人，其余仍在营内吃喝。少间罗炳顺、马荣等亦举兵响应，派人送信与熊代表。同志们闻军械所得手，一个呼哨，即抵军械所目的地矣。

（二）革命军占领楚望台与各标营之响应

楚望台为湖北新军军械库所在地，革命党人固以此为目标，清方官吏亦势在必守。自十月二日（八月十一日）之后，李克果等即会同阮荣发派兵在军械库附近建筑防御工事，防止党人进攻。十月十日（八月十九日）晚七时，工程营熊秉坤等在营内发动后，枪声与人声即传至军械库，守库之左队同志罗炳顺、马荣等，知本营业已发难，正拟响应，监视官李克果集守卫士兵谓之曰："余与汝等前在工程营共事五年之久，今有一言相告，不知愿听否？"众云："可。"李曰："外间喧嚷，汝等闻否？"曰："闻。"李曰："余为汝等计，如系徒手不法匪人来此，汝等责任重大，须要抵抗；如系军队到来，汝等人少，可即避开。"罗等曰："我等未见一粒子弹，何能抵抗？"李于是令军械所主任纪某，转饬管库工人将库门打开，搬出子弹两箱，分发各士兵。同志等得子弹后，即向空中放一排枪，李等见此情况，即与工程营左队官佐等穿墙逾垣而逃，楚望台军械库唾手而得。

时熊秉坤所率工程第八营同志约四十余人已到楚望台，左队代表罗炳顺、马荣等出而欢迎之。军械库既为党人所有，械弹可以自由取用。正议论间，周定原同志亦率队到达。熊集合队伍讲话后，即在楚望台布置防务，又派侦探两班：一由汪长林带领，巡视楚望台至通湘门窥探宪兵营动静；一由汤启发带队巡视中和门正街、西街地段。熊以总代表身份下命令如下：

一、本军应冠以"革命军"三字，称"湖北革命军"，其兵种队号，暂袭用旧制。

二、本军今夜作战，应以破坏湖北行政机关、完成武昌独立为原则。

三、本军作战以清督署为最大目标。敌方张彪、铁忠、李襄麟等，在大小都司巷、恤孤巷、吴家巷、望山门正街、水陆街、豹头堤等处布防。

四、敌人兵力为教练队二营、辎重第八营一营、机关枪一连、水机关四挺、第八镇警卫一连、宪兵一连、消防救火队一百名，约共一千五百名左右。

五、本军以楚望台、蛇山为炮兵阵地，自阅马厂、大朝街向南至保安门正街，为步兵防守线。暂以楚望台为本军大本营驻地。

六、金兆龙带后队第二排及右队第一、二排出中和门，经十字街往南湖威胁炮队第八标响应，并掩护进城。

七、林振邦带左队第三排占领千家街，向第十五协铁佛寺、伏龙寺方面警戒。

八、徐少斌带领前队第三排占领楚望台、中和门高地，向津水闸方面布防。

九、其余部队均作总预备队，在本军械所待命。

十、今夜口号为"同心协力"。

总代表兼大队长熊秉坤发于军械所，午后八时二十分。

命令发出后，熊精神上极不自在，良以责任重大，稍有差池，即功亏一篑。盖军中生活，士兵以官长为依附，此时既无官长，士兵不免放纵，秩序渐见凌乱，较之发难时之指挥如意，已截然不同，盖士兵临时加入者居大多数也。士兵在防地上条陈大发议论，如清方窥破此中消息，派兵袭击，其危殆可胜言哉。无何，汪长林带左队队官吴兆麟来，众兵无不喜形于色，欲戴为总指挥。熊即召各队代表集合会商，多数不以为然，但为发挥全军攻击精神起见，不能不随士兵之愿，即举吴兆麟为革命军临时总指挥，熊则处于参赞和监视地位。

先是汪长林等巡哨至楚望台西南城墙附近边沿，见人影幢幢，汪发言曰："汝等是人是鬼？"吴答曰："我。"汪固识吴之声音，即谓："汝为何不出？"吴曰："恐遭杀害。"汪曰："均属同胞，何得如此，我带汝等去见熊代表。"吴意未决，适排长曹飞龙、黄楚楠在旁，谓吴曰："我们去见熊，有汪老总保护（"老总"二字系士兵之尊称）。"吴亦赞成其说，即随汪去。吴既出，又为众士兵所戴，故愿受临时总指挥之职。吴随至各防地巡视一周，每到一地，即大声询于众曰："汝等代表推余为总指挥，汝等愿否？"众曰："愿。"吴曰："愿，须听指挥。"众曰："听。"吴又曰："违令者斩。"众曰："诺。"吴乃就原地复下令如下：

一、前队排长伍正林带前队第一、二两排，经津水闸向保安门正街搜索前进，攻督署前。

二、右队排长邝名功带右队第一、二两排，经紫阳桥向王府口搜索前进，攻督署后。

三、马荣带兵一排，向宪兵队东南端进攻，黄楚楠带兵一排，向宪兵队西南端进攻，互取联络，即时将宪兵队扑灭之。

四、周占奎率兵两排，固守楚望台北端阵地。

五、徐少斌、郑廷钧、汪长林、杨金龙带兵两排，由徐少斌指挥，先夺取中和门，策应金兆龙迎接炮队。

六、张伟、任正高、饶春堂等带兵一小队，由张伟（靖川）指挥，出中和门掩护炮队进城。

七、陈有辉带兵一班，往通湘门附近侦查。唐荣斌带兵一班往中和门附近侦查。

八、楚望台附近交通，着罗炳顺、程定国、杨云开、刘定基、孙元胜等，分途彻底破坏。

九、其余为总预备队，由副指挥（按：一云无副指挥）熊秉坤率领，在楚望台北端待命。

十、今夜口号改为"兴汉"。

临时总指挥吴兆麟发于楚望台军械库，八月十九日（农历）午后十时半。

此时各标、营、队尚无动静。吴即令总预备队一部分进入散兵壕内（此壕系清吏于八月十二日所筑，全为我用），向第十五协猛烈射击，促其响应。未几，第三十标同志方维、谢涌泉，排长马明熙带兵百余名来会；第二十九标蔡济民、胡效骞等带百余人亦到；方兴、李翊东诸同志带陆军测绘学堂学生百余名亦至楚望台。此时两路进攻队伍方始出发，蔡济民自愿随右路邝队进攻。吴又派马明熙、方维等，带兵出城助金兆龙接炮队。吴令测绘学生作总预备队，旋派往中和门至通湘门一带城墙放哨，以防敌人来袭。逾时炮队进城，即在楚望台布置炮位。

先是金兆龙带兵经中和门，欲出城往南湖迎接炮队。金至城门，门已下键。守门者逃无踪迹，锁无匙不得开。金兆龙用双手扣锁两端，用力向怀中一拔，长尺许、重三斤之铁锁，碎为数段，得以出城。张彪知我军必迫炮队响应，电话令第三十二标标统孙国安转派队官楚英（旗人）带兵两队，布置要道。在长虹桥与金遇，激战数分钟，楚以兵无斗志而退；金续前进，至南湖阅兵亭，又与马队哨兵接触，数分钟，马队士兵自动退走。金兆龙突破两道障碍，始达到炮队第八标后营门，时炮队内部已响应，金遂与炮标同志蔡汉卿、程国祯、孟发承、徐万年等谈城内同志盼炮队进城如大旱之望云霓。惟夜间不便驾驶，由双方同志与士兵拖炮三门，向城内进发。同去者有李作栋、邓玉麟两同志，系昨夜送信炮队未走者。马明熙、方维亦带队会同进城。

（三）攻占督署及黎元洪之住处

清吏瑞澂、张彪、铁忠诸逆，惊闻工程营兵变，急饬各协、标、营长官，一面制止内部响应，一面嘱派可靠兵队会剿。惟各标、营自管带以上各官，均以身家性命是惜，不但无会剿之勇气，且纷纷离营，惟恐祸及其身。只第三十标第一营管带郜翔宸将营门堵塞，使外不能入，内不能出；第三十二标标统孙国安，仅派楚英带两队士兵，反抗我军；其他如第二十一混成协协统黎元洪及第十一营炮队管带张正基亦曾反抗于一时，结果均遭失败。足见人心思汉，乃革命成功之基础也。我革命军自炮队进城之后，不独士气为之一振，即武昌完全独立亦由此隆隆之炮声有以促成之也。炮声初起，第二十九标第三营杜武库、杨选青各同志，第三十标第二、三营徐达明、吴醒汉各同志，均举兵来合；第二十一混成协所属之炮、工、辎各营队同志，如陈天寅、李鹏升、管心源、章斌等亦各率队前来。吴总指挥令炮、工、辎十一营各队占领蛇山阵地；又令第八标炮队总代表徐万年回标，将所有大小各炮扫数运到楚望台。此时兵力增大，士气甚旺，吾人最大而最重要之工作，即攻督署而占领之也。

右路邝名功、蔡济民攻督署后院，至王府口小菜场时即行停止。此处距都司巷仅一箭之隔，敌人有兵驻守；邝、蔡派战斗侦探搜索前进，大队随之。方左转，而敌之机关枪发矣，兼之街市黑暗，殊难进展。蔡将所部分布于官钱局、造币厂、善后局诸财政机关任守护，而邝则带所部回工程营大操场休息。吴总指挥闻此消息，欲置邝于法，经同人缓颊得免，队伍复返军械所。左路进至恤孤巷口，因失察为敌巷内伏兵截断，亦不利，退回律水闸布防待令。

两路进攻均失利，炮队射击目的亦欠准确，吴总指挥及诸同志均主火攻，即令周定原、黄楚楠、杨金龙等各带士兵三五不等，分三路前往放火。一由王府口至小都司巷之线，一由水陆街进大金龙巷至小菜场一带，一由保安门正街至望山门正街到东辕门。约半小时后，三处烈焰照空，我炮兵乃得乘势猛击。

吴并派吕中秋、张靖川带兵十余名，割断电信、电话线，使敌人失却联络。

督署附近火起；炮又猛烈，瑞澄即率卫兵一排，携家小、细软，洞穿督署后垣，由文昌门逃上楚豫兵舰；铁忠、果青阿诸人随行；张彪、李襄麟则作最后顽抗。此时炮火虽烈，而步兵仍无长足进展，吴总指挥乃将工程营队伍集中，再拟攻击命令如下：

一、熊秉坤带后队全队，经津水闸、保安门正街攻督署前，伍正林带前队全队协助熊秉坤沿保安门城墙向望山门前进，惟须派兵一棚为两线中间联络。

二、黄楚楠带左队全队，经王府口小都司巷攻督署后，以姚金镛带第二十九标第三营右队在后跟进为黄楚楠之预备队。

三、陈国祯拨过山炮两门，在保安门城上布置放列，向督署开炮射击。

四、曹飞龙带右队士兵一排，掩护保安门炮队。

五、方兴以测绘学生百余名为总预备队，并巩固楚望台及军械所防务。

总指挥吴兆麟发于军械所，二十日（农历）午前二点钟。

此令一下，各自分途进行。惟所有军队攻督署热心从事者固多，而徘徊逡巡者亦不少。吴兆麟指挥权力虽仅限于工程第八营，幸各单位同志均能和衷共济。吴总指挥以第四十一标与第三十标第一营旗籍军队尚待解决，即令炮队用全力轰击，并曰："今夜如不将敌击溃，一待天明，吾辈必为所虏也。"适黎元洪派马弁柳国祥至，柳曰："黎统领命令，决早五时到楚望台。"言毕即走。熊秉坤与邓玉麟呼之返而诘之曰："黎来系降吾党乎，抑带兵作战耶？"柳不知所对，当嘱问明黎氏再来报告。柳去后，熊即与伍正林带队出发，第三十标马明熙、徐达明、彭纪麟各带士兵若干附熊部前进；第四十一标岳少武、阙龙、李宗义，第二十九标杜武库、杨选青、夏一青，亦各领兵若干附伍正林由城上前进。此时敌将张彪带机关枪暨辎重营约两队,并武装消防队数十名,占据望山门城墙。熊由保安门正街直进,与马、徐诸同志约,将队伍分作三小部,更番跃进;每到一横巷,将敌人驱逐后,即派兵把守,此乃市街战之战术原则也。

先头部队进至望山门街陈宏发酱园门口,距督署东辕门不过百米突,一经冲锋,即可得手。忽后方队伍纷纷退挫,据云望山门城上之敌已下城断我后路,谣风偶播,人如潮落,我徐、马诸同志均无法遏止,退回津水闸。伍正林由城上进攻之部队,遇敌将张彪亲自督队反击,并树大白旗,上书:"本统制带兵不严,致尔等叛变。汝等均有身家,父母妻子倚闾在望,汝等宜早反省,归队回营,决不究既往;若仍冥顽不灵,则水陆大兵一到,定即诛灭九族,玉石俱焚,莫谓本统制言之不预也!"等语。伍等与附属之炮队因奏效甚微,而敌又抵抗甚力,其武装消防队曾两次冲锋我军阵地,我军死伤颇大。因督队阙龙之负伤,以致纷纷退下,不特失炮两门,保安门城上阵地亦几为敌所夺去。伍正林挥兵反攻,众莫之应;伍欲自刎,为左右救免。际此紧急阶段,熊乃挑选敢死之士约四十名,附带引火诸物,专由保安门正街一线前进。伍正林、马明熙、彭纪麟、徐少孺、陈振武、饶春堂、林振邦、陈连魁、胡效骞、徐少斌、杨正全、张得发、孙松轩在前,熊秉坤殿后,杜武库、杨选青、夏一青等扼守保安门城上。此时敌人专注城上,对于城下略形疏漏,故敢死队得以顺利进展。追冲至东辕门时,敌守兵不敢撄其锋,退至西辕门以诱我前进。我军志在火焚督署,不与恋战,乃直入头门,敌则反兵包围,前进诸同志均被截断在前。此时我军之危险程度,确属千钧一发,当面大堂有敌机枪放射,后面又被包围。熊秉坤见状情急,即将所有士兵散开,将围我前锋之敌,予以包围,敌遂凌乱;而督署门房又复着火,敌乃分途溃窜,弃枪投诚者亦多。

查门房之火,乃工程营同志纪鸿钧所发。纪君勇敢非常,左、右手各挟煤油一桶,附徐、马之冲锋队前进,跃到督署门房,即破桶举火。火发而纪君亦饮弹矣,功成身殉,闻者伤之。至此同人复引火将大堂付之一炬。张彪见大势已去,逆胆更寒,遂率辎重营残卒,沿城墙由文昌门渡江,布防于刘家庙车站。三次进攻之督署，此时始完全占领（此役伤十七名，死赵道兴、纪鸿钧、宗厚德、张斗照、李自新五名）。

黎元洪初闻工程营兵变，不甚措意，继接张正基电话报告，知自领之第二十一混成协直属工、辎各队及炮队之一部亦变，遂集合第四十一标留营全体官佐于会议厅。黎不发一言，亦无命令，盖借此有秩序之集合而防范之也。工程营发难后，即派周荣棠同志[1]通信该协。周逾垣而入，为守者所执，黎讯明来历，即用杀一儆百之计，手刃周于会议厅。果也众心慑服，暂时收效。迨后遭我军蛇山与楚望台双方炮击，士兵亦有哄动之象，黎始令官佐各自回营，并云："带兵出外避炮，如能维持，不负皇恩，是所至盼，更能维持到底，将来定予重赏，否则听其自便，余不能为汝等负责。"言毕，即带执事官王安澜往黄土坡某号该协参谋刘文吉家避匿；文吉亦愿任保护之责。黎忆及平时积蓄，乃派伙夫回家搬运[2]。该伙夫肩挑皮箱三只，恰与前派之巡查汤启发、程定国、马荣等相值，汤等疑为乘机劫夺之匪类，喝令止步，并欲加以惩治。伙夫答："余乃此公馆伙夫，原非匪人。"汤诘其奉何人所派，担往何处，伙夫不得已，始吐真情。汤等乃偕伙夫同往刘宅，黎见众至，知难再匿，出叱汤等曰："余带兵并不刻薄，汝等何事难余？"众曰："我等来此，特请公出主大计，非恶意也。"黎曰："革命党人才济济，要余何为？"众曰："公平昔御众极得士心，今之革命党员，均属同袍。众望所孚，无如公者，请即出领导一切。"黎曰："到何处？与何人商谈？"众曰："到楚望台与吴兆麟商。"黎复曰："吴畏三（兆麟字）乃余之学生，富有军事学识，有伊一人足矣。"众知黎无诚意，程定国厉声曰："从则生，不从则死，统领自择之！"黎知不可抗，遂由众拥至楚望台。有马荣送信在先，故吴总指挥派兵一排，站队鸣号以欢迎之。黎服青呢马褂，灰色呢长夹袍，瓜皮小帽，王安澜随其后。吴总指挥出为招待，黎笑语

---

[1] 黎手刃之党人，《武昌革命真史》和《湖北革命知之录》作者周荣发。又邹玉溪亦为协统所手刃，或作张立成。所隶单位，亦各执一词。本文作者谓周荣棠，安徽宣城人，工程营饲养兵。

[2] 按黎元洪住宅在中和门内，平时居营中日多，改避往黄土坡刘宅时，派伙夫往千家街协司令部取行李也。

众曰："各位辛苦。"吴当与同志诸人引黎至中和门城楼观战。黎首与吴小语，责吴不应为此，吴以为众所挟持对。

自黎出之风一播，城内隐匿之军官皆来，如杜锡钧、何锡蕃等。黎闻督署攻下，即召党人代表及前清有官职者会议。黎首发问曰："督署虽克而瑞澂、张彪未获，汝等将有何法以善其后？"众曰："请统领主持。"黎复问："汝等革命党所恃奥援者何处？钱粮多少？"邓玉麟曰："京山刘英已聚众十万，三日可到。"熊秉坤则以官钱局、银币、铜币两局及藩库所存银币不下三十万对。黎又问："瑞澂、张彪清兵水陆并进，何以抵御？海军军械尤犀利，吾服役海军多年，故悉知，不需十弹，此城将粉碎矣，汝等将退往何处？"邓玉麟以退湖南答之。黎曰："有何把握？"邓曰："焦达峰已约下月初间举事。"黎曰："以吾观测，殊无把握。依吾之见，汝等不若暂且回营，待吾往说瑞、张，使不追究，何如？"何竹山抗议曰："吾人革命，原不计生死利害，但尽心力而行之，虽肝胆涂地，亦甘之如饴也。统领意见，绝对不可行。"黎窃叹不已，遂下令各标、营、队暂回营舍，架枪休息，然听者少数。

适汤化龙派人来楚望台云："汤议长请革命军代表、黎统领及各官于正午十二时到谘议局开会，组织政府。"当由方维同志往第三十标备来骏马一头，供黎乘坐。黎即乘之起行，吴总指挥派兵百余名护送，熊蹑坤、邓玉麟、李作栋、徐万年、马骥云诸同志随行。队前有旗帜两面，黎欲去之不可得，意殊不悦。道经第十五协西营门，第二十九标第一营管带何锡蕃延黎入会议厅。献茗后，黎问："汝标回营乎？"何答："已架枪休息。"复曰："吾标可用，专待吾公后命。"言毕，以目送意，黎亦领悟。熊蹑邓踵曰："此地不可久停，恐生异变。"邓大声曰："吾等开会重要，此间非谈话所。"即挟黎起行。行次熊语邓、李曰："军械所乃吾人命脉所在，非可等闲视之。兄等偕黎往，弟当返军械所，分工合作，庶无遗漏。"邓、李极以为是，黎、邓等乃至咨议局。革命军同志以为已将黎劫持，可以依靠，当时固未计及有后患也。

——摘自《辛亥革命回忆录》（二）

辛亥前后黄克强先生的革命活动

李书城[1]

（一）武昌起义以前

一九〇二年，湖广总督张之洞从两湖、经心、江汉三书院选派学生三十多人，赴日本东京弘文学院学速成师范，定期八个月毕业，学成回国后充任学堂的师资。黄克强先生和我分别从两湖书院和经心书院被派出国。在武昌出发时，我才认识黄先生。从三书院派出的同学，还有李熙、卢弼、金华祝、李步青、周维桢、张继煦、冯开濬、余德元、万声扬、王式玉等。到东京后，同班上课的还有浙江学生周树人（鲁迅）、汤霨（尔和）、许寿裳、寿昌田等十余人。弘文学院院长由日本高等师范学院院长嘉纳兼任，教师都是日人，梁启超的弟子范源濂任翻译。那时，梁启超正在日本横滨创办《新民丛报》，主张君主立宪，留学生中附和者不少，弘文学院学生亦多对梁启超表示崇敬。不久，我们与湖北早先派出的学生戢翼翚、刘成禺、程家柽等接触

---

[1] 李书城，字晓园。湖北潜江人。老革命党人。一九〇二年赴日留学，参加革命活动，一九〇五年参加发起组织中国同盟会。一九一〇年毕业回国，武昌起义后返回武汉，任汉阳总司令部参谋长。参加了南京临时政府、二次革命、第一次护法运动和北伐。

以后，知道他们曾在孙中山先生居住日本时，同孙先生见过面，听过孙先生讲述排满革命的道理。他们并介绍我们阅读一些书籍，如《嘉定屠城记》《扬州十日记》及黄梨洲、顾亭林、王夫之等明末清初诸大儒的著作，遂激发起我们的民族感情。我们回溯中国从鸦片战争到庚子事变以来，遭受外国人的侵侮日甚一日，将有亡国灭种的惨祸，这都是由于清廷的腐败无能、抑压汉族民气所致的。我们觉得清廷是中国复兴的障碍，爱国志士要救亡图存，必须首先推倒清廷，因而都认为孙先生主张排满革命是对的。弘文学院同学每晚都在自习室讨论立宪和革命的问题，最初颇多争论，以后主张排满革命的占了多数。

黄克强先生在同学中一向是笃实厚重、不多发言的，但他把问题看清楚了，决定自己应走的道路以后，意志即异常坚决。他曾说，他的远祖在清初曾写过遗书，要黄氏子孙永不出仕清朝。有一晚，他与一些同学争论得很激烈，气急得说不出话来，竟将手中的小茶壶掷地摔碎，表示他已下定决心从事排满革命，不是任何力量所能动摇的。他与湖南学生陈天华、杨笃生等共同创办了《游学译编》。这个刊物同留日的浙江学生出版的《浙江潮》、江苏学生出版的《江苏》、湖北学生出版的《湖北学生界》，都是宣扬革命理论的刊物。同时，邹容所著《革命军》，陈天华所著《猛回头》《警世钟》，杨笃生所著《新湖南》以及各省留学生所著宣传革命的其他各种小册子，风起云涌，大量输入国内，唤醒了国人，也震动了清廷官吏，因而曾引起查禁报刊、停止留学生官费的一场风波。黄先生与万声扬、李步青、金华祝和我毕业回鄂时，大为梁鼎芬所不满（梁在当时是张之洞所最宠信的红人，执掌湖北教育大权）。他对我们五人大加申斥，不派职务。于是李步青、金华祝分别赴天津、江西从事教学，暗中宣传革命。万声扬赴上海开办昌明公司，表面上是经营普通书店业务，暗中发售革命书籍，并为国内外革命同志的联络机关。黄先生回湖南，同教育家胡子靖办明德学堂，培养革命青年，同时创办华兴会，准备起义。我在武昌闲住数月后，得东京同学资助，再赴日本，作自费生留学。当日俄战事爆发，东京留学生组织义勇军时，我曾参加，受过军事训练。我深感革命须靠武力，希望进日本陆军学校，但陆军学校不收自费生，须由清廷驻日公使保送，而驻日公使保送须由清政府或各省督抚造送名册。恰巧浙江抚台保送名册中，有一永嘉县"丁人俊"的名额是预填的一个假名，准备留给革命同志顶替入校的。我就顶替了"丁人俊"名入振武学校，寻升入陆军士官学校为中国第五期士官生。

一九〇五年，黄先生在湖南起义失败，潜赴上海，再到东京。适孙中山先生也来东京，他们会面之后，认为各方革命团体须统一组织起来，才能步调一致，力量雄厚，遂结合留日学生中的进步分子，成立中国革命同盟会，举孙中山先生为总理。孙先生提出了"驱除鞑虏，恢复中华，建立民国，平均地权"的党纲。当时入党的人对于排满革命的理论是深信不疑的，并且正是因为具有这种革命决心，才宣誓入党的。先一年章太炎、蔡元培、陶成章等在上海成立光复会时，他们的党纲上只有"恢复汉族、还我河山"两句话。同盟会会员对孙先生所提"建立民国、平均地权"的意义还不大明白，以为是将来革命成功以后的事，现在不必推求。孙先生对宣誓入党的同志讲解"建立民国"时，是举法国和美国为例；讲解"平均地权"时，是举德国在青岛所订地价税和按价收买土地办法为例（"耕者有其田"系在辛亥革命以后提出的）。因此，同盟会会员在国内宣传革命、运动革命时，只强调"驱除鞑虏、恢复中华"这两句话，而对"建立民国、平均地权"的意义多不提及。湖北共进会的誓词与同盟会的誓词相同，但把"平均地权"改为"平均人权"，意谓满人压迫汉人，人权不平等，所以要革命。辛亥武昌起义以及全国各地响应起义所用的共同口号，只是"排满革命"。在南北议和时，南方提出的条件，只是要清帝退位，以为清帝退位即算是革命成功了。以后选举袁世凯为大总统，也以为只要袁世凯宣誓赞成共和，就算是开始"建立民国"了。当时许多革命党人都抱着这种看法。

孙中山先生不常在日本，自日政府禁止孙先生入境以后，同盟会总理职务即由黄先生代理。黄先生是留日学生，又长住日本，因此，国内外同盟会会员多与他直接商讨问题或通信联络，他和同志间的感情也就深厚起来。特别是黄先生与军人的关系，由于有一段特殊原因而更加密切。黄先生在日本代理同盟会总理时，中国陆军留学生的人数特别多。第四期陆军士官生有七十五人。第五期陆军士官生有五十七人，第六期陆军士官生有一百九十八人。其中加入同盟会的陆军士官生不下百余人，我所能记忆的：第四期有张世膺、周承菼、张承礼、蒋作宾、吴锺镕、金永炎、覃师范、王家驹、高佐国、吴经明、何澄、刘一清、刘毅、翁之谷、成桄、史久光、周斌、刘维熹、曾继梧、刘绳武、邓质仪等；第五期有王孝缜、黄恺元、何成濬、陈乾、李浚、陈之骥、姜登选、李书城、袁华选、全恕、石陶钧、王凯成、吴和宣、殷承瓛、杨源濬、朱先志、齐琳、高齐等；第六期有尹扶一、李兆祥、王兆祥、刘祖武、孙棨、吴藻华、陈强、欧阳武、张华辅、赵复样、李根源、林爽、尹昌衡、胡万泰、刘存厚、卢启泰、刘宗纪、胡学伸、官其彬、黄国梁、刘汝赞、罗佩金、阎锡山、孔庚、李鸿祥、叶荃、杨曾蔚、李敏、高声震、仇亮、朱树藩、姚以价、程子楷、张开儒、纪堪颐、李乾璜、耿觐文、黄毓成、顾品珍、朱绶光、温寿泉、唐蟒、唐继尧、童锡梁、孙方瑜、赵恒惕、田遇东、李烈钧、程潜、刘洪基、华世中等；此外还有陆军测量学校的黄郛、曾昭文等。其余的人记忆不起了。

黄先生以为陆军学生须在回国后掌握兵权，不可暴露革命的真面目。因此，他嘱陆军学生中的同盟会会员不到同盟会总部往来，陆军学生的入党证件也由黄先生一人独自保管。并商议由陆军同学在同盟会会员中选择一批坚贞可靠的同志另组织一个团体名曰"丈夫团"，以孟子所说的"富贵不能淫，贫贱不能移，威武不能屈"，作为团员应具的品德。据我了解，当时加入这个组织的有李根源、李烈钧、程潜、李书城、赵恒惕、黄郛、尹昌衡、黄恺元、叶荃、温寿泉、曾继梧、华世中、刘洪基、程子楷、孙方瑜、曾昭文、耿勤文、李乾璜、仇亮、杨曾蔚、陈强、孙赏、高齐、杨源濬、殷承瓛，袁华选、陈之骥、姜登选、李浚、王孝缜、何澄、王家驹等。黄先生还鼓励家有资财的同志出资捐官，俾将来获得兵权可更大更快些。团员中黄恺元用银一万两捐得道台，陈之骥用银六千两捐得郎中。辛亥武昌起义后，在南北各省举兵响应、充任都督及军、师、旅、团长的人，多属丈夫团的同志，都是黄先生所熟知的人。因此革命军人与黄先生有特别深厚的感情，他在革命军人中具有极高的威信。

黄先生在日本同孙中山先生组织了同盟会，又将同盟会中的陆军学生组织成更严密的丈夫团以后，乃秘密回内地，亲率革命同志，在广西的钦、廉、镇南关（今睦南关）和云南的河口等处发动武装起义，均遭失败。最后，他在广州集合各省最坚贞勇敢的同盟会会员八百多人，组织敢死队，于一九一一年四月二十七日（旧历三月二十九日）攻打督署，结果又失败了。这次起义虽未成功，但壮烈牺牲的精神震动了全国。

（二）在武汉前线

黄克强先生在黄花岗之役失败后，曾经考虑过全国的形势，在起义地点方面，他主张"以武昌为中枢，湘、粤为后劲，宁、皖、陕、蜀亦同时响应以牵制之，大事不难一举而定也。"（见冯自由《革命逸史》初集载《辛亥八月十四日黄致冯函》）

是年，宋教仁、谭人凤（石屏）等在上海成立同盟会中部总会，加强长江各省的革命运动。谭人凤与湖北新军革命团体文学社、共进会早有联系。黄先生曾寄给谭人凤一首诗，极力主张在长江上下游特别是在武汉起义。诗云：

> 怀锥不遇粤途穷，露布飞传蜀道通。
> 吴楚英雄戈指日，江湖侠气剑如虹。
> 能争汉上为先着，此复神州第一功。
> 愧我年年频败北，马前趋拜敢称雄。

一九一一年旧历七月，湖北新军革命团体文学社、共进会召开会议，策划武装起义，并派居正、杨玉如赴上海迎黄先生来鄂主持。黄先生从香港复电说，须俟九月初（旧历）约十一省同时起义。不意孙武在汉口因炸弹失慎爆炸，武昌革命秘密机关被抄，彭楚藩、刘复基、杨洪胜三烈士被捕就义。各营士兵为破釜沉舟之计，决定提前起义，于十月十日（旧历八月十九日）晚九时在总指挥蒋翊武被捕逃走之后，按照蒋翊武预草的命令分别发动进攻。当时预定的领导人黄先生未来，临时总指挥蒋翊武又不能亲临指挥，全靠各营士兵各自为战。一夜之间，起义军即把总督瑞澄、统制张彪赶走，占领武昌，树起十八星旗，创造了革命史上的奇迹。

革命之所以在武昌爆发，又能支持战争达数月之久，是因为当时武昌具有特殊的优越条件。湖广总督张之洞在鄂二十多年，提倡新政，改良教育，设汉阳兵工、钢药两厂及武昌纱、麻四局，并设银元、铜元局。他又成立新军一镇、一混成协，所招士兵必须识字，后且命题考试，衡文以定去取。士兵入伍以后，还有机会考入陆军特别学堂、将弁学堂，提升为官佐，或派赴日本学陆军。如蓝天蔚、窦秉钧、石星川、成炳荣、蔡绍忠、杜锡钧等都是从士兵中提拔出来派送出洋的。再则当时还有一批思想进步的爱国青年志士如张难先、李六如、蒋翊武、刘静庵、江炳灵等，为了便于联结士兵，运动革命，都投身行伍，在新军中散布革命种子，他们成为组织革命团体的中坚人物。从一九〇二、一九〇三两年以后，湖北废除科举，兴办了不少学堂。如陆军测绘学堂，陆军中学堂，陆军小学堂，普通中学堂，工业、农业、商业、矿业、铁路、方言、理化、省师范、道师范等学堂，武昌五路小学堂，以及教会所办的博文、文学两中学和文华大学等，总计武汉三镇的学生约有一二万人；从这些学生中派往东西洋留学的先后也不下数百人，自费到日本留学的人数更多。他们出洋后，见到外国的强盛和中国的积弱不振，两相对照，更感到目怵心惊。其中接受孙中山先生政治主张的人，知道中国要发愤图强，必先推倒清室，因而纷纷加入了同盟会。在日本留学的湖北学生除将《猛回头》《警世钟》《革命军》等书秘密输入湖北之外，并且在东京出版《湖北学生界》，枝江张继煦、汉川李熙、潜江李书城等复在东京撰印《致湖北同学书》，皆用激烈的言辞鼓动革命。湖北的学界、军界受到这些革命书刊的影响，大为振奋。湖北留日学生并捐购幻灯机片运至武汉放映，观者甚众。留日归国学生如吴禄贞、刘伯刚、金华祝、余德元等常于放映幻灯时，讲演国内外形势，宣传世界各民族反抗压迫进行革命的情形，对于激发爱国思想，亦收效不小。由于以上种种原因，武昌革命的潜力甚大；经过数年的酝酿，在文学社、共进会联合组织统一革命机构以后，革命势力在军队中更加强大起来，遇到机会成熟，便即爆发。起义以后，武昌、汉阳两处存储的枪支、弹药，足供几万士兵之用。武昌藩库存银及银元局、铜元局、官钱局所存硬币及台票，合计约有四千多万元。兵械充足，物力丰盈，由此可见一斑。而团结一致、有纪律有训练的士兵，亦不下五千人。武昌起义就是在这样人力、物力各种条件具备的情况下发动起来和取得初步胜利的。

武昌起义半个月后，黄先生于十月二十五日在上海红十字队队长张竹君女士的掩护下，扮作医疗队队员，偕同夫人徐宗汉及日人萱野长知等从上海乘江轮上驶，于二十八日到达汉口。黎元洪都督派兵一队从武昌江岸迎至都督府。黄先生听说汉口战事紧急，立即赴汉口担任总司令，设司令部于歆生路满春茶园。各军士见黄先生亲来指挥作战，士气大振。

先是，汉口民军总指挥何锡藩受伤，以张景良继任。旋张景良因通敌正法，又以姜明经继任。姜明经又因战事失利，避匿不出（张、姜两人均系起义前的中级军官，未参加革命团体），战线上无人指挥，士兵各自为战，仅能守住现有阵地。作战十余日来，军民死伤已有数千人，大智门、刘家花园、外沿铁路、华洋街、水坛、硚口等处均先后失守。黄先生重新部署以后，连日反攻，夺回了几处阵地，但每到夜间辄不能固守。士兵依靠市街房屋作掩蔽，射击来攻敌兵，敌亦不敢进逼。因此，敌人乃纵火焚烧市街房屋，使我军无藏身之所。到十一月二日全市大火，我军难以立足，遂全部向武昌撤退。黄先生回到武昌，在都督府开军事会议。他在报告中分析汉口战事失利原因有五：一、各队新兵太多，未受过训练，难以指挥。二、军官多从弁目提升，指挥能力太差。三、各队战斗日久，伤亡过多，官兵均甚疲劳，一闻敌方机关枪声，即纷纷后退。四、士兵是在武汉附近招募来的，夜间多私自回家，战斗员减少了多少，军官亦无法查实。五、我军只有步枪而无机关枪，且只有山炮，亦不能抵御敌方的管退炮，因此较敌人的损失的为重。但黄先生又指出，我军有一优点为敌人所不及，即我军冲锋时异常勇猛，敌人虽系北洋久经训练的军队，每遇我军喊杀时即后退；我军所恃者全靠这一点猛劲。

这时接到汉口报告说，在汉口作战的第三协协统林翼支已于十一月一日晚间离汉潜逃（初逃襄阳，又匿随州，后被枪决）。以后又接汉阳报告，负责防守汉阳的第一协协统宋锡全擅率所部向湖南撤走（宋退至湖南，由黎元洪电请湘督谭延闿逮捕正法）。会议当即一致决定：先在汉阳防守，候湖南援军开到后再反攻汉口。

我是从北京经上海乘江轮于十一月二日到汉口的。武昌起义的消息传到北京后，我即随同陆军第六镇统制吴禄贞到保定，计划举兵响应。忽接军咨府大臣载涛的电令，命我即日回京。我原是军咨府的科员兼官报局副局长，即遵令回京。载涛命我同科员黄郛赴南方与革命党人商议罢兵言和办法。我与黄郛即日携眷出京，从天津乘海轮赴沪。到沪后，黄郛留沪帮助陈其美攻取上海，我则乘江轮赴汉。十一月二日船抵汉口时，我见全市火光熊熊，烟雾弥天，枪声已息。即换渡轮到武昌江岸，岸上有一队学生军来迎。到都督府后，会见黎元洪、黄先生及首义各同志，并参加当日举行的军事会议。会议决定黄先生为中华民国军政府战时总司令，我为参谋长。

十一月三日晨，黎元洪命各部队派代表到阅马厂广场举行登坛拜将的隆重仪式，借以鼓励士气。授印时，黎元洪、黄先生都有演说，士气大振。是日，即将总司令部人员组织完成。以吴兆麟为副参谋长（吴原系第八镇工程第八营左队队官，未参加革命团体，八月十九日夜间起义士兵攻占楚望台军械库时，推他为临时总指挥，由他下令攻打督署。他曾向张之洞所聘请的日本铸方大佐学过参谋学，以富有军事学识著称），姚金镛、金兆龙、高尚志、甘熙绩、耿丹、辜仁发、吴兆鲤、余鸿勋等为参谋，田桐为秘书长，王安澜为兵站司令。以后王孝缜从北方来鄂，任为副官长。原在武昌起义的湖北及外省学生共同组织的学生军，由刘绳武为标统，田化龙、赵士龙等为管带，共约三百余人，调归总司令部直接指挥。是晚，黄先生率总司令部人员同赴汉阳，在伯牙台设总司令部；嗣因敌方枪弹能射至院中，次晨移往昭忠祠。

四日晨，黄先生率总司令部人员登龟山顶观测汉口敌方阵地。敌方大炮向龟山射击，炮弹都落入龟山后方的江中，无人受伤。寻沿河边防线视察一周，决定利用汉阳兵工厂、钢药厂的铁板、木材，沿汉水南岸构筑防御工事。因部队都系新兵，须受训练，不令担任此项任务，另由各部队招募民工，按日付给工资，由官长督修。当汉口大火以后，火烬多日未熄，敌人亦不能踏过火场来攻汉阳。因此，两岸枪声沉寂，我方沿河岸每日虽有数百人修筑工事，敌军亦未来扰，工事得以顺利修成。工事修成后，我方即向敌方进行宣传，夸说防御工事如何坚固，形容得好似铜墙铁壁一样，借以使敌人有所畏惧。以延缓其进攻企图，并掩饰我方援军未到、汉阳守军空虚的弱点。

黄先生初到汉阳时，只有蒋肇鉴协统的步兵第一协守在兵工厂附近。第一协协统原是宋锡全，他把部队带赴湖南后，黎都督派蒋肇鉴继任第一协协统，其时只剩一营士兵，蒋接任协统后才陆续补充。其他调到汉阳的部队，有张廷辅所率的步兵第四协、熊秉坤所率的步兵第五协、胡效骞所率的步兵第四标。十一月六日，湘军第一协协统王隆中（与我在日本士官学校同学，未加入同盟会）率所部开到汉阳。九日，湘军第二协协统甘兴典率所部徒手兵开至武昌，领取枪支后也开到汉阳。湘军两协士兵开到汉阳后，在汉阳防守的士兵都大为兴奋，以为转败为胜的时机到了。

从各方来汉阳参加作战的，有留日陆军同学曾继梧、程潜、程子楷、唐蟒、曾昭文、王孝缜等，他们曾在汉阳前线或后方分别担任各项临时的或固定的工作。有从南京陆军中、小学来鄂的学生蒋光鼐、李章达、陈铭枢、陈果夫等数十人，由队长张我权、副队长徐源泉带到汉阳，作为总司令部的督队员。有一日本军人大原大尉亲来汉阳向总司令部投效。他每日在汉口探访敌情来汉阳向我军报告，但十一月十七日以后即未见其再来，后来听说，他于我军进攻汉口时牺牲了。

上海光复以后，当地名流如张謇、汤寿潜、赵凤昌等推庄蕴宽来鄂，为组织统一革命机构事向黄先生和黎元洪征询意见。我以前在广西作陆军干部学堂监督兼陆军小学堂监督时，庄蕴宽是广西督练公所督办，我在广西的一切革命活动他都知道，也是暗中维护我的。他是一个同情革命的开明官吏，因邀约了一群革命同志到广西作革命活动，被广西巡抚张鸣岐胁迫而离开广西的。他告诉我来鄂的真意，是请黄先生到上海去。他说，上海方面的人认为黎元洪是武昌起义的革命党人所拥戴出来的，不是真正的革命党领袖，而孙中山先生还在海外未回，现在只有黄先生是国内唯一的革命领袖，应该负起领导全国革命的责任，到上海去统率江、浙军队攻克南京，在南京组织全国军政统一机构，继续北伐，完成革命事业。他敦促黄先生早赴上海。但是黄先生对他说："全国军政统一机构是愈早组织愈好，但不必要我担任领导人。我现在还担任武汉方面的作战任务，不能离开武汉。看以后情形如何再说。"

袁世凯曾派鄂人刘承恩来见黎元洪与黄先生，表示愿意停战言和。黎元洪和黄先生曾分别函复袁世凯。黄先生函中略云："明公之才，高出兴等万万。以拿破仑、华盛顿之资格出而建拿破仑、华盛顿之事功，直捣黄龙，灭此朝而朝食，非但湘鄂人民戴明公为拿破仑、华盛顿，即南北各省当局亦无不有拱手听命者。苍生霖雨，群仰明公。千载一时，祈毋坐失。"黎元洪复函中的措辞亦大致相同。是时，汪精卫亦派人来汉密告南方同志，说袁世凯不是效忠清室的人，如南方革命党肯举他为第一任共和国总统，他是愿意同我们一致行动的。汪嘱南方同志从速表示态度，以促袁早下决心。武汉革命同志都赞同汪精卫的意见，并嘱汪在北方对袁世凯多下工夫，促成其事。

吴禄贞于十一月六日夜在石家庄被暗杀的消息传到武汉后，革命同志对清廷更加愤恨，发誓出师北伐，以雪此恨。甘兴典率所部湘军开到汉阳后，几乎每日到总司令部来催促下令反攻汉口，并说他的部队都愿意上前线杀敌，不愿缩在壕沟内消磨锐气。当时又探得汉口敌军日益增多，与其待敌军兵力充实后向我来攻，不如我乘其兵力尚未充实时先发动进攻。总司令部提出这个意见后，得到都督府的同意，遂作进攻汉口的准备，从武昌运来的枪弹每个士兵都领到四百发左右，可供几天战斗之用。架桥材料也运到渡河地点。一切进攻准备就绪后，黄先生于十一月十六日下令分三路向汉口进攻。第一路由步兵第三协协统成炳荣率所部从武昌青山渡江，在汉口湛家矶登陆，进攻刘家庙。第二路由步兵第六标标统杨选青率所部乘装甲小火轮及民船由汉阳东北岸出发，向汉口龙王庙强行登陆，占据阵地后相机进攻。第三路由驻在汉阳的各部队组成，归黄先生直接指挥，是此次进攻汉口的主力军。这一路以湘军第一协协统王隆中所部为右翼，湘军第二协协统甘兴典所部为左翼，鄂军步兵第五协协统熊秉坤所部为总预备队。其余炮兵第一标及工程第一营均随同前进。黄先生命令第三路各部队在十六日黄昏后开始行动，从琴断口渡过浮桥，向指定地点集合，进入阵地，准备次晨拂晓向汉口玉带门及硚口一带之敌进攻。黄先生率总司令部人员于是晚十时许渡过琴断口浮桥。时正遇大雨，天黑不辨路径。先渡桥的部队把桥头一间草屋点火燃烧，作为照明之用。黄先生知道后，立即找到房主，给予房屋赔偿费。再往前进时，不见甘兴典部队的踪迹，甚为惊讶。不久，发现该部都藏在民房内避雨，或蹲或卧，拥作一团，每个士兵的背上都负着一捆稻草当作雨衣，状似一群难民。我看见这种情形，实出意料之外。我对黄先生说："我们的作战命令只是纸上谈兵，没有考虑到士兵的素质。这些士兵遇雨即如此狼狈，对战线上打来的弹雨怎能抵挡得住呢？现在还未接到第一路、第二路出发的报告，是不是同这里情形一样，深为可虑。预料敌人现在还未发觉我军的动作，可否改变计划，先把部队整理一番后再行进攻？"时陆军同学唐蟒在侧说："革命军人有进无退，退则沮丧士气。"黄先生叫我们先把藏在民房的士兵喊出来，再看情况。于是总司令部的参谋、副官及督战员都到各民房把士兵一一叫了出来，要他们赶快到指定的阵地上去。将近天晓时，这些士兵都被喊出来走上阵地了。学生军最勇敢，首先向前开了火。随着，左右两翼部队都向前推进，形势似很有利。不料中午以后，敌人运到了机关枪和大炮，向我军猛烈发射。甘兴典的士兵有几个受了伤，向后退却。甘兴典也骑着马向后奔跑，以至引起他的部队全部溃退。黄先生率总司令部人员及督战队持刀拦阻士兵后退，并砍伤了几个后退的士兵。但溃兵汹涌而至，竟要向拦阻后退的人开枪射击。不得已，只好让他们后退。他们在后退途中，有些士兵被敌军打到我阵地后方的炮弹炸伤了，于是又惊慌起来，拼命抢渡浮桥。因人多桥断，溺水死者达数百人。幸王隆中所部湘军是从新军扩编成协的，受过训练的士兵较多，他们在阵地坚守至日暮，才撤回汉阳。熊秉坤所部鄂军虽被敌包围，尚能且战且退，全部渡河，回到防地。我军退却时，敌人并未追击。他们探知我军已全部撤退后，才开至河岸，与我军隔河相持。我与黄先生在将到日暮时，踏着泥泞道路后退。黄先生身体肥硕，行路很吃力，由人扶持步行。我由广西干部学堂湖南学生首斌沿路搀扶，一步一滑，直到天黑我们才回到汉阳。是晚，下令汉阳各部队彻夜警戒，作战斗准备。

次晨，知甘兴典并未退回原防，竟率所部向湖南逃走。同时得知第一路军亦未按照原定命令从青山渡江向刘家庙进攻，原因是协统成炳荣是日酒醉，下错命令，竟命军队向与青山相反的方向开动，及至发现错误，再叫士兵向青山开进时，士兵因行军半夜已极疲劳，又值天雨路滑，都不肯遵令行动，故第一路军未能按照命令执行进攻任务。第二路军因标统杨选青适于是晚在家结婚，未亲往指挥，故亦未遵令从汉阳东北岸向汉口龙王庙进攻。黄先生将以上情形报告黎元洪后，黎即将成炳荣撤职，改以窦秉钧继任步兵第三协协统；将杨选青正法；并电请湖南都督谭延闿于甘兴典到达长沙时立予正法，将其部队缴械遣散。

这次进攻汉口失败，不仅暴露了我军的弱点，也使敌人轻视我军，加强了敌军进攻汉阳的企图。这是因为我在战略战术上都犯了极大的错误所致。从战略上说，我军若不进攻汉口，敌人是不敢轻于进攻汉阳的。因为汉阳的防御工事相当坚固，并且作了些夸大的宣传，使敌军望而生畏。且敌我两军隔河对峙，船只都靠在我方河岸，敌若渡河攻坚，地势于我有利，于敌不利。我若坚守汉阳，可争取时间，得到更多省份的响应和所派援军的支援。如果这样，汉阳是尽可不失的。从战术上说，我不懂得士兵是作战的基础，未查明军官和士兵的训练程度，只照书本上的作战公式下命令，结果三路进攻的负责军官一个被撤职，两个被处死。士兵不仅在战场上死伤了很多，而且在退却途中并无敌军追击，落水而死的亦竟达数百人之多。敌军是素有训练的北洋军，我以初成之师与之作阵地战，真是既不知彼也不知己，犯了军事上的大忌。进攻汉口的失败，又引起了汉阳的失守。我对这两次战役的失败，是应该负重大责任的。因我的作战计划错误，使黄先生受"常败将军"之讥，使革命形势受到挫折，我至今犹引为遗憾。

十一月十七日进攻汉口既未获得胜利，兵员、武器、弹药却损失不少。甘兴典既率部逃回湖南，他原来守的防线不免薄弱，从而不得不加重了王隆中部队的负担。这支部队能战能守，但经多日的拉锯战，兵员损失也不少。特别是连日继续作战，不能休息，士兵疲劳过度也是事实。王隆中竟于十一月二十三日率领他的部队擅离汉阳，退到武昌两湖书院，说要在武昌休息几日再赴汉阳作战。我奉黄先生命，到武昌劝他开回汉阳。但他对我说，士兵实在太疲劳，不休息几日不能作战。我商请黎元洪允给该部五十万元犒金，只要该部开回汉阳。他还是执意不肯开回，竟至向我下跪。我未能说服他，只得回去报告黄先生。黄先生也无法可想，只是和我共同叹息而已。

十一月二十五日，湘军协统刘玉堂率所部千余人来汉阳增援。刘系山东人，身干魁梧，性情豪爽，旧式巡防营出身。他初见黄先生时，即问前线情形如何，并表示愿率所部到紧急的前线去作战。黄先生命他到花园前线抵御从仙女山来攻的敌军。他率所部到达阵地后，数次向前冲锋，因敌军用机关枪扫射，未能得手。当日下午，刘不幸中弹阵亡，所部士兵纷纷后退。在花园山、扁担山防守的鄂军均在黄昏后全部退却，日间所守阵地都被敌人占领。总司令发出的当晚作战命令都已无人接受，传令兵只好带回，交还总司令部。我们发现总司令部所在地已成为最前线了，乃将驻在后方的辎重营调到前线来作总司令部卫队，并在学生军中征集敢死队员百余人在总司令部前方布防。

在这种情况下，汉阳已危在旦夕，实难再守。我与黄先生商议，将战况报告黎元洪，请早将兵工厂机器、存储汉阳的弹药、粮秣以及一切军用物资搬回武昌，以免资敌。

十一月二十六日，我到武昌向都督府报告以上军情，当即在都督府开军事会议。大家都赞成作有准备的撤退。惟都督府副参谋长杨玺章慷慨陈词，主张坚守汉阳，虽至一兵一卒亦不放弃。于是杨玺章自告奋勇，组织参谋部同志十余人赴汉阳助战。我因连日疲劳已甚，向黎元洪请假休息一天，当晚宿在都督府秘书万声扬家中，睡至次日午后才醒。醒后，惊闻杨玺章已于是日午前在汉阳阵亡，汉阳守兵正在向武昌撤退，退兵在渡江时伤亡不少。晚间，黄先生退到武昌，向黎元洪报告失利情形后，即率一部学生军同徐宗汉夫人、张竹君女士及日人萱野长知等乘江轮赴沪。

黄先生离汉时，我未赶上，次日（十一月二十八日）始偕同汤化龙、万声扬、胡瑞霖、陈登山、黄中垲等乘江轮赴沪。我在这四天的航行途中，除饮食外总是沉沉酣睡，因在汉阳二十多天的紧张繁忙的生活使我疲劳已极，这时得到休息，真觉睡眠是人生最舒适的享受了。

我们到上海后，在昌明公司开会。汤化龙和万声扬提议：我们离开武昌时未向都督府请假，应该发一电报到武昌表示歉忱。胡瑞霖是一个争强好辩的人，他道："电文措辞不要表示道歉，应该指摘武昌首义诸人对我们有种种歧视，所以我们才离鄂来沪。"黄中垲也赞成胡瑞霖的意见，说这是说真话。电文由胡瑞霖起草发出。以后武昌方面对汤化龙竭力排斥，其原因即在于此。

（三）南京临时政府和留守府时期

十二月二日，苏、浙、沪联军攻克南京，各省在沪代表议决临时政府设在南京。四日，公举黄先生为大元帅，黎元洪为副元帅。黄先生以黎元洪为首义元勋，抑居副职，恐武昌方面有意见，于革命内部的团结不利，乃坚辞大元帅不就。各省代表复于十二月十七日在南京开会，改举黎元洪为大元帅，黄先生为副元帅，并以副元帅暂行大元帅职务。黄先生本拟早日起程赴南京就职，并已商请张謇向上海日商三井洋行借款三十万元作为南京后军政费的开支。但在预定起程赴南京的先一天晚上，黄先生忽向我说，他明天不去南京了。我问何故不去。黄先生说："顷接孙中山先生来电，他已起程回国，不久可到上海。孙先生是同盟会的总理，他未回国时我可代表同盟会；现在他已在回国途中，我若不等待他到沪，抢先一步到南京就职，将使他感到不快，并使党内同志发生猜疑。太平天国起初节节胜利，发展很快，但因几个领袖们互争权利，终至失败。我们要引为鉴戒。肯自我牺牲的人才能从事革命。革命同志最要紧的是团结一致，才有力量打击敌人。要团结一致，就必须不计较个人的权利，互相推让。"我听了黄先生这一番话，感到他的人格伟大，感到他对革命事业的忠诚纯洁，深为佩服。这一晚的谈话，使我深深印在脑海，永不磨灭。我看他以后处理一切事、对待一切人，都是从这种精神出发的。

十二月二十五日，孙中山先生到达上海。同月二十九日，各省代表在南京选举孙先生为中华民国临时大总统，并议决中华民国纪年改用阳历，以旧历十一月十三日为阳历一月一日。孙先生即在中华民国元年一月一日在南京就临时大总统职。最初，各省代表曾欲仿法国制度，设总理一职，并拟举黄先生为总理。后因孙先生主张采用美国制度，不设总理，此议始作罢。孙先生向参议院提出黄先生为陆军总长兼参谋总长，得同意后，黄先生即赴南京组织陆、参两部。黄先生本预定以我为陆军次长。当我正在上海南海邑馆陆军招待所同北京陆军部、军咨府南来的同学商量南京陆军部各司局人选的时候，湖北陆军革命小团体中最年长的同志陈裕时要我把陆军次长让给北京陆军部的科长蒋作宾，因为蒋为人一团和气，又曾当过科长，在南来的陆军同学中他的官阶最高，他当了次长，则部内的各司局人选由他安排就比较容易，免得我作次长时引起同学的地位争执，不好处理。我接受了陈裕时的建议，即请黄先生任蒋作宾为陆军部次长（蒋以后从南京陆军部转到北京陆军部，受到段祺瑞、徐树铮的种种轻侮，他都能忍受；袁世凯死后，黎元洪继任大总统，他入总统府作黎的幕僚，又经常与专横的段、徐二人打交道，他确是很有耐性的）。参谋部次长是钮永建，他在江、浙军界中是相当有威信的。陆军部秘书长和秘书由汤化龙和林长民分别担任。汤、林两人在上海当过黄先生的私人秘书，黄先生对外的电文都是他两人草拟的。后来湖北方面因衔恨汤化龙曾在上海电责武昌首义人士，特电致南京反对他任陆军部秘书长。汤乃离宁赴沪。林长民在南京街头上曾受到老同盟会会员的当面讥刺，说他从前反对革命，现在又混进革命队伍来了。他因此也辞职赴沪。他们两人后来成立民主党，与国民党为敌。

某日，安徽军军长柏文蔚来陆军部领开拔费，说奉孙大总统手令，要他的军队即日开赴江北布防。黄先生因陆、参两部都不知道有此命令，遂与我商议，由我到总统府任军事秘书，以便与陆、参两部联系。我到总统府后，又请孙总统加派耿觐文为军事秘书。以后总统府发出的有关军事文件，都是由我二人草拟的。

那时总统府的秘书长是胡汉民。秘书中有吴玉章、任鸿隽、王夏、张通典、谭熙鸿及宋霭龄等。

当时黄先生所担心的是军费开支浩大，并且需用甚急。某晚，黄先生约我同见孙先生，询问向英、美借款事有无头绪。孙先生当时正在看外国报纸。他放下报纸，回答说："外国人曾向我说过，只要中国革命党得到政权，组织了政府，他们就可同中国革命党的政府商谈借款。我就职以后，曾向他们要求借款，并已电催过几次，昨日还曾发电催问，请他们实践诺言。但今日是星期六，明日是星期日，外国人在休假日是照例不办公的，明日不会有复电，后天可能有复电来，我再告诉你。"黄先生出来后，默默无言，心中似乎很着急的样子。以后他即未再向孙先生询问借款事，只是求助于上海的资本家张謇等暂时应付急需。以后又过了几个星期，一直到总统府取消时，外国借款还是杳无回音。在向外国借款的问题上，孙先生比较乐观，而黄先生则认为外国政府如果攫取不到中国的特权，是不肯借款给我们的。当时在上海和南京方面的同志对于获得外国政府的承认和借款本抱有极大的希望，但结果都成泡影，因而他们对孙先生多不谅解，说孙先生只是"放大炮"。但黄先生向他们作了如下一番解释，大意是说：孙先生在国外的友人大都是在野的政治家，还未取得政权。他们可能与执政的人有些联系，可以向执政者建议给中国革命党人以帮助。但欧美的当权派要借款给中国，首先考虑的是在借款条件上能否在中国攫取特殊的利益，他们的目的并不是帮助中国进步党派，促使中国走上进步道路。例如我们曾向日本要求借款，它就要我们把汉冶萍公司同它合办；我们不应允，它就不借款给我们。孙先生当然不会拿我们国家主权去换取外国借款的。我们对孙先生应该有此认识，不要抱怨孙先生向外国借款不成功。经过黄先生这番说服，同志们对孙先生的责难也就平息了。

孙先生在南京任临时大总统时，扫除了中国旧官僚讲排场、摆架子的恶习，也减除了一些官僚式的繁文缛节，无论官阶大小都着同样制服，这种制服以后称为中山服，流行至今。孙先生的生活非常简单朴素，很平民化。他常书写"自由"、"平等"、"博爱"的横幅赠给同志。孙先生以亲身的行动，在南京开创了一种新时代的风气。黄先生对孙先生这种作风极为钦佩，常常向人称赞不已。

南京临时政府成立后，南北继续停战，两方和议代表仍在上海开会。袁世凯所希望于南方的，是要南方选他为第一任大总统。南方所希望于袁世凯的，是要他促使清帝退位，改专制为共和。两方代表对此都早有默契。谈判中间曾有过几次波折：一是南方已许举袁为大总统，而又选出孙中山先生为临时大总统，在南京就职，致引起袁之怀疑，认为南方无诚意，会议曾因而一度停顿，经解释后仍继续开议。一是清廷有些顽固派阻挠清帝退位，袁乃故意使和议停顿一下，同时授意段祺瑞等四十二个将领联名拍电威胁清廷，迫其就范。清帝终于在民国元年二月十三日下诏退位。和议告成后，孙先生即向参议院辞去总统职。

在议和期间，同盟会内部在让位给袁世凯的问题上是大有分歧的。孙先生和一部分同志，认为袁世凯是一个巨奸大憨，把建立民国的大任托付给他是靠不住的；我们革命党人应该有勇气、有决心率领南方起义将士继续战斗，趁此全国人心倾向革命的时候，必然胜利可期，此时多费些气力扫除障碍，在新的基础上建立新的国家，将是事半功倍的。而黄先生和另一部分同志的看法则不同。他们说，袁世凯是一个奸黠狡诈、敢作敢为的人，如能满足其欲望，他对清室是无所顾惜的；否则，他也可以像曾国藩替清室出力把太平天国搞垮一样来搞垮革命。只要他肯推翻清室，把尚未光复的半壁河山奉还汉族，我们给他一个民选的总统，任期不过数年，可使战争早停，人民早过太平日子，岂不甚好。如果不然，他会是我们的敌人，如不能战胜他，我们不仅得不到整个中国，连现在光复的土地还会失去也未可知。

这时，在北京出狱不久、在同盟会中素负盛名的汪精卫已到上海。汪早已同袁世凯及其子克定密商决定袁在北方推倒清室，他劝南方推戴袁为大总统。他曾派人到武汉告知黎元洪、黄先生和武汉首义同志，他们均表赞同。这时汪既任南方议和代表，仍坚持他的主张，甚至不惜恶意攻击孙中山先生本人有权利思想。他并邀约当时负社会众望的吴稚晖、李石曾等发表宣言提出"五不"主义（不做官，不做议员，不纳妾，不吸烟，不饮酒），他自己也故意力辞广东都督不就，以表示他个人的"清高"和"言行一致"。此外，光复会的领袖章太炎、陶成章等对孙先生因早有误会，也曾对孙先生大肆攻击。攻克南京有功的浙军司令朱瑞系保定军校学生，与段祺瑞有师生关系，这时已向段密通消息，表示拥袁上台。黎元洪当汉阳失守后，因情势危急，曾一度退出武昌城外。袁世凯抓住机会，通过汉口英领事提出双方停战，黎始悄悄回城。因此，黎认为袁世凯对他有意维护，对袁感激不尽。其他各省都督如谭延闿、程德全、庄蕴宽、汤寿潜、陆荣廷、孙道仁等，各省统兵大将如沈秉堃、王芝祥等，本系清廷大官僚和地方大绅士，在他们看来，拥戴气味相投的袁世凯自然比拥戴那些素不相识的革命党人要好一些。当时如和议破裂，要他们听革命党人的命令对袁世凯作战，他们很可能是反戈相向的。以张謇为首的上海名流们曾替袁世凯划策，怂恿他推翻清室，并在上海起草清帝退位诏书，送交袁世凯用隆裕太后名义颁布。他们当然对袁有好感，也是不肯反袁的。同时，南方议和代表伍廷芳、温宗尧等既已切实允诺举袁为大总统，并且因此才换得一纸清帝退位诏书，他们当然也要实践诺言，不肯失信。还有最主要的一个问题，是革命军的实力。当时南方除少数从正规军扩编的军队尚有作战能力外，大部分新编入伍的士兵多是城乡失业民众，尚未受过军事训练。各部队形式上虽具备军、师、旅、团、营、连、排的编制，实系乌合之众。从汉口、汉阳失败的经验看来，想依仗这种军队去冲锋陷阵，一直打到北京，是靠不住的。在国际方面，那时袁世凯已同英政府暗中勾结，英政府随时可给他援助。其他各国也大都希望中国形成分裂的局面，以便于他们任意要挟宰割；他们自然绝不会愿意中国有一个新兴的、由进步的势力组成的统一政府，来抵抗他们的侵略。因此，凡是考虑过以上各种情势的人，都主张对袁让步，举袁为总统。曾在日本、欧美学过法政的同志如宋教仁、王宠惠等，主张用约法限制总统的权力。当参议院选举袁世凯为大总统后，随即修改约法，把总统制改为责任内阁制，以为这样就可以限制袁世凯的行动了。此外，参议院还通过了建都南京、要总统在南京就职的两个决议。但是这些纸上的决议都被袁世凯种种设辞和阴谋手段（如南方迎袁代表到京后嗾使兵变）所撕碎了。袁世凯终于实现了他在北京就职、窃取政权的野心。我们当时主张让袁世凯做第一任总统，当时的背景约如上述。关于这个历史问题的是非得失，从今天看来，应该怎样判断，应该如何吸取经验教训，还是一个值得研究的问题。

  南京临时政府撤销以后，设立南京留守府，办理政府机关的结束事项和接收管理驻宁的军队。黄先生被任命为留守府的留守，我为总参议。府内设政务、军务两厅，以马良（相伯）为政务厅厅长，张孝准为军务厅厅长，陈嘉会为秘书长，何成濬为总务处处长，耿觐文为参谋处处长，曾昭文为军需处处长，陈登山为军法处处长，赵正平为军学处处长，林虎为警卫团团长。黄先生经常在上海同各方面会商国事，他的留守职务由我代行。当时最感困难的问题是南京拥有十余万人的军队，军费没有来源。熊希龄在上海时曾允俟到北京就财政总长职以后，即拨汇军费到南京来，但他就职以后分文不给，虽经多次函电催促，仍置不理。我曾用南京留守府总参议名义，公开指责他的失信，他还是不理。我不得已，只得把南京军队的伙食从干饭改为稀粥。以后连稀粥也不能维持了，乃将南京城的小火车向上海日商抵借二十万元，暂维现状。某夜，江西军俞应麓所部突然哗变，在南京城内肆行抢劫。经请广西军王芝祥军长派队弹压，到天晓才平定。除由军法处将罪据确凿的犯兵予以惩处外，其余均遣送回籍。经过这次兵变，我才认识到有兵无饷的危险。我当时曾想到，在兵多而无饷的情形下，黄先生与其担任南京留守府的留守，不如作一个江苏省的都督，可以有丰富的财源，来训练几师精兵保卫国家。我正拟将此意写信到上海向黄先生建议，不料上海方面已推定程德全为江苏都督。我感觉到出路已穷，南京留守府多存在一天，即多负一天危险的责任。袁世凯一面迭次挽留黄先生，请黄先生不要辞职，一面又总不拨给军饷。这明明是袁世凯的毒计，要使黄先生堕入陷阱，身败名裂。我遂商请黄先生从速结束留守府。

在结束留守府以前，在南京驻扎的军队除江苏军队划归江苏都督管辖外，其余浙江、广东、湖南的军队分别调回原省，剩余的军队一律在南京遣散。但为保存革命实力计，将所有遣散部队的优秀军官及精良武器组成一师，定名为第八师。这个师从师长以下至营连长，都是在日本陆军士官学校和保定军官学校毕业的同盟会会员。该师枪支有两套，一套分发士兵，一套存储仓库备战时扩军之用。饷项归中央陆军部直接发给。师长陈之骥是直隶（今河北）省人，日本陆军士官第五期学生，同盟会内的丈夫团团员，为人忠实耿直，尚义气，重然诺，曾经捐过郎中，又是北洋军阀冯国璋的女婿。他被推为第八师师长，是陈裕时首先提出来的。陈裕时是一个多计谋、喜用策略的人。他那时从广西带来一支军队，编入第八师为一旅，他也被推为第八师的一个旅长。他认为陈之骥是冯国璋的女婿，在北方有靠山，不会受袁世凯的抑压，将来还可大有发展。大家都赞成他的意见，推举陈之骥为师长。同时，推定两个旅长，除陈裕时之外，另一个旅长是从广西桂林带来一支军队的司令赵恒惕。王孝缜、黄恺元、何遂、陶德瑶、刘建藩、张华辅、张厚琬等先后为团长，吴和宣为工兵营营长，袁华选为参谋长。其后，陈裕时辞职,赵恒惕也调到湖南,由王孝缜、黄恺元两人兼任旅长。我们当时只想用全力把第八师组织得坚实健全,作为革命军队的一个中心堡垒。对其余应裁的军队就设法促其迅速裁遣,以便早日结束留守府。我看到有些师,旅长对裁遣军队进行不力,就订出一个限期裁遣、饷项包干的办法,即:先发一个月的全饷交师旅长掌握,过期不再发饷;从早遣散了士兵,所剩余的饷项也不上缴。这样,各师就不待催促,都尽先裁遣士兵,以便留有余款作官长回家的旅费。正当各师大力裁兵的时候,第八师的同志就急忙从他师被裁的士兵中,挑选精锐来补充自己的队伍。此事被各师发觉后,他们纷纷来留守府控告,指明第八师的团长何遂招收了遣散而尚未出城的士兵,要求处理。留守府知道裁遣各师而只保留一个第八师,这件事早为各师所不满,现在各师又把第八师违令招兵的事实来府控告,若处理不善,恐有碍裁兵的顺利进行。我遂忍痛将何遂同志撤职,以暂平各师的攻击,准备事后再令何复职。第八师不同意,要我收回成命。我坚持不肯,王孝缜同志还气冲冲地到留守府来要打我。我还是照原令执行了。裁兵完竣以后,留守府即取消了。

(四)宋案前后和癸丑讨袁

南京留守府取消以后,袁世凯即派同盟会会员张昉来沪邀请黄先生赴京。是时孙中山先生已在京多日,与袁世凯商谈国事,尚称融洽。黄先生到京后亦参加会谈。袁世凯对孙、黄两先生不仅招待极为隆重,而且态度也表现得很谦恭,表示他一定要遵照孙、黄两先生的政见次第付诸实施。孙、黄两先生对袁世凯也表示信任。孙先生在袁世凯召宴的筵席上说:"让袁总统作总统十年,练兵百万,我经营铁路建设,把铁路线延长至二万里,民国即可富强"云云。袁又发表了八大政纲,谓系他与孙、黄、黎共同协商决定的。袁请孙先生担任全国铁路督办,在上海设立办公室;请黄先生担任粤汉铁路督办。黄先生想早日建成南北交通干线,促进南方的建设事业,亦允担任。但黄先生离京后,派我同当时的交通总长朱启钤商量职权问题时，朱坚持督办应受交通部管辖，一切用人行政事项均须向部请示批准。黄先生认为与原议不符，知袁世凯实无诚意，遂决定辞职，在上海闲居。湖南革命同志拟请黄先生回湘为都督，但黄先生因不肯取代谭延闿的职位，亦不同意。

黄先生离京时，曾与袁世凯商议，留我在北京作总统府军事处次长，以便联系。军事处总长是廕昌，我与他都无事可办，负实际责任的是参议唐在礼。所有关于军事机密事宜都是由段芝贵与参谋部次长代理总长的陈宧直接同袁世凯密商办理，连陆军总长段祺瑞也不令参与。袁世凯那时对待南方革命军人表面上极为优渥，凡来府谒见的，他都亲自接见，褒奖备至，离京时赠送珍贵礼物，并随时赏给文虎章或嘉禾章，以资笼络。袁对肯受收买的人更给以高官厚禄，使其甘心作他的爪牙，经常在各省内部捣乱，并把各省内情密报北京。

袁世凯侦知宋教仁联系南方各省，在国会议员中能获得多数选票，可能被选为内阁总理，乃与赵秉钧密谋，嗾使奸人于一九一三年三月二十日在上海车站向宋行刺。宋遇刺后于二十二日四时身死。宋案发生后，很快便发现这是袁世凯的阴谋。袁世凯本来照例每星期中总有一天约我同段芝贵、陈宧与他共餐，会谈南北两方情况的，但自宋案发生后有两星期没有约我聚餐。我心中怀疑他对我有所疑忌。恰巧一个素有神经病的同乡名叫刘端吾的来找我，向我说："你不要怕，我今天已写信给袁大总统，说你是个好人，不要怀疑你有什么举动。"我听了他这番话，怕他这封信反而提醒了袁世凯对我有所行动。我为了免被袁世凯暗中监视或者暗害，即于是晚借送客上车为名，跳上京沪通车一直回到上海。未出京的军人同志仇亮和林述庆，以后都被袁杀害。我却因这个神经病者的一番话，得以幸免。

我到上海后，同孙、黄两先生及在沪同志会商处理宋案的办法。大家都异常悲愤，主张从速宣布袁世凯谋杀宋教仁的罪状，举兵讨伐。当即商定由孙先生密电广东陈炯明，黄先生密电湖南谭延闿做出兵的准备，并派我同李根源、张孝准赴南京发动第八师准备出兵讨袁。但陈炯明、谭延闿都回电声述出兵困难，说他们内部不一致，实力还薄弱，不能在此时出兵。南京第八师的陈之骥、陈裕时、王孝缜、黄恺元等都说第八师士兵缺额尚多，以前归第八师指挥的林虎一个团已调往江西，湖南都督谭延闿因湘省防务空虚，又把该师陶德瑶的一个团由赵恒惕率领调回长沙。他们还责备我在留守府主持裁兵时禁止第八师招兵，又撤了一个团长，以致他们不得不把招兵计划延缓下来。因此，他们的结论也是：现在还不能出兵。我们回上海向孙、黄两先生报告南京情形后，黄先生鉴于掌握兵权的人既不肯在此时出兵讨袁，仅仅我们在上海几个赤手空拳的人空喊讨袁，是不济事的。他遂主张暂时不谈武力解决，只好采取法律解决的办法，要求赵秉钧到案受审。黄先生这种用法律解决的主张也是有一种用意的。他认为当时国人还未认清袁世凯的凶恶面目，还以为反袁是国民党人的偏见；我们如果通过法律解决的办法把袁世凯谋杀宋教仁的真相暴露出来，使人共见共闻，即可转变国人对袁世凯的看法，激起国人的公愤，使他们转而同情国民党。是时，上海法庭曾根据所得证据票传赵秉钧到案，赵拒不到庭。同时北京方面亦借口在京破获了国民党的暗杀机关，通知上海法庭转传黄先生到案。黄先生为了揭穿这个阴谋，便按时向上海法庭报到。袁阴谋终不得逞。

是时，袁世凯到处派人收买革命军人，广东驻沪代表覃鎏钦已被袁世凯收买，态度暧昧，行踪诡秘，上海同志都对他特别警惕。袁世凯并派北京平政院院长庄蕴宽来沪探听我的意见。庄对我一向关怀，且知道我的性格，他不直接找我而托他的秘书问我愿不愿离开上海。他的秘书对我说："袁总统托庄院长告诉你，如你愿意回京，不必再入总统府，可出任绥远都统。如你愿出洋，袁总统愿送你旅费八万元。这是袁总统的意思，托庄院长回沪之便向你转达的。"我说："黄先生在沪一天，我绝不会离开此地。如宋案得到合法解决，我与黄先生也都不会长留在上海的。"

孙先生在那时还是主张出兵讨袁。他一面派人赴各省联络军人，一面还派陈其美、戴天仇（后改名戴传贤）来与黄先生辩论。黄先生仍然坚持不能用武力解决的意见，往往争论激烈，不欢而散。孙中山先生这时想亲自到日本寻求日政府的援助，但黄先生和在沪同志多不赞同此举。黄先生认为依靠外援来反袁，是不容易得到国人谅解的，而且袁世凯反可以此为借口向欧美各国求援。

袁世凯在对南方的军事部署就绪、大借款成功以后，就下令把广东、江西、安徽三省的都督免职。此时大家都感到保全实力、隐忍待时已不可能了。江西都督李烈钧离职赴沪后，又返湖口，于七月十二日宣布独立，树起讨袁旗帜。

南京第八师的两个旅长王孝缜、黄恺元于七月十三日午后仓皇来沪，向黄先生密报说：朱卓文从上海携款二万元到南京运动第八师的几个营、连长，叫他们杀了师长、旅长后宣布独立，并请孙先生莅临南京主持讨袁军事。但未受运动的营、连长向王、黄两人报告了这个消息，并主张先发制人，除掉这几个营、连长。他们两人认为第八师主张慎重，不轻于发动讨袁，是为了替本党保存实力，留在将来起更大的作用；现在若内部自相残杀，必至两败俱伤，第八师实力势将完全消灭。他们两人感到，与其自己消灭自己，不如一致对付敌人，虽实力不能保存，也算作了光荣的牺牲。因此，他们两人嘱咐告密的人把这个消息极端保密，不要告诉别人，也不要报告陈之骥师长，因陈是个性情耿直、胸无城府的人，恐怕他听了这个消息，暴跳起来、反误大事。他们两人在向黄先生报告了如上经过以后，就对黄先生说，事已至此，虽准备未充分，也得树起讨袁的旗帜，请黄先生赴南京作讨袁军总司令，他们一致服从，但千万请孙先生不要在此混乱时期赴南京，须俟南京独立稳固后，再请孙先生去组织政府。

在商讨总司令部组织时，他们建议总司令部的参谋长人选可俟黄先生到南京后再行公推，只是声明不要钮永建、李书城两人担任。因为他们认为钮在广西督练公所作帮办时，遇事迟疑不决，顾虑太多，往往对重大问题不能及时解决；而李在留守府主持裁兵过激，曾撤过第八师一个团长的职，致使该师兵员至今还不足额，官兵对他有意见。黄先生见势已至此，遂应允他们的要求，决定次晨赴宁。他随即往见孙中山先生，说他自己愿赴南京举兵讨袁，请孙先生在初举义旗时暂勿赴南京，俟创立一个局面后再请孙先生前往主持；并谓南京独立后，须有上海方面的兵力、财力的支援，请孙先生在沪督促陈其美赶快占领上海。孙先生同意后，黄先生乃嘱王孝缜、黄恺元两人当夜赶回南京，布置起义。

七月十四日晨，黄先生装作赴南京游览的姿态偕同眷属乘沪宁火车到达南京。是晚即在李相府陈之骥住宅开军事会议，与会者有南京第一师师长章梓、第七师师长洪承点、第九师师长冷遹、第八师师长陈之骥等。会上决定出兵计划，各部分担任务如下：原驻江北的冷遹第九师，加上从第八师编成的一个混成团（团长刘建藩），共同配备在蚌埠铁路沿线，抵御冯国璋南下的军队；章梓、洪承点两师布置在淮扬一带，防守长江要塞，阻止张勋部前进。黄先生于次晨（七月十五日）赴江苏都督府会晤程德全，请程通电各省宣布独立。程德全被迫应允，并推黄先生为讨袁军总司令。

当黄先生在江苏都督府会客厅候晤程德全、程尚未出现时，江苏都督府参谋长兼江苏第一师师长章梓突然宣布前第一师师长陈懋修、讲武堂副堂长蒲鉴、要塞掩护第二团教练官程凤章、南京要塞司令吴绍璘等通敌，均予枪毙；尚有张一爵、张斯麟两人闻风先逃，未被捕获。据陈之骥告我说：被章所杀的那几个人，多是留日陆军学生，曾在徐绍桢统制下作过军官，因与章梓素积嫌怨，遂为所杀，并不是由黄先生或程德全的命令执行的，也不是由南京几个师长会商决定的。

程德全虽被迫宣布独立，但于七月十七日托故离宁，设办事处于上海，饬南京取消独立。南京宣布独立后，第八师组织一混成团，由刘建藩指挥向江北进攻。在该团尚未到达前线与第九师会合时，第九师的前线指挥官迫不及待，首先单独发动进攻，与敌军交锋未久，即被击退，溃不成军，纷纷后退。刘建藩率所部进入阵地后，因人数不多，只能采取防御战术，坚守待援。与此同时，陈其美、钮永建攻取上海，亦告失败，敌军将从上海进逼南京，而湖口方面失利的消息又传到南京，南京将有三面受攻的危险。讨袁军参谋长黄恺元见南京形势危迫，深恐黄先生悲愤自杀，日夜守在黄先生左右，并极力劝请黄先生离宁赴沪。黄先生离宁时，师长陈之骥赶来送行，知黄先生身无一文，临时找卫队长凑集了银币七十元送交黄先生作旅费。黄先生坐日本停在下关的运煤船，与黄恺元同赴上海。据陈之骥说，黄先生临行时曾嘱咐他要维持南京秩序，不要让残留在南京的士兵扰害商民。

南京取消独立以后，第八师将开往江北的部队绕道瓜洲调回南京，并将蚌埠桥梁炸毁，以阻止敌军南进。接着，何海鸣运动守卫都督府的第一师残部，又在南京宣布独立，自称讨袁军总司令，旋为第八师的部队逼令取消。第八师士兵受何海鸣部下的煽动，向官长索饷，鼓噪不已。代理团长李浚召集士兵训话，严加谴责。士兵即将他打死，纷纷四散。第八师的军官亦全部离宁，各自逃亡。南京第八师的实际领导权一向为旅长陈裕时所掌握。上海方面的革命党人认为第八师初则反对出兵讨袁，继则一遇战事失利，就在南京取消独立，这些都是陈裕时在暗中主持的，因而对陈衔恨甚深。他们已组织几个暗杀人员，拟俟陈由沪赴宁进入城门时将他杀死。此消息为他的妹夫何遂所探知，乃急电陈中途返沪，陈始幸免于难。又陈裕时为使第八师获得保障与发展，曾与袁世凯的亲信陈宦暗中有联系。在袁称帝时，陈裕时为表明自己的立场，曾约请黄恺元赴长沙劝说汤芗铭，他自己也亲赴成都劝说陈宦，敦促汤、陈通电反袁。后黄恺元出家为僧，在杭州一小庵内修闭关法，因病圆寂。陈裕时亦在家学佛，参访汉、蒙、藏佛学大师，颇为虔诚，在抗日战争时期因病死于重庆。

上海、南京讨袁军既相继失败，广东、江西、福建、湖南、四川的讨袁军亦先后崩溃。国民党内部有人认为此次讨袁失败原因在于未先发制人，坐失时机。但当时各省将领起初所以不肯举兵，都是因为各有困难。在这种情况下，即使及早发动，举兵讨袁，也不一定就能取胜，因为成败关键并不是这样简单的。

（五）亡命日本以后

黄先生离宁所乘日本轮船未在沪停留，径直开往日本。他曾在船上写一密信告我说，他在吴淞口不能上岸，只得去日本。我还记得他信中有"这次上了当"一句话（大意如此），不知意何所指，以后见面也未再询问究竟，至今还不明白。

南京、上海讨袁战事失利后，我还未打算离沪。有一天，我在上海电车上看见上海护军使的悬赏布告，写明缉拿黄兴、陈其美，各悬赏五万元，李书城、黄郛各二万元，且不论生死，一律给赏。我觉得不可再留在上海，遂同何成濬离沪赴日。

我们在神户上岸，在所住旅馆的旅客簿上填上假名，并向来访的警察打听黄先生的住址。警察未肯相告。我们忽接到一个自称是"同情"我们的日本人来信，说他有一件极机密的事要当面告知我们，请我们于某日某时乘某路电车到某站下来，他穿某种衣服在站迎接云云。我同何成濬照信中所述时间、地点前去。果然有人在站迎接，把我们请到他家中。这个人向我们说，他愿意为中国政府效劳，刺杀黄兴，只要我们在中国驻日使馆取得一支手枪给他，他即实行。我们才知道原来这个人看错了人，把我们当成袁世凯的爪牙了。我们同他敷衍几句，即回到旅馆，把当地警察找来，告知他这件事。警察听说，并不惊讶，谓可一笑置之。这时，他才把黄先生的住址告知我们，并陪同我们到黄先生那里去。

我们不久即同黄先生移住东京，国内参加讨袁失败的同志也陆续来到日本，大家交换意见，筹谋善后办法。这时，孙先生提出了改组国民党为中华革命党的意见。他把本党失败的原因归咎于党员不听他的话，并且认为黄先生应负更大的责任。孙先生说，在南北议和时期，他愤袁氏狡诈，曾主张宁可开战，不可让步，但黄先生不赞成；以后他主张建都南京，要袁世凯南来就职，黄先生也不表示坚决支持；宋案发生后，他主张用武力解决，黄先生也不肯听；他欲再赴日本求援，黄先生又力阻其行；最后他本拟亲赴南京出师讨袁，黄先生忽自告奋勇，阻其前往，致招挫败，全局瓦解。孙先生既把一切失败的原因，都归之于党员不听话，尤其是黄先生不听话，所以他主张改弦更张，把国民党改组为中华革命党，并且规定党员入党时要写誓约，打指印，以表明愿意牺牲一切，服从孙先生的命令。陈其美、戴天仇、杨沧白首先赞成，并邀约在日亡命的同志都一致参加。但一般首义有功的同志，尤其是在首义时作过高级将领的同志，都认为这种写誓约、打指印的做法有失身份，不肯附和。孙先生仍然坚持一定要这样做。陈其美复到处奔走，要大家赞成，凡不赞成加入的同志他就大肆攻击。黄先生曾约请胡汉民、汪精卫两人设法婉劝孙先生改变这种做法。胡、汪两人说，他们最初曾尽力劝阻过，但后来鉴于孙先生的意见异常坚决，为暂时照顾孙先生的情绪，他们两人都勉强按照孙先生规定的办法履行了入党手续，等候时机再设法进劝。黄先生以为长此在东京相持下去，恐同志之间意见日深，将自行削弱革命力量，给敌人以挑拨离间的机会，故决定离开日本，远适欧美，以便使孙先生得以行其所是，各不相妨。黄先生遂于一九一四年夏由日本乘轮先赴美国，并准备遇有机会再到欧洲游历。

同黄先生赴美的有其夫人徐宗汉、幼子一美、翻译徐申伯、秘书石陶钧和我。翻译唐月池则先期前去办理入境手续。我们到达美国旧金山时，唐月池与先在美国留学的黄先生长子一欧、女振华以及旧金山的许多侨胞都前来迎接。因时临夏季，在旧金山未住几日，即在旧金山北面的一个海岸避暑地住了一个多月，随即赴纽约小住。不久就在费城郊区租赁一所住宅定居下来。

从美国西部到东部，凡有华侨聚居的地方，黄先生都被邀去作了访问。各地华侨同胞除开会欢迎外，并拟筹集款项送给黄先生作革命活动的经费。黄先生每到一处，除了说明旅外侨胞历来帮助革命，贡献很大，向他们表示感谢之外，并详述袁世凯背叛民国的事实，鼓励华侨继续奋斗，共同打倒袁世凯。他并嘱华侨同胞将筹集的款项直接汇寄东京交孙先生支配，声明他自己这次是来美暂居，不需要侨胞资助。他每与侨胞谈及孙先生时，都表示很尊敬孙先生，从未讲及他自己与孙先生在党的改组问题上的意见分歧，因为他唯恐因此使侨胞热爱祖国的情绪受到影响。

黄先生旅美期间，欧战已发生，日本也接着对德宣战。聚集在东京的一部分未加入中华革命党的同盟会会员认为时局严重，相约组织"欧事研究会"，经常商讨当前时局及应付的方针，并函告黄先生，征求黄先生的意见。

黄先生到美国后曾商请章士钊在日本创办《甲寅杂志》。这个刊物在当时对革命起了推动的作用。当时有些同志在东京创办了大森浩然庐和东京法政学校，专收亡命日本的同志学习军事和政治。殷汝骊主办浩然庐，彭允彝主办法政学校。两校的经费是由黄先生和李烈钧负担的。

黄先生在美听到日本向袁世凯提出二十一条要求时，立即向国人表示，为了举国一致反对日本无理要求起见，即时停止反袁活动，以便袁世凯专心对外，维护国权。国内外同志多响应黄先生的号召，作了同样的声明。后来袁世凯阴谋推翻共和、僭称帝号时，黄先生听到孙毓筠、胡瑛、李燮和加入筹安会，洪承点等签名赞成帝制的消息时，极为愤恨，骂他们是革命党中的败类，认为这是革命党人的耻辱。

黄先生在费城郊区住下以后，正拟从事美国国情的研究，并计划参观访问一些地方，以广见闻，不意在某晨起床以后吐血数升，经医生诊断为胃溃疡病，须妥速治疗，并作长期休养。为使黄先生能静心养病，我与石陶钧迁出黄先生住宅，另在附近各寄寓一家庭旅舍，一面学习英文，一面了解美国人的生活方式。石陶钧不久移居旧金山，寻又先行回国。我学到几句英语后，即坐火车从费城到旧金山，又从旧金山经美国南部绕道华盛顿回到费城，计往返时间约一月有余。

我在这一个多月的旅行期间，结识了一些美国友人，增长了不少知识，特别是对于美国的种族歧视政策和资本主义制度下的种种不合理的社会现象感触甚深。当我旅行归来，同黄先生谈到这些问题时，黄先生说，我们回国后，一定要用政治力量来尽量防止这些不合理现象的产生；同时他也谈到了他对于将来建设中国新社会的理想。他说，将来中国要由政府开办养老院、慈幼院、卫生院、残废院，经费全由国家供给，不收费用。所有大、中、小学校也都由国家设立，免费供给学生膳宿，学生只要考试及格，即可入校读书，使穷苦人家的子弟也能受到教育，不让有钱的子弟占有特权。黄先生还时常谈到男女平等的问题。他认为中国社会受孔教的影响，对女子抑压太甚，要矫正这个积习，应先让女子能与男子受到同等的教育，享有与男子同等的财产权、选举权、劳动权，只有这样，所有买卖婚姻、包办婚姻、童养媳、孀妇不能改嫁等恶习才会自然消除。他还说，中国人口本多，如果占一半人口的妇女从沉睡中觉醒起来，同男子一样把力量贡献给国家，中国的富强就可以赶上欧美。他认为这是我们在回国后应该大家努力去做的一件事情。

袁世凯在打败国民党的讨袁军队后，更加肆无忌惮，公然帝制自为。黄先生在这时期，加紧与国内外同志联系，鼓励同志各就力之所及，分别活动，不论各党派政见如何不同，不论他们以前与国民党有何种嫌怨，只要他们现在反对帝制，肯出力打倒袁世凯的，都要与他们合作。当全国讨袁声势重新高涨的时候，国内同志及一些日本朋友都电催黄先生早日回国。黄先生遂于一九一六年五月由美国乘轮回到日本。轮船甫进入神户港内，尚未靠岸，头山满、宫崎寅藏、萱野长知等即乘小轮迎接黄先生先行上岸，寻赴东京。日政府先已借给岑春煊[1]二百万日元，以半数作军费，半数在日本购买军火；这时又提出借给黄先生五百万日元作为召集旧部编练军队之用，并无任何条件。黄先生嘱我到上海筹备。我到上海不几天，袁世凯就死了。于是黄先生回到上海，各地同志都来上海会商。当时的主要问题，是在国会恢复后国民党的国会议员如何在国会内进行斗争的策略问题。在此期间，黄先生与孙先生互相过从，商谈国事，一如往昔，并无丝毫芥蒂。

黄先生回国以后，病体并未恢复，又因应接繁忙，生活习惯骤然改变，以致胃溃疡旧病复发，又未能及时转地疗养，照常会客谈话，病情因而日趋严重。十月十日，黄先生因胃血管破裂，吐血数盂，晕绝经时，延至三十一日午后竟溘然长逝，享年四十三岁。

---

[1] 一九一六年五月一日，两广反袁部队组织都司令部，举岑春煊为都司令。八日，组织军务院于肇庆，推唐继尧为抚军长，岑春煊为副抚军长摄抚军长事。

黄先生的死耗传出后，国民党同志固然感到十分悲痛，即素与国民党敌对的政党或个人亦多函电致唁或在报章上著文表示悼念，并对黄先生一生待人诚恳、笃实厚重、效忠革命、勇于牺牲的精神称道不已。

黄先生临终以前，李根源向他辞行时，他曾对李根源说：黎元洪太懦弱，段祺瑞、徐树铮专为北洋派打算，恐怕全国统一无希望；对内搞不好，更谈不上对外了。并对李根源嘱咐几件事：一、胡瑛无志节，可恨可怜。闻他很穷，望念旧交，维持其生活；二、谭人凤修宋教仁墓尚未完工，应有人负责；三、李烈钧队伍快到饿饭地步，须请黎元洪妥筹办法；四、国会要注意立法，法立而后政治始有依据，只问政治则政治愈纷乱不可收拾。

黄先生死后，孙先生继续奋斗，经过一再遭受失败之后，终于一九二四年与中国共产党合作，实行联俄、联共，扶助农工三大政策，使他所领导的国民党走上了新的道路。我常常这样想：黄先生如不早死，能活到俄国十月革命成功以后，他也可能同孙先生一样以俄为师，走俄国革命的道路，将成为帮助孙先生实行三大政策的一个好助手，对中国革命事业将会做出更大的贡献。

——摘自《辛亥革命回忆录》（一）

文学社与武昌起义纪略

李六如[1]

武昌起义是辛亥革命全面爆发的火炬,是中国近代革命史光辉的一页,然其实情,在过去知者甚少。后来出版了不少关于武昌起义的书册,但其中所载,也有不完全一致的地方。兹就我所知道的扼要叙述,不加批判,借供研究。

大体说来,武昌起义是由一部分知识分子起领导作用,以学术团体为幌子,以新军为主力而发动起来的。由酝酿到发展,由成功到分化,贯彻始终、一脉相连的革命团体,最初是科学补习所、日知会,以后是群治学社(后改名为振武学社、文学社),还有它的同盟军共进会,这是武昌起义的两个主要团体。他们把力量直接寄托于清朝的新军,使它逐渐变为自己的革命武力。文学社与同盟会,是在武昌革命运动酝酿成熟之际,才发生联系,受其领导。起义后,文学社员集体加入了同盟会,故后来谈武昌起义者,只知

---

[1] 李六如,名抱良。湖南平江人。青年时代入同盟会,参加辛亥革命,后辞职赴日,一九一八年学成回国,参加湖南的"五四"运动,一九二一年加入中国共产党。北伐失败后参加秋收暴动。一九三〇年自南洋回国后在苏区从事经济工作,一九三四年留在苏区,不幸被捕。抗战爆发后,赴延安继续从事财经工作。

有同盟会，而文学社及共进会等反被遗忘。其始末略述如下：

（一）从科学补习所到日知会

自甲午、庚子事变后，由于清廷锐意变法，办学堂、建新军，派遣学生到东西洋留学，而尤以留学日本者居多，因此西方民主革命思想传播日广。孙中山先生于一九〇五年在日本东京创办同盟会，两湖和江苏、浙江、广东等省人士加入者最多。除同盟会所办的《民报》外，其他如《湖北学生界》《洞庭波》《猛回头》《浙江潮》等宣传革命的书刊，以及《嘉定屠城记》《扬州十日记》等记述清朝入关时屠杀汉人的书籍，秘密流传，风行一时，两湖人士最受影响。两湖总督张之洞又在湖北积极开办学堂，兴建工厂，编练新军，这些措施，在客观上也为武昌革命运动准备了条件。

约在光绪三十年（一九〇四年），湖北学生吕大森、曹亚伯、刘静庵、张难先等与旅鄂湘籍学生宋教仁、胡瑛等，组织科学补习所于武昌，主张革命要从运动新军着手。因此，张难先、胡瑛先后投效第八镇工程营当兵，在军队中宣传革命；同时，宋教仁回湘，与黄兴、刘揆一诸人组织华兴会，并设东文讲习所于长沙。后被湘省劣绅王先谦侦悉，密告湖南抚台陆元鼎，陆又电告张之洞，将长沙的东文讲习所与武昌的科学补习所解散，宋教仁等被开除学籍。

约在光绪三十一年（一九〇五年），同盟会会员湖北人曹亚伯由日本归国，与张难先等重整旗鼓，成立日知会（借基督教圣公会附设的日知会名义）。其时，清廷派铁良检阅各省新军，认为湖北新军训练成绩冠各省，奏请嘉奖。张之洞便乘此机会，奏请扩充湖北新军为第八镇及第二十一混成协，以张彪为第八镇统制，以黎元洪为二十一混成协协统；创办陆军特别学堂，实行学兵制，即先行入伍后进特别学堂当学兵，并规定入伍新兵，须作论文一篇，以为取舍。因此，学生投军尤其投入混成协黎部者甚多。

次年，湖南党人王永求、陈亚龙等起义于浏阳、醴陵、萍乡，有众数万人。胡瑛等在鄂谋响应，被沔阳郭瑶阶侦知告密，日知会被封，刘静庵、张难先、胡瑛等下狱。湖北革命运动从此消沉了一二年。在这期间，黎部军中有一部分工兵，曾组织军队同盟会，有会员一二百人，并开过一次成立大会，后因受到压力，主持人任重远又离鄂入川，不久即无形解散。

（二）从群治学社到文学社

群治学社时期：自日知会解散后，湖北革命运动趋于消沉，而广东的惠州、钦州等地举事，安徽的徐锡麟、秋瑾、熊成基等人起义，彼仆此继，清廷的注意力因而转移，对两湖戒备逐渐松懈。光绪三十四年（一九〇八年），湖北与江苏各省新军在安徽太湖秋操时，慈禧、光绪相继死去，黎部士兵湖南人杨王鹏[1]、钟畸（均是知识分子）、章裕昆等，即趁此时局动荡机会，开始组织群治学社这个秘密团体。为了防止被破坏，表面上以研究学术、提倡自治为宗旨。在宣言中，带有政治色彩的仅有"我中国……积弱无能，任人欺侮，……倘不急起直追，则危亡悬于眉睫"这几句话。它的组织相当严密，其简章规定：须得三人以上介绍，经派人谈话考察，认为与本社宗旨确实相合者方得入社。且征求社员，限于军界及武学堂，并只限于士兵，不要官长。群治学社初成立时，人数不多。至宣统元年（一九〇九年），各省扩充新军，从湖北选调了许多尉级军官和士兵去任干部。群治学社就利用这机会，派社员钟畸等赴江苏，邹润猷赴安徽，邓刚赴奉天，杨王巽赴上海，分别向各地新军开展工作。鄂军方面，由于在黎元洪部下当士兵的该社负责人杨王鹏升任第二十一混成协四十一标一营左队司书生，得与队官潘怡如[2]契合，乃破例邀潘加入群治学社。在潘的庇护下，该队成为学社的大本营，故进行革命活动极为顺利。不久，杨王鹏随军开拔，社务改由李六如负责主持，即与詹大悲[3]、刘复基等创办《商务日报》于汉口，革命运动更日益发展。未及

---

[1] 杨王鹏在一九一三年反袁时被湖南督军汤萝铭杀害于长沙。

[2] 潘怡如以后加入了共产党，一九三八年病逝于新四军解放区。

[3] 詹大悲在大革命失败后，一九二八年被杀害于汉口。

一年，群治学社在第八镇及第二十一混成协的各标、营、队，以及陆军中学堂、陆军特别小学堂，都建立了很严密的各级代表制度，如身使臂，如臂使指，运用很灵活，社员人数也陡增不少。宣统二年（一九一〇年）春，川粤汉铁路风潮发生，湘省咨议局派代表赴清廷请愿时，适力主借外债修铁路的湘人杨度过汉力阻代表晋京，李六如、刘复基等便邀集旅鄂湘人数百人（其中大部分是学生），到汉口英租界既济水电公司抓杨度来湖南会馆开会抗争。刘复基、李六如等数人被英租界当局捕入狱中，余被驱散，《商务日报》也因此被封，群治学社的活动遂大受影响。此时，长沙发生饥民抢米暴动，焚抚署，群治学社的李六如与共进会的黄申芗等建立初步联系，准备响应未成，社名却已暴露。幸亏学社机关设在军队内部，不易觉察，虽然全城戒严，到处搜查，团体未被破坏。

振武学社时期：群治学社因为上述影响，于宣统二年冬改名为振武学社，仍由杨王鹏、李六如负责。为了加强军队工作，将刘复基、蒋翊武[1]先后介绍入黎部四十一标当兵，在士兵中进行活动，并吸收不少社员。刘复基是留日学生，有才智，自他入伍当兵后，军队中的革命运动更加发展。群治学社与共进会建立联盟关系，便是出于他的主张。宣统二、三年间，武昌革命势力已遍布新军各标、营、队和各武学堂，只有防营、水师没有打进去（其他各文学堂、各工厂没有基础）。瑞澂任两湖总督后，特别注意防范新军。二十一混成协司令部的施化龙侦知第四十一标一营左队是革命党人大本营，密报黎元洪加以搜查，因未获证据，只将潘怡如、杨王鹏撤差，将李六如及钟倬宾等刑讯开革，军中戒备更加严密。武昌革命运动，至此复形停顿者约两三月。这是辛亥年头年冬末的情形。

文学社时期：辛亥年阴历正月，因为振武学社大受影响，才又改名为文学社，由蒋翊武负责。在这半年中，全国的革命形势突飞猛进，除辎重第八营以外，它的细胞组织已布满了湖北新军各镇、协、各标、营、队，在士兵中社员占了多数。至于他们的成分，因为当时新军是招募制，绝大多数是失

---

[1] 蒋翊武在一九一三年反袁时被广西督军陆荣廷杀害于桂林。

业农民和少数手工业工人出身的士兵,没有官长,知识分子也少。

(三)武昌起义前后的情形

文学社与共进会订立正式同盟:文学社的基础全在新军,而共进会(负责人孙武)则是与同盟会有点联系的,组织虽然散漫些,但却比较广泛,它的会员有会门成员下层群众,有知识分子,也有陆军中学堂学生和陆军特别学堂学兵,还有些新军中的士兵。辛亥年阴历三月二十九日黄花岗起义失败之后,文学社便与共进会订立正式联盟,共谋起义,并将《商务日报》的后身《大江日报》加以充实,同时还分派社员到湘、川、皖、苏各省新军中为联络员,又于军队之外,建立机关部、通讯部等秘密组织。

与同盟会开始联系:辛亥夏,同盟会总部派谭人凤来鄂视察,拟与湖南的焦达峰等组织中部同盟会,谭往《大江日报》晤詹大悲,始知有文学社之组织,乃邀詹约同蒋翊武等商谈。这是文学社与同盟会总部联系的开端;在这以前,只有极少数同盟会会员参加文学社,而且是自发的个人活动。

成立湖北革命军总指挥部:辛亥年阴历七月,文学社与共进会联合决定:成立湖北革命军总指挥部于武昌小朝街文学社总机关部内;文学社的蒋翊武、王宪章为正、副总指挥,共进会的孙武为参谋长;总指挥部下设军事筹备处于武昌,设政治筹备处于汉口;派居正、杨玉如二人赴沪,邀请宋教仁诸人来鄂主持大计。部署既定,即赁定汉口俄租界宝善里十四号为政治筹备处,制定文告、旗帜、符号、地图等,准备大举。

因鄂军被调入川,提早起义:阴历八月间,四川发生铁路风潮,清廷派端方率兵前往镇压,鄂督瑞澄亦将派鄂军第三十一和第三十二标随端方入川。文学社与共进会恐军队调散,影响大举,决定就在阴历八月起义。但杨玉如到沪晤宋教仁时,宋告以各省布置未妥,须延至阴历九月约十一省同时起义,便打算延期,讵孙武在汉口制造炸弹失慎,发生爆炸案,武汉戒备搜索甚严,故不得不仍照前议,于八月起义。

机关部被破获：阴历八月十八日（阳历十月九日）下午五点钟，由总指挥蒋诩武发出作战命令，计有十条。第一条是："本军于今夜十二时举义，兴复汉族，驱除满奴"；第二条是："本军无论战守必须格守纪律，不许扰害同胞及外人"；第三条至第九条均系作战部署，第十条是："余十二时在机关部，十二时后在咨议局。注意：本军均以白布系左膀为标志。"作战命令中，本规定于十八日晚十一点半钟，由驻武昌中和门外的第八标炮队鸣炮为号发难的，但因前往炮队送命令的邓玉麟贻误，炮队未接到命令，以致未能如期举事。与此同时，机关部被破获，所有名册全被搜去，刘复基、杨洪胜、彭楚藩等十余人被捕，仅总指挥蒋翊武越墙幸免。

工程营仓猝发难；十八日夜，督练处督办铁忠、武昌知府双寿审判上述案件时，见案内尽属现役军人，大为震惊，深恐因此酿成巨变，曾一再向瑞澄请求从宽处理，并主张当众烧毁名册，不予追究。但瑞澄坚执不允，将刘复基、杨洪胜、彭楚藩三人于当夜处死，同时按照名册，大肆搜捕。此时，新军中的革命党人，已是群龙无首，身列名册之内者，固有被捕危险，即不在其内者，也受连累，人人自危。在群情愤激之下，于阴历十九日（阳历十月十日）夜九时许，由第八镇工程营共进会会员熊秉坤等士兵仓猝发难。各标、营、队均仍按作战命令同时动作。各标管带以上军官均纷纷如鸟兽散，仅有极少数队官排长临时参加起义。鄂督瑞澄闻变，以电话向各镇、协调兵，无一应者，仅辎重第八营管带萧安国及少数防营在督署街扼守而已。故不数时，起义军便占领武昌各机关，瑞澄、张彪等文武官吏均抱头鼠窜。

拥黎元洪为湖北大都督：次日黎明，各起义部队代表和地方士绅甚至宪政派等，都纷集在咨议局一起开会，临时推出黎元洪为"中华民国军政府湖北都督"。黎避匿不出，被武装一再威逼，拥至咨议局，迫不得已才勉强就职。乃用黎元洪名义发出《告全国父老书》和各项布告文电，改元为黄帝纪元四千六百〇九年，设台祀黄帝。《告全国父老书》的大意是宣布清朝政府腐败，特别指出"弃城割地，抵矿卖路"，但其政治主张只说到"推翻专制，恢复汉业，建立共和政体"，没有什么其他明确纲领。

领事团守中立：当时革命军有两个重要口号；"不准侵犯汉民"，"不准危害外人"。所有军队纪律甚好，秋毫无犯，只是杀了一些旗人。在汉口作战时，许多市民争送茶水果食慰劳，市廛不惊。当占领武昌、汉口、汉阳三镇后，军政府即派外交部长胡瑛向各国领事交涉，要求他们承认民国军政府，严守中立，并以都督黎元洪名义，正式照会驻汉各国领事。计共七条：

一、所有清国前此与各国缔结之条约，皆继续有效；

二、赔款外债，照旧担任，仍由各省按期如数摊还；

三、居留军政府占领地域内之各国人民财产均一律保护；

四、所有各国之既得权利，亦一律保护；

五、清政府与各国所立条约，所许之权利，所借之国债，其事件成立于此次照会后者，军政府概不承认；

六、各国如有助清政府以妨害军政府者，概以敌人视之；

七、各国如有接济清政府以可为战事用之物品者，搜获一概没收。

此时，鄂督瑞澂、新军第八镇统制张彪、水师统领陈得龙等率残部在刘家庙顽抗，亦派员与领事团交涉，要求外舰炮击武昌。各国领事不同意，结果决定保持中立，承认革命军为交战团体。

清兵南下：阴历八月终，清陆军部大臣廕昌率兵南下。这时候，武汉三镇以及驻宜、沙、汉水各地新军，均已反正。廕昌在汉口吃了好几个大败仗。清军在退却时，沿途人民持斧挥锄加以截击，夺获枪械不少。汉口商人亦派人持酒肉赴前方慰劳民军，抬送伤兵。迄九月初，清廷派冯国璋的第一军与段祺瑞的第二军沿京汉路南下，派海军萨镇冰率军舰沿江西上，夹击武汉。因黎元洪原是萨镇冰的学生，乃用黎的名义，修书派人劝萨，萨便逗留不进。刘家庙之役，冯军战败，火焚汉口，退守三道桥。不久冯军又倾巢来犯，革命军败退刘家庙。

革命军退出汉口、汉阳：这时湖南已经独立，并派王隆中率军来援。黄兴亦自沪来鄂，被公举为战时部司令。于是军心大振，人心亦定。清廷下诏罪己，起用袁世凯为内阁总理大臣，授以全权。袁一面与革命军议和，一面大增援军。冯国璋得援，于九月中旬攻下了汉口。十月初，段军大部增援，攻下了汉阳，革命军退守武昌。黄兴辞职赴沪，黎元洪逃避于离城六十里之王家店，改以蒋翊武为战时总司令。

和议告成：袁世凯攻下汉口、汉阳后，一面用炮击威胁武昌，一面却又按兵不进，并请汉口领事团出面调停，先行停战。这是袁世凯企图要挟清廷、从中取利、攫夺革命果实的阴谋手段。在此时期，湘、皖、赣、苏、浙和两广等各省俱已宣告独立，组织联军，准备北伐。广西的沈秉堃、江西的黎天才各军均已先后到鄂。孙中山先生在南京就任临时大总统，南北双方代表唐绍仪、伍廷芳在沪议和，经过一二月时间，和议告成。

（四）湖北革命党的分化

刚刚停战，同盟会鄂支部便已成立了，覃振任支部长。袁世凯间接派奸细孙发绪等到鄂，嗾使黎元洪乱杀党人；离间共进会与文学社之关系，使两个团体发生暗斗：推倒了蒋翊武的战时总司令职，暗杀了文学社员第二镇统制张廷辅，明杀了祝志六、江光国、滕亚光等，于是两派水火，逐渐分化。文学社全体加入了同盟会；共进会则有的加入了同盟会，也有的加入了进步党。不久，同盟会又和其他许多党派合并为国民党。这时候，袁世凯看到武昌成为全国政治中心，有碍于他篡夺革命的果实，就一面用种种手段进行挑拨离间（如嗾使黎元洪杀张振武等），一面用调虎离山之计，诱黎元洪、蒋翊武诸人离汉赴京，以削弱、摧毁武昌这个政治中心和湖北的革命力量。所以，在袁世凯下令解散国民党以前，湖北革命势力，实际上早已被他这些阴谋手段摧残殆尽了。这是革命历史上值得很好吸取的一个教训。

——摘自《辛亥革命回忆录》（一）

广州起义亲历记

熊克武[1]

辛亥（一九一一年）三月二十九日广州起义，到今年已经五十周年了。这次起义，是孙中山先生领导的革命中规模最大、牺牲最大的一次。这次失败也是最后一次的失败，不过半年，武昌起义就成功了。

自乙未到庚戌（一九〇五——一九一〇年），孙中山先生领导的革命已失败九次，而各省单独策动的地方举义，不下数十次之多，也被残酷地镇压下去。从这些不断的血的教训中，同志们逐渐意识到：这种此起彼伏、各不相谋的军事行动，力量分散，不能给敌人以沉重的打击，反而牺牲了不少的优秀同志，消耗了革命的实力，实非善策。东京同盟会总部和各省支部更进而主张，集中全党力量，发动一次大规模的武装革命，一举而颠覆清朝政府。于是孙中山先生电约黄兴、赵声、胡汉民等各地代表，会议于南洋槟榔屿，决定在广州大举。而主要的是钱的问题，因为必须筹得数十万元的巨款，才能购买大批军械，召集多数同志，组织大规模的起义；这个向华侨募款的重

---

[1] 熊克武，字锦帆。四川井研人。一九〇三年冬赴日本，后参加同盟会回国在上海活动。一九〇七年组织四川的武装起义。一九一一年参加黄花岗起义，辛亥革命后任蜀军总司令，第五师师长，参加二次革命、护国运动，一九二四年一月在国民党一大上当选为中央执委。

任，只有由孙中山先生自己担负起来。当年筹款的方式，一般是到华侨多的地方举行讲演会，爱国侨胞总是尽其所有地把身上的铜元、毫洋、银元和票子掏出来捐献。这常常给革命党人以很大的鼓励。

起义的军事计划：（一）从日本、南洋及内地党员中，征选骨干（后称"选锋"）八百人，分为八路，首先发难，作为领导先锋，并配合新军占领广州；（二）联络番禺、南海、顺德、惠州等地民军，同时起义；（三）派员分赴江苏、浙江、安徽、湖南、湖北、广西等省，运动军队反正，及时响应；（四）占领广州后，即由黄兴统一军出湖南攻湖北，赵声统一军出江西攻南京。正如孙中山先生所说："集各省革命党之精英，与彼虏为最后之一搏。"（《孙文学说》第八章《有志竟成》）一九一〇年——辛亥前一年的秋天，吴玉章、但懋辛、井勿幕和我由上海同伴到香港，与港、粤同志共同策划广州起义问题。我们得知一切都在积极准备，正等待海外筹款的最后结果，以便具体规划购械多少和召集骨干的确实人数，就可决定起义规模的大小。以各有新任务，吴玉章、但懋辛、井勿幕和我分别先后回东京或上海。临行前，黄兴问我们，四川可以出多少人。我们计算了之后说：四川几次起义失败，不少同志逃往云南，交通又不便，如果时间长的话，两百人没有问题；时间若短，大约可以凑四五十人。我到上海后，即函告川、滇同志积极准备，款到就动身来沪集中，要是能够自筹路费先来，那就更好。事务安排妥当，我和但懋辛又由上海来到香港，负责联络各地往来香港同志的工作。我们和黄兴住跑马地三十五号，后来主持起义的总机关——统筹部就设在这里。辛亥革命成功后，广东省政府曾与香港政府交涉，保留这所有革命历史的房子以为纪念，结果如何，我就不清楚了。

那时候的革命，主要是靠炸弹作武器，因为枪弹，只能向国外购买，困难甚多，运输危险，价钱又贵；而炸弹杀伤力大，运带方便，造价也便宜。喻培伦（云纪）是日本千叶医学校的学生，对于制造炸弹已有相当经验，总部就将这个艰险的重任交给他。喻培伦不幸在广州起义中英勇地牺牲了，他是七十二烈士之一。关于喻烈士在广州起义前的革命活动，吴玉章同志的

《从甲午战争前后到辛亥革命前后的回忆》中已有较详的记载，并称誉他为英雄。在广州起义中，我和喻烈士始终在一起工作，应该补述他这一段的革命事迹，以尽战友的责任。尤其是当他因身受重伤、弹尽力竭而被俘后，在清吏严讯口供时，他声色俱厉地说："要杀就杀，科学是杀不绝的，革命党是杀不尽的！"这是何等壮烈的英雄气概！

由于在东京不可能进行爆炸试验，喻培伦特地来到香港，在当时还没有开发的九龙海边的荒滩上，找到个试验的地点。喻这次试验的成绩很好，特别值得介绍的，就是他想出了用安全火柴做炸弹导火绳头子的办法，克服了过去不易燃着的大缺点。因此，在这次广州的武装斗争中，几乎个个炸弹都发挥了作用，给怕死的清军以很大的威胁。

统筹部于辛亥一月成立于香港，推黄兴为部长，赵声为副部长，总揽全局，下设八课，分工负责办事。一月底，黄兴派李文甫、林直勉、喻培伦、但懋辛和我上广州，调查城内外地形、交通路线和重要机关地址，画成一个简图。李、林是广东人，道路熟悉，但和我学过军事，喻则因广州房顶有可通行的走道，要勘定狙击清军的投弹地点，所以我们四人便被派去担任这个临时任务。广东水师提督李准是个极顽固凶恶的家伙，他是四川人，他的部下四川人很多。我们就抓住这一线索，通过同志同乡李天钧（广州东一区警察局巡官）、邹有章（河南警察局巡官）的关系，认识了水师营同乡王书记，探听了一些水师布防的情形。王书记又告诉我们，观音山炮台是旗人把守的，他们唯利是图，在炮台里卖茶，聚赌抽头。他便邀请我们去喝茶，看看广州市的风景。我们就利用游览的时机，分别检查了几门炮，发现炮虽然是旧式的，倒还可以射击。假使后来不改变作战计划，像这样腐败的守卫旗兵，实不堪一击，而我们如果能迅速把炮台夺取过来，那将有多大的用处！

我们回香港报告情况后，我和喻培伦又来到广州，由于邹有章的帮忙，选租了一幢合用的民房，挂起但公馆的牌子，作为交通站和制造炸弹的地方；我们另外住在市内莲塘街吴公馆。喻开始日夜辛劳地制造炸弹，我有空就帮助碾炸药。个把月工夫，总计做了半磅、一磅、两磅重的炸弹三百多个，分批偷运至吴公馆储藏。

三月十日开"发难会议"，议决三月十五日举事，旋以款械不能如期到达，改为三月二十九日。黄兴于三月二十五日到省，设立指挥部，进行作战布置。二十七日，两广总督张鸣岐调回巡防二营驻扎城外，胡毅生（负责购买和运送枪械的储备课课长）、陈炯明认为敌有戒备，应该慎重从事，坚主缓期。黄兴无可如何，下令除负责的骨干外，其余"选锋"约三百人全部撤回港九，同志们闻讯，均甚愤慨。喻培伦、林时爽即往见黄兴，痛陈利害说："花了海外华侨这么多的钱，南洋、日本、内地同志不远千里而来，于今中途缓期，万一不能再举，岂不成了个大骗局，堵塞了今后革命的道路？巡警就要搜查户口，人枪怎么办？难道束手待擒？革命总是要冒险的，何况还有成功的希望？即使失败，也可以我们的牺牲作宣传，振奋人心。现在形势紧急，有进无退，万无缓期之理！"喻培伦且坚决表示："就是大家都走了，剩下我一个人，也要丢完了炸弹再说，生死成败，在所不计！"黄兴听了大为激动，决定集合同志数十人，杀张鸣岐以谢国人。二十八日，姚雨平（调度课长，负责运动新旧军）、陈炯明报告，新调来的顺德三营，哨官中十之八系同志。于是决乘机起事，黄兴又最后确定二十九日下午五时半发难，并电报通知香港。香港方面，以时间来不及，留港的三百余同志实难于二十九日的早班船全部赶到，电请推迟一天。这样一再改期，一切部署都打乱了，更重要的是人数大减，不得不放弃八路进兵的计划，改为集中力量专打总督署，由黄兴亲率百余人攻督署前门，莲塘街的十八人袭击督署后门。这也是擒贼先擒王之计。

二十九日早，黄兴因为还没有得到香港同志晚来一天的消息，派我和方声洞、林时爽去接船，把他们分批带进城内安顿。可是船到了，人却没有来，我就要方、林先进城报告情况。我怀着万一的希望，一直等到下午四时，才失望地赶回指挥部。进南门时，碰着林直勉戴黑眼镜坐着轿子出城。我想他这个时候这种打扮去干什么？接着又遇见陈炯明，因时间紧迫，要他带我走捷径去指挥部，他给我指点方向后又匆匆地出城了。当时我还以为林、陈二人另有特别任务，后来知道他们都做了逃兵。指挥部的同志看见我，几乎众口齐声地问："到了没有？"我看见同志们已全副武装，正在吃面包，候令出发，不能浇冷水，便简单地回答："我刚进城。"黄兴心里明白，便催我赶紧回吴公馆，准时出动。本来所有认识喻培伦的人，都反对他参加战斗，认为他应该留下来，把制造炸弹的本领教给别人，这对革命大有好处。但是无论谁劝他，他总是这几句话："啥子话！我为革命才学制炸弹，现在自己做了炸弹，大家都去，我倒不去，那不行。"有的同志还说："不少你一个人啊！"他却回答："我一个人比你们几个都强。"的确，论抛炸弹技术的熟练和准确，他比谁都高一着。既然大家怎样也说服不了他，只好依他了。

我们正在准备时，忽然听到枪声响了。同志们一手拿短枪，一手拿大刀，炸弹装满了口袋，有的人脖子上还挂一筐子，飞步前进。喻培伦只用了两颗炸弹，就把督署后墙炸开一个大洞口。但懋辛首先冲进去，右臂中了一枪，但还是随着大家蜂拥而入。枪子与炸弹齐飞，杀得警卫清兵四散逃命。我们一直打到前门，黄兴的大队不见了，我们就和还没有走的广东同志数十人合为一队，直奔督练公所。

当我们一队行进到莲塘街北口，即与水师发生遭遇战。我们即分散于东西两边的店铺中，利用走廊的墙壁作掩护，阻击敌人。负伤的和不会开枪的就搬送炸弹，或代装子弹。喻培伦一个攀登屋檐，等清军冲过来时，就猛投炸弹，连续打退了敌人的几次冲锋，敌死伤不少，再也不敢凶了。就这样在原阵地上彼此相持至半夜。因为众寡悬殊，看形势是不能再蛮打下去了，我们就商定分批退却，且战且走。原来约定用小喇叭通消息的暗号，因怕被敌人发现目标，不敢随便使用，因此同志间失却了联络，只有张梅生、饶国梁、秦柄、但懋辛、罗允、莫纪彭和我七人还在一起。我们一度商量，决计越城。在半路上遇着巡警队，打了一小仗。待到城墙边芦苇丛中摸索前进时，我们七个人又分散了。最后，只剩下我和但，发现城上也有兵防守，不时打冷枪，看来越城也不行了。我们人地生疏，语言不通，又值深更半夜，只有坐待天明，再想办法。天快亮时，我们二人躲进个公共厕所里商量。我要但在厕所里等候，由我一个人出去看看情形，再打主意。不料我一走出去，就被往来不绝的巡逻队隔断，回不去了。因此又与但拆开了。我在极度疲劳与饥饿中，走进一老百姓家。老乡当然看得出我是干什么的，他幸好能说普通话，让我坐下休息，叫我刷去满身的泥土，还弄些东西给我吃，至今我没有忘记他对我的热情。后来知道，黄兴等不少人都是在老百姓掩护下脱险的。

当天，我找到了李天钧巡官，请他派人送我到河南，邹有章巡官代我买好船票，我才回到香港。

此外，尚有可记的：黄兴曾报告说，广州起义共用银十七万余元；其实这只是统筹部直接开支的数字，而其他方面直接间接用于起义的款项，也大有可观。据我所知，福建同志数十人的公私费用完全是自己筹措的，四川同志的一部分用款是上海同志资助的，其他各省的情形亦大抵如此。又在东京购买的军火，留日学生出钱不少；尤其难得的是，东京同志有人拿官费折子去押款，有人向一个日本老太婆借高利贷，几年之后才还清。这些都表现了同志们对革命的高度热情。

在起义的准备期中，没有任务的同志多在家里下棋，练大刀。大家还想出了一个玩法，就是在墙上挂个小竹囊，用铜板投入，借此来练习投掷炸弹的准确，谁一次不中，就给他脸上画一笔，以资笑乐。尽管武装斗争是要冒生命危险的，可是谁也不把死当回事，泰然自得，生活很愉快，这种革命的乐观精神是值得敬仰的。

我还想起了一件事：前清把革命说成是"造反"，把革命党人叫作"土匪"。张鸣岐除将全部删改过的烈士供词和照片报清廷讨赏外，又精印成册，分送各国驻广州的领事馆，以夸耀他的"剿匪"之功。而外国人却从这些烈士的履历中，发现多数是留日学生和显贵世族的弟子，日本早稻田大学还为该校死难的中国留学生下半旗志哀。这样，外国人才认识到中国是在闹革命，从而揭穿了清廷的欺骗宣传。

辛亥革命成功后，又经过了三十余年的黑暗时期，中国人民终于获得了真正的完全的独立、自由和民主,革命先烈可以安息于地下了。我——一个参加过广州起义和辛亥革命的老人,得亲眼看见中国人民在伟大的中国共产党和毛泽东主席领导下,得到了彻底的解放,我的欣慰和感奋的心情,真是非言语所能形容。

——摘自《辛亥革命回忆录》(一)

荣县独立

吴玉章[1]

一九一一年四月的广州起义失败后,我和洪承点、熊克武等又匆匆地到日本。因为洪承点刺死了叛徒陈镜波,在香港不能久待,所以我们走得很急。到日本不久,我看见铁路风潮兴起,估计革命运动会继续发展起来,便决心回国参加。六月,我回到上海。这时,以宋教仁为首的一些同盟会员正在上海搞了一个同盟会的中部总部(中部同盟会)。这个组织虽号称为同盟会的分支机构,实际上是在那里闹独立性。不过,它主张以长江流域为中心、在中国的中部发动革命,而反对在边疆继续搞武装起义,这个意见在当时却是正确的。当时,全国各处都曾不断地发生饥民暴动和抗捐抗税的斗争,其中尤以长江流域和山东一带最为普遍。一九一〇年春,长沙发生了规模巨大的饥民抢米暴动,参加者二万余人,把巡抚衙门和外国教堂都给烧了。同年夏,山东莱阳又爆发了几万人的抗捐起义。一九一一年,长江流域大水成灾,饥民暴动和抗捐斗争更为发展。例如湖南浏阳一带和浙江杭州、宁波等

---

[1] 吴玉章,原名永珊,号树人。老一辈无产阶级革命家、教育家。一九〇三年赴日,一九〇五年加入同盟会,一九一一年回国,发动荣县起义。一九二五年加入中国共产党,一九二七年参加了南昌起义,后赴苏。

地饥民的抢米斗争，规模都是很大的；同时，上海、汉口等城市的工人斗争也日趋活跃，再加以铁路风潮的发生，就使得革命潮流更为高涨起来。中部同盟会虽然没有自觉地看到这种革命运动发展的趋势，但它所规定的活动方针在客观上却是符合于实际情况的。我在上海并未停留多久，也没有见着宋教仁。但宋教仁他们却给我安上了主持四川同盟会工作的名义；这大概是他们觉得张懋隆资望不够，因而故意把我的名字放在他的前面，其实，我并未与闻过这件事。随后，我从上海到了宜昌。一路上看到人们都对清朝政府十分不满，而对革命极表同情；到宜昌又看到那里的川汉铁路职工正在为保路而斗争，这一切使我预感到有什么非常的事件即将发生。在宜昌，我们换乘专门行驶川江的蜀通轮船，这轮船虽说十分简陋，由一只机器船牵带着一只拖驳船并行前进，但比我们当年出川时所乘的帆船说来，已经安稳而又迅速多了。就是这样一只简陋的蜀通轮船，也竟然要请外国人来管理。不仅技术人员是外国人，连船长也是外国人。这位外国船长摆着帝国主义的架子，对中国人十分凶狠。因为船上人多很挤，天气又热，所以到晚上有很多旅客到划子上去睡觉，而把划子系在那只载人的拖驳船上。到第二天清早，轮船的服务人员并不等旅客全部登轮，只是由机器船上的洋人鸣笛一声，就立刻开船，并且用刀砍掉系绳，将划子上的旅客弃置不顾。这些旅客，刚从梦中惊醒，即见轮船开走，无不仓皇失措。而且轮船急驶，风浪很大，几乎要把划子淹没。于是这些旅客便大声怒号，高呼求救。看见这种情景，我心中实在难以忍受，便有言语激励轮上旅众，一齐到饭厅里开会。全船旅众对这件事情都很愤恨，因此便喧嚷起来，痛骂洋人不顾中国人的性命，太不讲理。那位洋船长在机器船上听到人们叫骂，非常生气，竟把他的手枪取出示威。但是，人们毫不畏惧，由于更加愤怒，骂声反而更高。这时，船上的买办见众怒难犯，便将那洋船长劝回房里去，并把那些被弃的旅客接上船来。一会，只听得那买办对船长说道："这帮人都是留学生，谁也惹他们不起。"呵！原来你们只怕留学生，我要你们看看中国老百姓的厉害。我于是继起向旅众演说团结救国的道理，一时人们的情绪又复高涨，纷纷议论不休，吓得那帮洋人和买办低头无语，再也不敢寻衅了。

我经过重庆的时候，见到了谢持、杨庶堪等同盟会员。这时四川的铁路风潮已经闹得很大了，但重庆的革命党人却没有大举起事的图谋。他们只派了朱之洪为铁路股东代表，到成都去作些合法的斗争。朱到成都后也参加了成都革命党人的一些革命活动。我在重庆住了一日即继续赶路回家。路过永川时，我看见满街都挂着黄布，到处都扎起"皇位台"。台上供着光绪帝的牌位，两旁写着一副对联：一边是"铁路准其民有"，一边是"庶政公诸舆论"。这是从光绪帝的"上谕"中摘出来的两句话，用以作为争路的根据的。市场两头的口子上，还有"文官下轿、武官下马"的牌子。一切全和皇帝死了办"皇会"一样。这种情形，乍看起来觉得非常可笑，但仔细一想，确是一种很高明的斗争方法。它既适合于当时人民群众的觉悟程度，又剥夺了统治阶级任何反对的借口，而且无论什么官员打从这里经过，都得下来步行，完全丧失了他们平日的威风。这种斗争方法虽是由立宪党人倡议的，但毫无疑问也是得到革命党人同意的。立宪党人取其温和而无犯上之嫌，而革命党人则利用它来广泛地吸引群众参加革命斗争。立宪党人用光绪帝的"上谕"来为自己服务，而革命党人又用立宪党人的方法来为革命服务，这段历史的发展是多么有趣啊！

在夏历的"盂兰会"（七月十五）以前，我回到了家乡。一天，我往荣县城里去。走到南门外，看见一个人带着队伍，远远地走在我的前面，等进城后走到跟前一看，原来这个人就是龙鸣剑。他自从在成都用"水电报"发出起义的号召以后，马上赶回荣县，参加了王天杰等人发动的起义，组成了一支武装，现在正要率领这支起义队伍，前去攻打成都。他一见我，非常高兴，对我说道："你回来就好了。同志会由蒲、罗等立宪党人领导，作不出什么好事。我们必须组织同志军，领导人民起来斗争，才有出路。我马上要到前线去，一切大计望你细心筹划吧！"这样议定之后，他便和王天杰领着一千多人的起义军直赴成都了。当出城门的时候，龙鸣剑异常激愤，他拔剑起誓道："不杀赵尔丰，决不再入此门。"同行的军士们都很感动。

龙鸣剑、王天杰没有到达成都，在仁寿附近即和清军遭遇，发生战斗。随后他们又与秦载赓率领的起义军会师，组成东路民军总部，由秦载赓、王天杰任正副统领，龙鸣剑任参谋长。东路同志军与清军转战于仁寿和成都附近一带，因装备悬殊，补充缺乏，在秦皇寺作战失利。于是龙鸣剑、王天杰乃分兵改道攻取嘉定。接着他们又进兵叙府。在行军途中，龙鸣剑以积劳成病，更兼作战不利，病况愈恶，后来竟在宜宾乡下含恨而死。龙鸣剑为中国的资产阶级民主革命奋斗一生，特别是在四川的保路运动中，他起了重大的作用。他运用正确的策略推动着革命运动的发展，而当时机成熟时，他又毫不迟疑地立即发动武装斗争。在辛亥这年最紧张的夏天，他冒着盛暑，往返于成都、荣县的途中达六七次，这种为革命事业而不辞劳瘁的精神，实在令人钦佩。正因为这样辛勤的工作才损害了他的健康，丧失了他的生命。他临死之前，仍念念不忘革命工作，并对王天杰提出了许多重要的意见。他虽死在异乡，但入葬的时候，群众自动前往送葬的竟达一万二三千人，可见他是多么受着群众的爱戴。像龙鸣剑这样的人，才是辛亥革命真正的英雄，但过去的一些资产阶级"历史家"却不怎样提到他，这是极不公平的！但是，只有人民群众才是历史的创造者和历史的裁判者，既然群众是那样地拥护他，"历史家"纵然不肯秉笔直书，他最后也是不会被埋没的。

自龙鸣剑、王天杰率领起义军离开荣县以后，我便承担起后方的全部责任。就是龙鸣剑起程的那天，荣县城里的大地主张子和请客，我也被请去了。席上有人持大地主、大当铺老板郭慎之上县官一禀，说什么"三费局"（征收局）被匪（按指龙鸣剑、王天杰）劫去了八百两银子，要张子和签署。我一看即问张子和道："龙鸣剑和王天杰领着同志军去打赵尔丰，是替我们大家争铁路、争人格，他们是为国争权、为民除害，做的是正大光明的事情，怎么能说他们是土匪呢？"被我这么一问，满座的士绅们都哑口无言。我于是继续说道："同志军到前线去为我们打仗，我们在后方应该继起支援。我提议全县按租捐款，替他们筹军饷。"对于我的提议，他们心里虽然不赞成，但却没有人敢出来反对。席散，我即召集各方人士商议，通过了按租捐款的方法，就这样为同志军解决了饷糈问题。有了经费以后，我更加紧训练各乡民团，并且还开一个军事训练班，准备不断扩大队伍，支援前线。

当龙鸣剑病重离开部队以后，王天杰感到孤单，便率领部队回到荣县。清朝政府的荣县知县和郭慎之等土豪劣绅一听到消息就都逃走了。王天杰等来找我商量办法。我提出应立即宣布独立，自理县政，大家都很赞成。这时，广安县的同盟会员蒲询因来与我联系工作，正住在我的家里。我考虑到本县人出来管理县政，容易惹纠纷，于是便想请他来主持荣县民政。我征得他本人同意后，便提出来请大家讨论，大家一致拥护。九月二十五日（八月初四），我和王天杰等在城内召集各界开会，由我发表演说，宣布荣县独立，并提议蒲询主持县政。大家都知道我是刚从东京同盟会总部回来的人，自己不图官职，却把蒲询推了出来；而蒲询也是同盟会员，并且又是外县人，与各方面全无矛盾，因此都很满意。于是，在一致欢呼声中建立了荣县的革命政权，从此，东路民军也有了一块根据地作依托了。

荣县起义，发动于八月初，比武昌起义要早两个月。荣县宣布独立是9月二十五日，比武昌起义也早半个月。因此，它的影响很大，成为成都东南民军反清武装斗争的中心。在荣县独立的前后，起义军还曾经占领过彭山、眉山、青神、井研、名山、洪雅、夹江等十数州县，但都旋得旋失，没有得到巩固。只有荣县建立了革命政权，并且一直坚持下去。辛亥革命胜利以后，蒲询还在荣县作知事，他的政声很好，受到群众拥护，替当时的革命党人保持了荣誉。

我们虽然在荣县站住了脚，但小小一县的革命政权，是难于单独存在的，因此必须向外发展。我们首先去攻威远，马上就攻下了。再攻自流井，却遭到大队巡防军的抵抗，相持不下。这时武昌起义已经爆发了。我们由于被敌人严密封锁，并不知道外边的情况，只是从各种风传中听说湖北革命党造反，有一个姓黎的当了都督。这又引起了我们的疑问：既是革命党人起义，就应该打出孙中山先生的旗号，怎么会钻出一个姓黎的人来呢？我们局限在一个地方斗争而不了解整个局势的发展，真是苦闷极了。我们必须和外面取得联系！

内江起义

端方自从9月初奉到清朝政府"入川查办"的命令以后，即率领大队鄂军，浩浩荡荡地杀往四川。但是，他的队伍还没有到达成都，武昌起义就爆发了。在端方的鄂军中，有很多的革命党人，他们一进入四川，便极力想和四川的革命党人取得联系。鄂军后队中有一个名叫田智亮的革命党人，在万县遇着了四川的革命党人张颐。经过他们的密商，决定派人到资州一带联络前队士兵，发动起义，捕杀端方。端方刚入川的时候，虽然其势汹汹，但愈往前走，愈发感觉自己陷入了人民群众层层的包围之中；加以武昌起义的消息传来，更吓破了他的肝胆，所以到了资州，他便踌躇起来，再也不敢贸然前进了。他虽然派了一支队伍，去援救在自流井被民军所困的巡防军，但也只走到内江和威远交界的界牌地方就停下了。这时，我们民军方面，对整个大局并不了解，只见久攻自流井不克，巡防军愈聚越多，而端方又派兵前来，便感到形势十分严重，因此人心不免有些惊慌。同志们都要我赶快想办法。我于是和大家约定：由他们坚守阵地，我到外面去搬救兵。我说："只要你们能坚决死守，一星期以后必有救兵来到。"我早先就从孙武那里知道新军中潜有许多革命党人，现在端方领兵来到，我相信孙武他们是一定会派人来找我的，所以我才敢这样大胆地说。同志们因我从来不说假话，对我很有信仰，所以听了我的话以后，情绪十分高涨，都愿意死守待援。我看见这种情况，也就比较放心。十一月二十一日（十月初一），我同吴庶咸二人偷偷地越过敌人防线，走到贡井一个同盟会员家里住了一夜。这位同志潜伏在敌人的警察署里工作，成天地盼望民军打来，他好率部响应。我们把他那里的工作部署好了之后，又连夜轻骑赶赴内江。内江的革命党人很多，烈士喻云纪的家也在那里，极便于我们藏身和进行工作。我们于二十三日（十月初三）到达内江，住在喻烈士的家里。这时恰好有端方的队伍经过，我们很快就和其中的革命党人接上了头，决定由他们到资州杀掉端方，我们在内江发动起义。

十一月二十五日（十月初五），端方的队伍果然在资州起义了。平日骄横不可一世的端方，这时竟在起义的士兵面前哀求免死，胡说什么他祖先原本汉人，隶入旗籍还不满四世，……想以此骗取一条活命。但是，对于这个作恶多端的无耻家伙，起义的士兵们毫无怜惜把他杀死了。士兵们公推革命党陈镇藩为入川鄂军的统领，而陈也就马上派人到内江来与我联络。

十一月二十六日（十月初六），内江的知县听到了端方在资州被杀的消息，便立即逃走了。巡防军接着也逃跑一空。有人到喻云纪家来找革命党人。我们于是决定立刻行动，并且马上到了团练局。这时有些革命同志正在那里同团练局长谢仲辉谈判。谢说什么土匪来了他可派兵去打，同志军来了他可派人交涉，如果鄂军来到，治安问题他就无法负责了。我当即回答说："治安问题完全可以保证，但你必须首先将团练局交出。"谢不肯答应，聚集在外面的群众便大声怒吼："非交不可，一定要交！"谢不得已才允许交出。我们于是立即将团练局接收。接着，喻云纪的父亲和当地同志便去召集群众，在天后宫的大戏台前开会。一时前来参加的有好几千人，情绪空前热烈。当由我上台宣布革命宗旨，主张建立革命政权，群众听说，欢呼万岁，声震屋瓦。当场通过成立内江军政府，并一致举我为行政部长，吴庶咸为军政部长。当成千的群众把我们拥到县署去办公的时候，我深深地感到群众力量的伟大，真是顺之者昌，逆之者亡，丝毫不爽。

成都的革命党人，知道我曾经组织过共进会，而共进会与新军素有联系，因此，当端方的队伍逼近成都的时候，他们特派康宝忠和董修武两人赶到我家，邀我到成都去策划起义。他们到我家扑了个空，又跟踪追到内江，正赶上内江起义成功。他们到县署一见我就说："省城的同志都准备好了，专等你去，好发动起义，我们立刻一起动身吧！"我说："这里今天才组织起来，不能马上离开，你们请先回去，告诉同志们努力奋斗，我一星期后就到。"就这样，他们便赶回成都去了。

陈镇藩派人和我们取得联系之后，于十一月二十七日（十月初七）率军来到内江，我们特开大会表示欢迎。内江人民看见这么多装备精良的军队和人民站在一起，情绪更为兴奋。起义军队受到人民的热烈欢迎，也非常感动。在欢迎会后，我要陈镇藩把军队留在四川，共图大举。他说："现在军心思归，而且武汉方面战争还很激烈，我要赶快率队回鄂，替革命效力，但求你们沿途替我疏通，我就万分感谢了。至于四川的事情，还望四川同志好自为之。"随后，他送了我们快枪四十余支，我们也送了他一千五百两银子，并且告诉了他沿途联系的方法。就这样我们便匆匆地分别了。

我们在内江举行起义的时候，还不知道重庆已经在十一月二十二日（十月初二）宣布独立。原来十一月五日，夏之时就在成都附近的龙泉驿率部起义。夏是四川合江人，曾经留学日本的东斌学校，并在那加入了同盟会。他毕业回川后，在清军中担任排长，驻扎成都。当四川保路运动达高潮的时候，他看到革命的时机已到，便准备发动起义。恰好这时他奉命率领步兵一队驻守龙泉驿。他趁机暗地向士兵们进行革命宣传，士兵们都很感动，愿意随着他参加革命。这时驻在龙泉驿的还有骑兵和辎重兵各一队，夏又派人去进行宣传，结果这两队的士兵也愿意和夏部一致行动。到了十一月五日的晚上，夏之时集合三队的官兵二百余人，在驻地附近一所庙里宣布起义，当场将驻龙泉驿指挥的东路卫戍司令魏楚藩处死。这天晚上，恰有新军教练官林畏生奉赵尔丰的命令前去迎接端方，正好住宿龙泉驿。他听到庙内欢声大起，赶忙前去察看。有一个士兵认识他，马上举枪对他射击。夏之时立刻起来保护他，因此他虽然受伤，幸免于死，并且还参加了起义队伍。起义成功后，士兵们一致推举夏之时为革命军总指挥，当夜整装东行，直奔重庆。由于当时端方的部队驻在资州，所以他们绕道取小川北路线东下。他们沿途受到群众的欢迎，并不断地扩大了革命队伍。十一月二十一日（十月初一）夏军到达重庆近郊。当夏军接近重庆的时候，重庆的革命党人就派人前去与他取得了联系。十一月二十二日（十月初二）夏军在城内革命党人的协助下，胜利地开入了重庆城。由于夏军的到来，清朝反动政府在重庆的官吏见大势已去，除个别逃跑者外，其余的都被迫向革命党人投降。当天，重庆各界群众在朝天观举行大会，成立了蜀军政府，推举张培爵为都督，夏之时为副都督，并通电全国宣布独立。

重庆蜀军政府成立后，一再函电催我前往。这时我已知道武昌起义成功，全国纷纷响应，我把整个大局仔细考虑之后，觉得必须与领导全国革命的总机关取得联系，才好进行工作。因此，我把内江的工作安顿就绪之后，便于十二月二日（十月十二）起程，连夜赶往重庆去了。

重庆军政府的军事裁判会

重庆蜀军政府成立后，立即组织军队，准备西上讨伐成都。这时，在全国和全省革命潮流的袭击下，成都发生了一系列的政变。

自从端方在资州被杀、内江起义成功，进攻自流井的民军，因此也取得了胜利。于是，成都四周的民军，势力大振。这时被民军围困了几个月的赵尔丰，眼看救兵已经绝望，成都早晚要被打开，他便作这样的考虑：与其被革命党推翻，不如将政权交给立宪派，便于保存实力。就这样，十一月二十七日，在立宪党人和赵尔丰的勾结下，成都扮演了一出"独立"的滑稽戏，成立了所谓"大汉四川军政府"，由立宪派头子蒲殿俊担任都督，赵尔丰的心腹新军统制朱庆澜担任副都督。至于赵尔丰，仍被委以办理边防的重任，实际上操纵着军政大权。对于这样的"独立"，人民当然不会满意。各地民军都以"索赵"为号召，继续向成都进攻。这时，赵尔丰已确知清朝中央政府尚未垮台，于是又阴谋复辟。十二月八日，蒲殿俊到校场点兵，巡防军在赵尔丰的唆使下，发生哗变。蒲殿俊从此躲藏起来，连都督也不敢当了。四郊民军看到这种情形，非常愤慨，便相率入城，将赵尔丰围困在督署里面。赵尔丰的复辟阴谋终未得逞。经过这一场事变，成都军政府为了欺骗人民和敷衍民军，不得不实行一番改组。于是，曾经留学日本的前陆军学堂总办尹昌衡当上了都督，与哥老会有联系的罗纶当上了副都督，同时还拉了几个革命党人来当部长，以资点缀。但是，人民对赵尔丰的仇恨，始终不能平息下来。立宪党人看到不杀赵尔丰，不足以平民愤，将会引起深刻的革命，因此，才不得不借赵尔丰的头来缓和群众情绪。十二月二十二日，尹昌衡和立宪党人依靠着民军的力量，解决了督署的武装，捕杀了赵尔丰。立宪党人在捕杀赵尔丰之后，便马上回过头来对付民军。在他们软硬兼施的进攻下，缺乏正确思想领导的民军首领，有的被腐化收买，有的被残酷杀害。于是，轰轰烈烈的起义运动，竟被瓦解，人民艰苦斗争的果实，竟被立宪党人窃夺去了。

从这一系列的事变中，可以清楚地看到：赵尔丰是清朝反动统治在四川最顽固的代表者，他曾经用尽一切办法，来挽救清朝反动政府在四川所遭遇的危机，他自始至终没有动摇过对清朝政府的忠心，以至最后和清朝政府的反动统治同归于尽。以蒲殿俊、罗纶等为首的立宪党人，则代表着四川地主阶级和上层资产阶级的利益，虽然他们也曾假借革命群众的力量，向清朝反动统治者作过一定程度的斗争，但是，他们最害怕的是群众真的革起命来，动摇了封建统治的社会基础，所以，他们对赵尔丰等清朝反动统治的代表者总是特别"宽大"，而对起义群众却格外的残忍无情。至于起义的民军，它基本上是由自发参加斗争的广大下层群众所组成的，其领导成员多半为会党首领，只有少数是革命党人，他们当中有不少的优秀分子（如龙鸣剑等）大多在残酷的斗争中牺牲了，而剩下来的人后来却上了立宪党人的圈套，无形中成了替他们争夺江山的工具。但是，无论是争路运动和推翻清朝的功劳，都应该归之于这般下层群众和他们的领导者身上。赵尔丰是屠户、立宪党人大部分都是骗子、起义民军大部分都是好人，这并不是什么高论，而是广大人民群众早已做出的历史定评。但是，周善培却不同意这种论断，为此，他特地写了一本《辛亥四川争路亲历记》，把赵尔丰描写成实行禅让的尧舜，把立宪党人视为彬彬有礼之士，而把革命党人和起义群众则看作大逆不道的匪徒。但是，事实毕竟是事实，周善培的无耻妄说，有谁能相信呢？其实，周善培在这次运动中，担任了一个颇不光彩的角色，他曾经以提法使的地位参与了赵尔丰镇压和破坏人民革命斗争的一切残暴行为和阴谋活动。当然，平心而论，他和赵尔丰还是有所不同的，他虽然坐在他的大帅（赵尔丰）的那只船上，但他一看风头不对，就把一只脚踏到立宪党人的那只船上去了。因此，他比他的大帅总算要开明些。不过若与他的采帅（王人文）比较起来，他就未免有些逊色了。因为他的这位采帅，曾经为庇护立宪党人而丢掉了官职，也就是说，当他看到清朝政府这只破船快要沉没的时候，就从船上跳了下来，而不像周善培那样犹豫不决地踏在两只船上。周善培根本就没有资格写什么《辛亥四川争路亲历记》，因为他根本就没有亲历过四川人民的争路斗争。他如果为人老实，肯把他们那帮人如何反对四川人民争路的亲身经历写出来，倒一定会有许多非常精彩的内容。但他不肯如此，却硬着头皮把他反对争路的亲历写作争路的亲历，因此就不免要大闹笑话了。读者只要翻开他的书一看，满纸都是大帅、采帅之类的称呼，他的反动立场就怎么也掩盖不住了。

当重庆蜀军政府正在组织军队准备讨伐成都的时候，它的内部曾经发生过一次严重的危机。这次军事行动，原定由夏之时以副都督的身份亲自领兵出征，而以总司令林畏生兼任北路支队长。林对此发生误会，以为摘掉了他的总司令职权，大为不满。本来林的参加革命就是出于被迫，根本没有什么觉悟，及至当了蜀军总司令，他自以为过去在新军中的地位比夏要高，因此，对夏常出不逊之言，态度非常傲慢。现在又误认夏在故意压抑他，一怒之下，即将支队长的委任文书和一切印信当众撕毁，并且破口大骂，持枪握拳，闯进军政府，声言要找夏之时拼命。而且林手下有一两个团长，更横行不法，纵容着士兵四出扰民。我到重庆的时候，正碰到这种情形，当时重庆到处街谈巷议，人心惶惶不安。而张培爵和夏之时对此却毫无办法。刚刚成立不久的蜀军政府，差不多陷入了无政府的状态中。张培爵见我来到，非常高兴，连忙要我想个办法。我严正地说：

"只有严明纪律，才能维护革命政权，现在必须召开一个紧急会议来讨论这件事情，并准备实行军事裁判，整顿军纪。"

张培爵很同意我的意见。这时虽已深夜，但他仍立刻下令召集全体负责军政人员开会，不许携带武器，并令守卫妥为戒备。一会，人们到齐，会议开始。夏之时首先报告事情发生的经过，请全体讨论解决。这时林畏生毫不在意地起来大声说道:"我林畏生罪多得很!砍官防,其罪一也;撕委任状,其罪二也;辱骂都督,其罪三也;闹军政府,其罪四也。看你们敢把我林畏生怎么样!"他气势汹汹,说完就坐下。过了许久,没有一个人敢起来发言。

我看见这种情形,非常气愤,心想既为革命党人,对清朝反动政府都敢起来革命,为什么对这样一员悍将就不敢斗争了呢?于是抑制着愤怒,从容地起来说道:

"我们革命的宗旨是推翻清朝专制政府,实行民主政治,解除人民痛苦,并不是以暴易暴。我们革命党人是不侮鳏寡,不畏强暴的。扶正义,打抱不平,正是我们革命党人的本色。如果我们今天刚一胜利,就横行霸道,和清朝官吏一样,实在违反革命初衷。……"

我沉痛地讲了两个小时,最后主张执行革命纪律,把这个会议变为军事裁判。全场热烈鼓掌,表示同意。这时林畏生才不时地看我,对我这样一个陌生人的讲话,感到惊异。

接着夏之时说:"我是当事人,不便主持裁判。我提议最近由同盟会总部派来的、孙中山先生亲密的朋友吴玉章同志作裁判长。"大家表示赞成。这完全出于我的意料。我想:由于我的提议才召开这次会议,现在要我来主持裁判,岂不是故意把杀人的事情推给我作吗?但接着又想:如果推辞,旁人也是一定不干的,事情又怎么解决呢?于是,便毅然接受了大家的推举,并且向大家说道:

"第一,我说明犯罪的行为时必须得众人的同意;第二,我判决的处罚也必须得众人的同意;第三,判决后犯罪人得申诉或声明不服,并说明不服的理由;第四,判决后一定要遵照实行。必须大家都赞成这四个条件,我才能就职。"

大家都说:"这是最公平的裁判法,我们赞成。"

于是,军事裁判就立即严肃地开始了。我详细的说明林畏生的犯罪行为违背了革命宗旨,危害了人民利益,无异企图推翻革命军政府,应照军规定的军法处以死刑。问大家同不同意,大家表示赞成。于是又问林是否服罪,限他二分钟以内讲话。林却沉默着。又延长五分钟,他仍不讲话。经再三催促,他才说:"说我想推翻军政府,我没有这个心思。"

我说:"我不能知道你有没有这个心思。但判断犯罪以客观行动为标准,你的行动是危害军政府的。"

他再也没有话讲了。于是我就请夏之时执行判决。夏却犹豫起来了。他结结巴巴地说了几句应该特设什么什么的话。他的意思是说,裁判既是特设的,执行也应该特设。因为他说得不清楚,有些人就以为是"特赦"。于是他们又反过来为林畏生辩护,说林也是参加了起义的人,应该从宽处理,赦免他。

我坚决反对,认为大家刚才约定的条件,不应该马上就自己推翻。辩论了一小时,还是没有结果。有一个激烈的革命党人愤慨地说:"像你们这样懦弱畏缩,我就拿炸弹来把大家炸死算了。"大家又纷纷反对他。我说:"不必性急;我试问林畏生这样蛮不讲理的人,谁能保他以后再不作乱事呢?"

这时有一位姓舒的团长起来说:"我保他,我们四团人保他。"

他话犹未了,卫队中几个士兵就齐声说:"就是这个家伙最坏!"因为士兵们说话时过于激动,挤得刀枪碰击作响,那位舒团长恐怕有人打他,急忙把头低下去躲藏,猛地一下碰到桌子角上,流出血来。大家以为士兵开了枪,都赶快逃避。石青阳尤为可笑,竟把茶几顶在头上,跑了出去。这时会场上就只剩下我和张培爵、夏之时、林畏生四个人。林也和张、夏两人一同劝士兵们归于安静。卫兵说:"就是那舒团长劝林司令做坏事。"我说:"现在暂把舒团长扣下,另案办理。今晚还是要把这个案子结束。"

接着又把大家都请了回来。好在军政府戒备很严,没有一个人逃得出去。大家坐定后,我看林畏生并未趁这次扰乱逃走或者有什么不好的表现,也就有从轻处罚的意思了。因此我就和大家商量:"有人说要特赦他,但是谁能替他保证呢?"谢持、朱之洪说他们愿意担保。最后决定立刻解除他的职务,并且派人送他回湖北原籍。

这件事情充分表现了当时蜀军政府的软弱无力,也表现了当时这些革命党人的畏缩、妥协。然而，经过了这一次严重的斗争，蜀军政府总算得到了暂时的巩固，更重要的是重庆人民都高兴为他们除去了一个祸害。

这时已是一九一一年的十二月了，南京已被民军攻克，中华民国临时政府正酝酿在南京成立。孙中山先生也已经从国外回来，首途前往南京。因此，我也准备到南京去。于是，重庆蜀军政府就让我和杨庶堪作为它的代表到南京去参加临时政府的工作。

——摘自《辛亥革命回忆录》（一）

黄花岗起义与炸毙凤山亲历记

陈其尤[1]

（一）三月二十九日广州起义之役

辛亥三月二十九日广州起义之役，七十二烈士殉难（实际不止此数，后经陆续查明补入史册的尚有多人），合葬于黄花岗，故亦称黄花岗之役。此役是整个辛亥革命运动中的一个重要部分，也可以说是后来推翻清朝统治的武昌起义的前奏。此次惊天动地、英勇壮烈的起义虽然被清朝统治者残酷镇压下去，但从此大大激发了人民群众的革命意志，促进了我国民主革命高潮的到来。起义失败后，清廷两广总督张鸣岐在审讯这次起义攻打总督署被捕的革命党人的时候，看见他们临难不屈、戟指骂贼的革命精神，为之惊惶丧胆。故他在奏报清廷的所谓"广州乱党起事经过情况"的电文中，悲叹"人心如此，天意可知"（此电在民国成立后从清廷广州总督署档案中发现）。由此可见，此次起义震撼了清朝的统治。

---

[1] 陈其尤，广东海丰人。老同盟会员，辛亥革命后赴日留学，回国后一度在陈炯明手下工作。一九三一年加入中国致公党。抗战时曾被蒋介石囚禁。后一直为致公党领袖，一九四九年参加新政协。一九七〇年在北京病逝。

我在辛亥前一年加入同盟会，暗号为恢字辈。革命党指派给我的任务，是与同乡陈潮（七十二烈士之一）等住在旗下街，担负在起义时放火焚烧旗人聚居的旗下街以扰乱敌人军心的任务。后来因清廷驻广州将军孚琦被暗杀，敌人加强戒备，我们因无眷属掩护，被巡警迫令迁出。组织上遂派我住到当时的总督署右旁、现在的中山纪念堂左边的莲塘街一处准备进攻总督署的据点。我和胡珮嫄、何少卿两位女同志同住那里，以姊弟关系作为掩护。三月二十九日起义前数天，组织又调我到仙湖街始平书院看管一个秘密储藏军械炸弹的机关。当时因革命党准备起义风声泄露，甚至"乱党准备起事"的消息报纸亦有登载，情势甚紧，仙湖街始平书院一带突然有巡警日夜巡逻。始平书院是我们储藏军械的重要机关，我看到这个情况，立即到司后街陈炯明公馆向他报告。那天刚巧黄兴早上从香港秘密抵广州到炯明处，正在商谈起义之事，他们一起听取我的报告。我说现在起义尚无确期，万一巡警闯入书院搜查，不但事机泄露，全部军械被破获，整个起义亦将受到破坏，建议组织发给我处守卫人员（均为海陆丰的同乡，精壮的农民兄弟）利刃数柄，以便轮流在内门防守，如果巡警闯入搜查，则以利刃对付，把他们解决，不必开枪，以免惊动敌人。黄、陈二人同意我的建议。黄说他在小东营的公馆藏有利刃，嘱我待他回去后，随即去取。我们在陈炯明处同进早餐。黄离开不久，我即如约前往，黄兴嘱徐宗汉（当时黄兴的亲信助手，后来与黄结婚）从床底下检出利刃八柄交给我。

广州起义原来预定在三月二十五、二十八日或四月一日或更迟一些时间发难，后来临时改在三月二十九起事，是因为当时情势突然变化，革命党准备起义的风声已传遍广州，我们的一些组织已被敌人破获；又因为当时策动省内驻军及巡警教练所学员到时反正响应起义的事机又被泄露，水师提督李准将他亲信的巡防营急从外地调回省垣加强防御，以致原来答应到时响应起义的驻军和巡警教练所的学员发生动摇。由于上述情势的突变，同盟会就不得不改变原定的计划。虽然还有一些订购的军械及华侨捐款尚未到齐，但此时革命行动已到了如箭在弦、非发不可之势。黄兴认为与其束手待毙，不如提前起义，所以临时决定起义提前在三月二十九日下午五时三十分实行。

当时起义队伍原拟分十路发动，在这十路之中，黄兴率领的主要一路担任攻总督署；陈炯明率领的一路担任攻存储大量枪械的巡警教练所，准备夺取枪械，并争取教练所学员反正，响应起义。我们这一路队伍多住在仙湖街始平书院。我和几个在广州读书的同乡同志因懂广州话并熟悉路径，故被选派为陈率领的这一路的先锋督队。起义前夕，发给我们到时缠在手臂作为标志的白毛巾一条，对时间用的钢壳手表一只，并决定在陈公馆出发时每一督队再发给手枪一枝。三月二十九日清早，我们督队的人到司后街陈公馆，听取最后指示。当时陈炯明宣布当天下午四点钟再到此处集合，带领队伍出发。我和另外两位督队的同志遂到总督署前卫边街一家饭馆吃午饭，在饭馆故意拖延时间。直到下午快到四点钟，才同往陈公馆。岂料到达时，门户洞开，屋内阒无一人；再进内宅，则见蚊帐被盖书报等狼藉满地。我们初时以为机关被破获，急急走出，打算由双门底逃出城外。出门后，即听到稀疏的枪声，我们不知底细，匆匆走到双门底转永汉路。此时城门关闭，不能出去，幸我平日熟悉路径，乃拐入广府中学宿舍青云书屋找姓卓的同乡处暂避，适卓外出，我也只得留下来。此时，旗下街已报火警（这是前面所说的我们所布置下的行动），火警钟声大作，全城行人绝迹，铺户都关上了门。翌日清早，一队巡警来到青云书屋搜查，才知道从昨晚起，他们即挨户搜查革命党人。巡警把我揪起搜查和盘问。我因留有辫子，同时白毛巾我早收藏起来，他们又不懂得我所佩戴的钢壳手表的用处，幸而得免于难。及至近午，我偷偷出外打探情况，看见永汉路城门半开，已有行人走动，守军对出城的人搜查盘问后可以放行。我在广州已失掉与陈炯明的联系，只得乘机出城，搭佛山夜船往香港，与同盟会领导机关联系。在船上，我遇到同盟会一位负责人姚雨平同志（现在任广东省参事室主任），他也是从广州逃出准备前往香港的。姚在我看管始平书院军械储藏所时，曾持黄兴的亲笔信向我提取军械，是我认识的人中之一[1]。我和姚在船上密谈后，才得悉昨天下午起义的一些情况。

---

[1] 邹鲁在他编著的《中国国民党史稿》中说："黄兴令陈其尤偕姚（雨平）往始平书院领取（枪支炸弹）"。实际上不是我偕同姚到始平书院，而是姚持黄兴亲笔信到始平书院向我领取枪支炸弹。

原来，事前商定的十路同时起义，有的因为对起义时间有误会，未及时发难；有的因交通问题，未能及时赶到广州。而陈炯明临时没有率领队伍参加起义的原因，是陈认为事机既然泄露，情势突变，提前起义，不但攻打教练所必然失败，即全局亦无获得成功的希望，不如改期发难，以保全实力，乃于起义前刻派马育航到黄兴处主张改期。但此时黄一切已准备就绪，并留下绝命书，正戎装待发，反对改期起义。他当时推开马育航，径自率领队伍向总督府进攻。陈炯明见改期不成，即逃出城外，躲藏于河南尾珠江水面一个同乡亚弁的盐船里。如上所说，我们在起义当天下午四点钟到陈公馆时，他已离开，原来是他临阵脱逃了。三月二十九日广州起义经过，函中对陈炯明等在起义中表现不力的一些负责人，曾有所指责。

（二）炸清将军凤山之役

辛亥革命前夕，国内封建势力的压迫剥削和帝国主义列强疯狂的侵略，大大激发了我国人民的革命思想。到辛亥这一年头，广州方面民气沸腾，革命情绪之高涨，几乎不可遏制。此时同盟会在香港的秘密统筹机关，根据形势，采取相应策略，决定狙击清廷大员，先除障碍，并寒敌胆，以壮大革命的声势。于是辛亥三月初十日，有归国华侨温生才烈士出于义愤，自发地枪杀了清廷驻广州将军孚琦（时孚琦从燕塘参观飞机表演后，归途经东门外）。接着不久，在闰六月十九，双门底有陈敬岳、林冠慈等行刺水师提督李准之举。是役李仅受伤未死，陈烈士中弹而亡，林烈士被捕遇害。这两次壮举，加以三月二十九黄花岗之役英勇悲壮的起义，极大地鼓舞了革命士气。两广总督张鸣岐坐卧不安，彷徨无措，奏请清廷续派将军来粤坐镇，企图以武力威吓革命党人和镇压日益高涨的革命运动。不久，清廷先派了军事上号称足智多谋的旗人凤山为驻广州将军。但发表多时，凤山慑于革命声势，踌躇不敢南下。经张鸣岐力促，凤山才配备了一班人马，于九月初三由北京经上海坐船到香港，然后转广州接任。

同盟会香港组织探悉凤山要来广州，早就决定要除掉他。遂指定我和李熙斌主持此事。其所以指定我们两人，是因李能制造炸弹，我则介绍了周惠普女士担任到时行刺。周是广州两粤医学堂的学生，长得高大强壮，富爱国热情，对帝国主义侵略和清廷的腐败十分愤慨。她知道我是革命党人，颇表倾慕，一再恳请我介绍她参加同盟会。我经过一个时期的了解观察，遂为介绍。有一天，她看见报载凤山将要来穗，向我自荐说：如果得到组织的信任，她愿意担任刺杀凤山的任务。我往香港向组织报告，得到许可，给我港币二百五十元作活动费，指定李熙斌和我负责分头进行。李供应炸弹，我则和周联系并布置一切。我回到广州之后，和李熙斌密商，头一件要办的事是择地租屋，以备行事。当时将军衙门位于惠爱中路，历来清廷将军到任，都是从长堤登岸，然后乘轿取道归德门转惠爱路入将军署。我们估计凤山仍必循此路线，不致变更，乃决定在归德门一带租屋，着手布置。但这一带商业荟集，租间房子很不容易。我们找了多时仍无着落，感到非常焦急。后来看见归德门街当冲地点有一妇科西医李仁轩医馆，凑巧李仁轩又是周惠普老师，我们情急智生，决定放弃租屋的计划，改为利用李仁轩医馆行事。我们准备到时由周用藤手篮携带炸弹到李的医馆，佯称偶尔路过，顺便拜访老师，在该医馆等候凤山经过，走出门口抛掷炸弹。此时一切计划已定，只候凤山到穗。在等候的期间里，我们三人经常到郊外沙河息鞭亭的地方密谈，并给她拍相片，存作纪念。一日，周惠普要求我在她牺牲之前带她到香港见见同盟会的领袖陈炯明等。我虽然知道这样做对保守机密不大适宜，但为了照顾她的热情，还是同意了这一要求，带她到香港。到港后，组织派一个代表接见她，对她加以鼓励安慰，嘱她好好听我的指导行事。当晚我们乘船回广州，周以不得领袖们亲自接见，有些不快，我只好婉言加以说服。不数日，我接驻港组织密电，告知凤山已到港，准明早到穗。我即走访李熙斌作最后决策。李说炸弹已准备好，爆力甚强，并约定我和周惠普第二天早上到他的寓所取用。到时我们依照计划进行，预备下手。岂料此时凤山到广州后，为了防备革命党人袭击，突然改变向来惯例，不经归德门而取道偏僻的仓前街。狡猾的凤山虽然避开了我们这个伏击点,但当他经过仓前街的时候,被同志李沛基从一间租用的小铺子楼上滚下的巨大炸弹所炸毙,他的随从多人同时亦被炸丧命。事后,省城各报馆纷纷出版号外,并将凤山被炸得模糊一团的尸首附图刊出。这个消息马上轰动广东全省,爱国同胞拍掌称快。原来同盟会领导方面除了布置我们设在归德门的伏击点之外,同时还在仓前街布置了另一个伏击点,以策万全。为了保守机密,领导上事先没有告诉我们,所以我们两方面都互不知道。炸毙凤山的李沛基是黄兴先烈的夫人徐宗汉的亲属,他的年纪比我还小,当时只有十七八岁。

　　九月十九日,总督张鸣岐出走,广东宣布独立,成立都督府,胡汉民、陈炯明先后任都督。当时因我们还年青,为了培养后进,政府乃以有功民国的名义派送我们出国留学。我被派往日本,李沛基和李熙斌则被派往美国。后来,听说李沛基不幸在美国病逝,李熙斌回国后在岭南大学当教授。至于周惠普竟于民国后在广州遁入空门,削发为尼。当时我因去日本读书,一直没有和她见面通讯。直到一九五二年我在广州闻悉此事,曾特别去寻访过她一次。

——摘自《辛亥革命回忆录》(一)

四川辛亥革命亲历记

但懋辛[1]

（一）重庆蜀军政府的成立

辛亥（一九一一年）三月二十九日，我参加黄花岗之役，失败被捕。因巡警道王秉恩向总督张鸣岐报告说我是"自首"的，张即命不杀。监禁一个多月后，张又命王派员押送回籍，交地方官严加管束。但王很忙，一时派不出人来，又升任了提法使。继任者为李湛阳（别字觐枫），他视事后，才派道署的管带李某带一名警兵于七月初二日动身押送我回川。那时我的同学刘光烈（即亚休），伪称是我的四弟，改名但旭，在上海等我。我到了上海，他就随行保护，意在免受虐待。我们到万县时，是八月二十日，到达时正值端方搭蜀通轮船上重庆。我们要在万县换船，上岸住定之后，亚休到那里的同盟会打听消息，听说武汉昨天革命党起义，总督瑞澄已逃到军舰上去了，武昌城已被义军占领，因起义的完全是新军，第八镇的统制张彪已经逃跑了。我们得此消息后，就向李管带建议，不必再由水道上重庆，改由陆路，只需十

---

[1] 但懋辛，四川荣县人。早年赴日留学，加入同盟会。回国后参加重庆起义，组建蜀军政府。后在国民党政府中任职。一九四九年参加对国民党军队的策反工作。一九六五年在成都病逝。

日左右就能到达。

九月初到了重庆。那时端方尚在重庆,他带的邓承绂、曾广大旅中的初级士兵,其中有不少革命党人。他们已派出代表田智亮等找同盟会的同志接头,因而与重庆的同志取得了联系,原拟于重庆组织起义,响应武昌,后乃议定俟端方上省之后举行。但重庆谣言甚大,端方的行营驻扎江南会馆,竟有人写一副对联贴在有卫兵站岗的大门上,文曰"端要死在江南馆,方好抬出东水门"(其地距东水门近)。端方于九月十四日离重庆上成都,那时广东的巡警道李湛阳因省亲回重庆,端方令他为防军统领,就地练五营防军,以卫重庆。端去后,李湛阳仍命李管带送我回荣县交代。我们到了牛佛渡,李管带打听到荣县已经起义了,知县已被杀了,正与巡防军在程家场一带作战,李不敢前进,回头仍转重庆,时已九月底了。当晚他向我说:他已回明李道台要我取保释放。我说:"人地两生,何人敢保?"他说:"就请店老板好了。"于是马上写起保状,请店主人盖了章,李管带拿去与李道台批,准予释放。

我获释后,次早起来,到革命机关去打听,得知原拟当日即十月初一日起义,因夏之时来了,要等他到时再动,所以决定改在明天。初二日一早,满街插了白旗,午后一位同志僧福慧来邀我到军政府,并告知我起义时在朝天观大会的情况。当晚周国琛来,把我的行李搬到他家住下。

第二天我们到军政府,见居民手臂缠白布条,争入军政府看热闹,拥挤不堪。我当时建议迅速派卫兵司令,指挥站岗守卫,并替他们拟好条例及会客规则,把秩序建立起来。上级领导人命周国琛告知我,要我暂时负招待员的责任,因我刚从外面回来,认识的同志相当多,凡从外省回川的同志和军人,都叫我招待留下他们,不让他们回家。

当晚,起义的首领们开会选举都督,我未被邀参加。听说原拟举杨庶堪为都督,杨坚辞,退而为顾问。乃举张培爵为正都督,夏之时副之。又举林绍泉为陆军总司令,并兼参谋总长;谢持为政务处总长,董鸿诗、朱蕴章副之;向楚为秘书院长,董鸿词副之;李时俊为审计院长;熊兆飞为监察院长；方潮珍为军政部长；梅也愚为行政部长，龚春岩副之；李湛阳为财政部长，刘祖荫副之；江经沅为军需部长；邓絜为司法部长，张知竞副之；江潘为外交部长；杨霖为交通部长，陈崇功副之。改官银行为大汉银行，以朱之洪为行长。会议并通电宣布成立蜀军政府。随即将招待处改为礼贤馆，以萧德明为馆长，我仍帮助招待。同时参谋部组成了，委派了各科的职员，我同杨庶堪都派在运输科当科员。但只见榜示，并无明确规定何时报到，或说明另有通知，所以我也没有过问。

（二）林绍泉谋叛案的处理

十月初七日，成都宣布独立后，都督为蒲殿俊，十七镇统制朱庆澜副之，赵尔丰仍为川滇边务大臣，每年给饷银四百万两（一说二百八十万两），统率巡防军经营西藏。重庆蜀军政府不同意，严电诘责，认为是假独立。同日，端方所率驻资中的部队以陈镇藩为首宣布独立，把端方杀了，要回湖北加入北伐。路过重庆，蜀军政府欲留之共同进攻成都赵尔丰，然后回鄂。陈以武汉军情紧急不允。蜀军政府只能就现有兵力，组织进攻成都，初拟以夏之时副都督亲自率部由东大路居中向成都前进；而以先委之第一纵队向守荫为南路支队长；以林绍泉为北路支队长。林不同意，即向夏吵闹。夏以政务会议所决定，个人不便变更，林更冒火，竟要打夏，经劝解而止。次日，秘书院把委状、公文和关防送林，林拔出战刀将关防砍了，公文委状撕了，提着手枪去打夏之时。适与朱之洪遇，朱再三劝阻，而林益愈不依。朱于是大怒，敞开胸膛要林打了他再去打夏。一时惊动很多人围绕相劝。我亦挤入人丛中，见林横蛮无状的态度，深觉骇怪，究竟何所恃而不恐。他是同夏之时一路来的，何以夏不予以严厉的对待而默然处之。散后我去找张、夏两都督，问明所以然。夏说："我要龙泉山带兵一排防御同志军时，林是十七镇司令部少校候差，派来我排调查，并监视我排行动。我与士兵已商议好，欲起义把队伍拖到湖北投黎元洪。计议将林打死才出发，结果伤了他的脚。他大呼他是黎元洪的学生，愿意投降，因而一路东下，原没有料到要在重庆起义的。"我说："那么你这次计划没有考虑好，他过去官阶比你高三级，此次他又是总司令兼参谋长，而与向守荫一样的充支队长，他那得不冒火呢！但我看他这种举动，将如何结局，必另有所图，还急需察其周围，有无勾结捣乱之谋，否则必出岔子。"

我谈后，于当晚又找周国琛详细研讨，认为如果林个人是孤立的，他没有另外勾结，必不敢如此，急需派人侦察与他往还的是些什么人。并且只是军政府派人调查还不行，一定找同盟会的同志帮助才好。那时礼贤馆的招待所住的同志很多，如吴玉章、喻培棣、吴庶咸各同志，是在内江宣布独立后来的。又谢崇飞、杨亚东、夏江秋、杨晴霄、欧阳尔彬皆从各地来重庆。又南路统领王培菁等，他们因合江县尚未反正，还与同志军许多队伍在围攻合江，因而在重庆没有办事处，其中的同志也不少。周国琛本人是警卫军的标统，他次日向各地同志联络，使分别秘密调查，侦知了林绍泉原计招募成立蜀军第一镇，先以起义的队伍搭架子，已委舒伯渊为协统，下面的标统为周维新、周少洪。林以夏委之作支队长，是莫大的耻辱。舒等甚为之不平，于是与张知竞在优胜旅馆开了两次秘密会议。因张亦不满于只做司法次长。张原系共进会的一个负责人，舒等是他联系的同志，于是他们串通一气，企图推翻蜀军政府。他们自认势力不够，因而认定把舒伯渊这一协人马拖到川北广安去另自成立军政府，与重庆唱对台戏。所以故意与夏打架，以为分裂找借口。

同志们调查结果，在招待所集议，所得的情报完全一样，于是拟报请都督处理。欧阳尔彬说："林在张、夏左右，都布有许多耳目，若去报告，必漏消息，务要秘密，才能一网打尽。"于是议定：一面先推周国琛一人候夜深张、夏将就寝时向他们报告情况，并请夏都督下令与近卫营长盘铭准备一排至一连机动兵随时听欧阳尔彬运用。一面由同志们分组各带手枪，每组一枚炸弹，因那三个叛徒均在大梁子一带的旅馆开房间，随身只有几个马弁。

周国琛等得到命令后，大家于拂晓前即开始行动。很顺利，不仅拿着了人，而且搜到了周少洪身上的反叛计划，且知张知竞已于当日先到广安去了。都督府当即将林绍泉逮捕，并开首脑会议，讨论处理方法。当然刚宣布独立才几天，发生了阴谋叛乱，非杀人不可，但夏都督对林表示软弱，于是同志们主张当晚开党人会议，推吴玉章同志主持。开会时由谢持报告案情经过，随后讨论，主张四人一律枪毙者占多数，而少数人侧重只枪毙周维新、周少洪二人。登时发生了争执，喻培棣与欧阳尔彬就大呼："此何等事，不诛首要，政府的威信何在，我们何必革命，不如两颗炸弹把军政府毁掉算了！"外面的卫兵听后马上扯机柄上子弹，一时会场大乱。玉章及同志们大吼：请大家镇静！于是乃复继续会议。玉章反复说明党人会议处理叛徒的重要性。同时杨晴霄等已将宣布的罪状拟好，交由玉章当场宣读，一时会场显示了严肃的气氛，无一有异议者。此时谢持起立发言，他说大会的决议，毫无疑议，应当如此处理。但因林绍泉随同夏都督起义时，他说他是黎元洪的学生，愿意同夏一路起义到湖北，并介绍与黎受编制，他们路过重庆，是我们把他们欢迎进城来一同起义的。今我们以林之罪而处决之，固是法所当然，而湖北方面闻之，以林乃一个外省人，势孤力弱，岂能为乱，必起疑情，而认为是排外。谢建议案定之后，由都督向大会求情，再由政府下令特赦林的死罪，剥夺林的一切职务，派员押送出境，只枪毙舒、周等三人，如此则情理兼顾，请大会裁酌。大会通过了谢的主张而散会。

（三）由重庆向成都进军

林绍泉谋叛案处理后，政务会议讨论林的职务何人接替及出兵问题。总司令则夏副督可以自兼，而参谋长则认为必须有人负专责。会上有人提出我担任者，谢说我们早已想到他，但是据说他在广东黄花岗之役，怕死而去自首，丧失了党人的价值，所以现在还让他在当招待。登时李湛阳就说："我很奇怪为什么你们不用但某，原来如此。当广州起义时，我在督练公所任职，但的供词经制台张鸣岐批令不杀之后，我曾问过巡警道王秉恩是什么原因。

据王说：他见了但自写的供状，大为诧异，但到东一区去找李巡官，明明是想闯关而过，李不敢认，而露出了马脚被捕。明明是革命党，他说不是而是因为要找事做，偶逢革命党起事。还为李巡官开脱，说事前并不认识他。短短的时间，写七八百字，措辞巧妙，避重就轻。通篇供状，没有用一个新名词，因而我大加赞赏，加他一个自首，并告李军门善为转说制台，此人可以不杀，这样才把他救下来的。隔了两天，张鸣岐电话告知巡警道，把但某送到督练公所来面见，我认为他是有胆有识的人。"政务会议听了李湛阳的上述说明，就决定我为参谋总长，另以唐仲寅为副。同时又因泸州川南军政府正副都督刘朝望、温晓泉辞职，推谢持同我继任。我俩乃复电谓军政府将来必须合并，请暂维现状。

会议继续讨论出兵问题。我主张兵少何必分三路，就由中路出一支人马，说要专打赵尔丰，敢说一呼百诺。大家同意，从而讨论谁做中路指挥官，接连提出六人，均坚决不干。末了张都督把我提出，我毫不迟疑，遵令而行。但是可怜得很，部队先拨了两营巡防军，还要在永川才能集合。管带是倪定刚和周文卿，另外有两哨防军驻永川，由帮带龙耀奎统率。我的指挥部由夏都督拨给了十八支五子枪，另拨石青阳所组织的义勇军一营与我作护卫营，皆是徒手。又拨了二十名学生军做炸弹队，携了六颗炸弹。指挥部的参谋长是邱华玉，副官长是刘国佐。我把十六支步枪发与护卫营，每连分四支，其余用布帕子打个大疙瘩表示是炸弹，余二支坏了的步枪用来押行李。另外以喻培棣作经理处长，随带饷银三万两。那时议定从少校以上至指挥官每人月饷三十两；尉官二十两，军佐同样；士兵是三两到九两。除士兵全支外，军官佐均只支伙食，另支零用银三两。另外都督府还派了三组宣慰使同行，一组为刘光烈，二组为吴庶咸（荣县人），三组为杨晴霄。这一切都是两日之内组成的。第三日指挥部把行军序列发与各部门后，听各自分头出发，而指挥部则须整齐行动，于是先要在打枪坝集合，把队伍整理好，讲讲军风纪及行军注意的问题。但新招的义勇军，一营人的横队，搞了一点多钟搞不好。于是我就叫不要搞了，我把话说完，也不用口令，叫队伍跟着走。

我们这样浩浩荡荡的行军，到了马坊桥之后，沿途场镇的管事人逃避一空，宿营时找稻草，买粮食、蔬菜、油、烛等非常困难。登时有人提议开公口，立袍哥码头，一唱百和。指挥部袍哥多得很，我只好听之，他们推我做龙头大爷。这样命管事沿途招呼，各场镇首人除放炮欢迎之外，什么供给，随要随到，方便极了。

到了永川住下，等各路人员到齐，决定次日休息。那里原驻的龙帮带率领两哨人，连夜翻城墙逃跑了。我追问原因，据说是我带的队伍都是徒手，怕我要提他们的枪。

此后军行至安富镇，奉军政府来电说：成都十八日兵变，蒲、朱两都督逃跑，四川军政府改组，推尹昌衡当都督，罗纶副之，并说尹已围攻督署，擒住赵尔丰，在皇城开军民大会，宣布赵的大罪，当众斩首，游行示威。令我停扎隆昌，静待后命。

（四）入川滇军的所作所为

成都兵变后，援川滇军谢汝翼梯团到了叙府，李鸿祥梯团到了泸州，张开儒支队到了犍为，黄毓成支队到了自流井，他们声称四川军政府自尹昌衡为都督，变成了袍哥军政府，不予承认，将举兵讨伐。不久成都发兵拒之，在自流井的界牌打了一战。蜀军政府认为尹杀了赵尔丰，是革命的，袍哥问题的事小，结合力量共同北伐的事大，电滇军万不可进攻，于是双方就停止了战斗。

不久我奉蜀军政府的电令，说富顺结集有张桂山、范华街等的同志军一万多人，要我前去编遣。我到富顺后，召集张、范等会议，说明南京已成立革命政府，孙中山先生已被举为临时大总统，现在是推倒清朝政府、建立民国政府的时候了。同志军中农民甚多，他们愿归田的，让他们回去，由公家给路费，若有无田可归的，愿意编为军队参加北伐的，即造册点名改编，而以张、范二人为统带。但先要把武器缴存，点编成队伍之后，再行发还，其不足的枪支，将来北伐时，由政府发给新式快枪。他们一致表示愿意。各自回营向下面传达后，即具文申请，并除复员者外，愿改编者已经在陆续缴武器。

此时滇军忽然派来了两个上尉阶级的军官，一为朱玉阶同志，另一姓马（已忘名），向我说：他们属于由自流井黄支队长派遣到富顺来的李修嘉纵队。因富顺被同志军盘踞，秩序太乱，特来查办此事；适闻重庆派但指挥在此，过去听见大队长黄子和说："但懋辛是我同盟会的老友，如相遇时，必须与他协作。"随即问我对同志军如何办？我将办理情形告知后，他们问带了多少队伍，我答只有一营，他们说恐怕人太少，万一改编时发生意外，我们去报告李纵队长，仍将队伍开进城来，协助你改编顺利就范。我表示同意。滇军进富顺城驻扎时，完全是作战姿势，把原有同志军的驻地不由分说，强行占领。次日同志军纷纷缴武器时，滇军突然开大炮打起来了，我马上写信与李纵队长，说同志军完全接受改编，不必打炮。回答是遵命停炮。这样一来，同志军的士兵差不多都吓跑了。下午，李纵队长派几个军官来要求我将缴存的五子快枪三十多支送给他们，我登时体会他们打山炮威胁的作用，马上允许给了。过后我指挥部的同事们不服，我带的一营官兵也不服，同滇军的兵借故打架，我竭力抑制，并找当地的士绅郭某向同志军的张、范等首脑说明，希望他们不要误会滇军是我招来的，滇军企图，连我也不明白，请他们注意，俟滇军去后，再集合未逃的官兵点编。张、范等了解后，次日前来见我，遇滇军的官长于途中，就把他们一共六人拦到李纵队部去了。张桂山的书记来向我报告，我立写信去问李，据答是富顺百姓告他们不法的状纸很多，所以要询问明白，以安百姓。次日早据报说那六人已被杀了。我又去信问是何理由，据答因张桂山逃跑是以杀之。我想这位李司令难于理解，我下令于早餐后转回隆昌，并电重庆报告在富顺处理的情况。旋得电令委我为川南总司令，并言泸州有事，要我轻装先行到泸州，关防委状即专差送来。我马上动身前往。

在赴泸州途中遇胡文澜，他是蜀军政府的顾问。文澜向我介绍滇军黄子和大队长同川南军政府黄方总司令因围攻合江县而发生斗争的过程说:"合江县知县因同志军围攻太久,怕见仇不敢开城,而且城内存有盐税银三十多万两怕受损失,望泸州派正式军队去,他即正式交代。黄方与黄子和相约,黄方走水路,子和走陆路,水路快而陆路慢。黄方到合江后,该县知事,立即交代。黄方收到银两用原有的驮马驮了,随带兵一营回泸州。因归路系上水,就改由陆路而行。出城几里,遇到了滇军黄子和,黄子和已闻知黄方抢先运银两的事,并决定夺取,登时开枪射击。黄方的监务巡防不能抵抗,于是缴枪投降。黄子和令一并押返合江,将黄方及所有官兵一律枪毙。孔阵云、韩砺生、邵正福(另有一人已忘记)等四人在被绑时大吼'才反正就革命党杀革命党,岂有此理!'黄闻之,把他们放了。后来滇军回到泸州。防军驻泸州者有九营之多,要报仇与滇军打仗。蜀军政府派我去调解。我到泸州,滇军的李梯团长倒没有话说,而黄子和大队长不接受,指名要你但先生去才愿洽谈。"胡又说:"重庆电要我上成都与尹都督联系,路过隆昌,催你赶快到泸州。"

和胡文澜分手后,我去泸州。黄子和是我在日本的同学,他进同盟会是我介绍的。我刚到,他就来见我,并说他先不知黄方系同盟会的同志,而今事已经做错了,要我说如何处理才好,他无不依从。我主张他主动提议开追悼会,治丧昭雪,认罪赔礼,加重抚恤金。黄依此做了。双方撤除警戒,复归和好。

以后我才将川南军政府改组,送原来的都督刘朝望回安徽,温晓泉也让他辞职。成立川南总司令部,防军九营,除扎古蔺和永宁的两营不改编外,在城郊的七营改编为混成旅,我自兼旅长,而以邱华玉为参谋长,加紧训练以备北伐之用。黄子和还说把他的大队扩充,拨两营川军混合编为两个大队,我两人每人领一个,以充实李鸿祥梯团,北伐时我们请当先锋。恰在此时得到消息,清帝退位,由袁世凯组织临时政府,中山先生让袁世凯做临时大总统,南北合议已告妥协。黄子和就约我去游龙马潭,二人对谈之下,都是幼稚的松劲思想,以为清朝皇帝既已打垮,从此民主共和国告成,任何政党当权,必须是民主政治,不外富国强兵而已。我们既不懂政治,又不愿当职业军人,因而都想再出国求学,以为他日之用。不几天黄子和奉贵阳唐继尧来电,要他率部往贵州。同时滇军总司令韩建铎与成渝两军政府合派的代表胡文澜在资州会议,协商滇军回滇,要求四川补助饷银三十万两,已达成协议,滇军由是陆续返回云南。

(五)成渝两军政府合并以后

一九一二年二月,成都派代表张治祥等到重庆,洽商成渝两军政府合并的问题。张列五(即培爵)都督电询我的意见,电文中提到正副都督俟张治祥到省后,在尹昌衡、张培爵两人中选任,双方的副都督辞职,另行安排,其他各部人员两政府配合使用。我立复电赞同,并向张都督建议,最好先把正都督让尹昌衡充任,而自愿居副。这样可使成都军界方面的人员安心,既表明革命党人不在名位上争高下,又可以消除成都方面的很多猜忌疑虑,合并就可以顺利完成,而以后合作办事,也可避免许多障碍。

张都督不久就动身上成都,行至隆昌,打电来说:他已照我的建议致电与尹昌衡了。并要我一同上成都。那时川南的同志们不愿我走,怕上成都后,张都督不放我回来,乃派宋辑先监督我,事完即督促反沪。但是张列五一定要委我做成都府知事。我再三推辞说,我是一个学生,哪能做行政官,坚决不干。后来他同谢持向我说明,因尹都督提倡袍哥,全城大街小巷,公口林立,奸淫占霸,时有所闻,若不迅速制止,恢复秩序,使人民安居乐业,那么我们革命不知为了何事。现已与尹都督商洽好了,已令巡警总监杨维出示限日撤销公口,如有不遵者严行拿办。但城外各县,袍哥土匪,尤为猖獗。因为你在泸州的短短时间内,扑灭了二十多股大匪,所以要你任成都府知事兼四川团务督办,先行率领团队清乡,并督同各县知事严行会剿大股土匪。如县知事有不称职者,立即报请革除。要你一定任此职务,并非要你做官。我对这样的殷望不好再推,就提出条件:一、请派陆军一团听我指挥；二、关于清剿计划的实行不受任何牵制；三、布置完备，清剿期间以三个月为限，办理完结，许我辞职。张副都督同政务处允许照办。

我于接事后，派员到各县会同县知事及有关的团绅，分别调查匪情及其往来的地形和随时出入的孔道，拟请派陆军和团队分扎各要隘，我亲自带陆军一营作机动性的追剿，预定三个月内，连股匪、散匪一网打尽。都督府允许，而军团部不干，说有股匪必须用陆军时可以调用，而派到各地守要隘的，只能用团队，不能用陆军。张都督不便代我力争，令我另行招募散兵，扩充警备队一千人，自行剿办。我一面办全省团练讲习所，一面派员招募散兵，这样就把时间拖长了。当时又把成都县并归府知事兼管。诸事整理就绪后，调了两连陆军随同我到温江、郫县、崇庆、灌县、崇宁等各县清了一次乡，那些股匪均闻风而逃。川西坝内虽已略为安定，而飘忽不定的股匪仍时有所闻。我已知我的三个月计划不能实现，募集散兵岂短时间所能办到，于是提出辞职，请另简贤能。

此时蜀军总司令熊克武率部回川，将到万县，该县的巡防军统领刘汉卿（绰号罗汉）已宣布独立，自称都督，并电尹昌衡请示，对熊或迎或打。尹复电打。同时第四师师长刘存厚来信，要我所管的锦官驿预备五百匹驮马，交与陈光廷团长为行军之用。我与陈颇熟，因他系同盟会的同志，我立即去问陈，军行到何处？他说：将同胡军长到重庆，因镇抚府夏之时辞职，胡去改组镇抚府，并且要对付熊克武，从而除带步兵一团外，另配机关枪和大炮，完全是战斗行军。我得此消息后，马上去找张都督，要他同尹都督说明：熊的部队原奉孙大总统之命组织准备北伐的，因南北统一了，命他回川与川政府洽商，开入川边经营西藏，万不可敌视，必须欢迎。尹唯唯否否，未明确答复。后来熊军到万县时，刘汉卿守城，被熊军几小时内攻破，防军全部歼灭。尹得知熊军枪械犀利，有机关枪十二挺，山炮六门，人数虽只三千多，而一般干部几乎是清一色的保定军官入伍生，初生之犊不畏虎，作起战来，有进无退。认为不可轻视，于是乃打消解决熊军之意。转而命胡只带护卫一营，到重庆后撤销镇抚府，命熊为第五师师长，驻防重庆。

（六）"军民分治"及其他

稽勋局派遣出洋留学生，列了我的名，我愿出外留学，更加要求辞职，但延不批准。四五月间，西藏地方政府出兵进据川边很多县份。七月，尹都督自兼川边经略使带兵西征，约我做他的行营参赞，我认为尹是一个夸大狂的人，不愿与他同事而拒之。同时他提出军长胡文澜为护理都督代理其职，胡乃清末广西的陆军协统，辛亥反正，畏惧潜逃，是一个阴险的官僚，我认为他决不能与张都督合作。乃向张建议："都督出征，后方事变，应由副都督代行其职，今竟另以胡文澜来护理，这种不循正规的作风，其中必另有阴谋，至少已表示对你不信任。不如趁此说明自己无能，宣布辞职退休，以察他们怎样对待你，或者因此使他们的诡计显露出来。"张极表同意，并立请秘书邓絜告以此事，邓亦力赞我说。于是令邓拟具辞职电文，预备次日清白堂开政务会议宣布胡护理都督时，张当众提出辞职，散发电文。而且把电稿交我带回成都府，连夜油印数千份。第二天我携到张都督处，谢持即向我摆手说用不着了。我问何故，原来他们昨晚协议，仿湖北的办法，军民分治，以张督为民政长。这样各管各事，胡可免护督而轻副都督之嫌，说服了张督的一般人马，就乐意听从了。我说："胡之为人，断不可信，我看他不仅要排斥你姓张的，而且将来尹昌衡西征归来，能否归位，都成问题。"朱之洪说文澜无他，而张督亦微笑地应之。我说："你们不要看他每日公毕都来陪你们谈天，有时还陪你们吃饭、喝酒，说说笑笑，你们就以为无他了，这正是胡骗糖吃的手法，一旦他掌了权，你们会尝到他的辣子味的。"又说，"我与他无怨无德，不过听说胡从广西逃到上海时，曾与熊克武争蜀军的领导权未能如愿，他便唆使一个姓黄的率领一些流氓向熊等捣乱，在蜀商公所开会打手枪，并绑管理的童子钧的票。因此我对胡的印象很不好，我每遇到他，总觉得他是一个不抹粉脸的曹操。"话犹未了，就喊开会。

政务会议上，由政务总理董修武提出军民分治的问题。加以说明之后，第二师师长彭光烈和第四师师长刘存厚相继发言，都以分治为相宜，并向张都督道贺，一时与会者异口同声而赞之。我立起来发言说："今天大家都赞成分治，我一个也不能否定。但我要表明我的意见，我认为反正后，地方革命秩序尚未能完全恢复，目前各州县盗匪充斥，袍哥恶霸横行，各县知事都挂了地方司令官的头衔，一旦有事，与地方驻军协作，调遣非常便利。分治之后，驻军非得上级的命令，就不服地方官的调遣，而且地方驻军也就容易与地方土劣勾结，与县知事捣乱，这是我对地方治安和建政方面不敢赞同的意见。另外是军政府之所以有正副都督，原是正都督有公干外出，所遗的事务由副都督代理，今尹都督西征，理应由张副都督代之，若虑军事上有问题，由胡军团长协助办理就是了，何必多此一番纷更。若以为张都督办事不能与军方相应，将来分治后，更难相应了。与其将来难处，何如让张都督辞职为佳呢？"登时刘存厚起立说："但知府是一个人的意见，我们赞同董政务长提议的，我们就起立。"这样军民分治就决定了。

  会毕后我到张都督室内同谢持（副政务总理）说："我的府知事请速觅人接替，如果久不更换，我会挂印而逃的。"过了几天，我到张民政长室内谈天，谢持见我去，气忿忿地走开了，张的面色已无笑容了。我见不对，就往秘书厅去问消息，才知道胡文澜视事后，就派员到该厅去说民政长发北京的密电，非经检查不许发。且要找过去致北京密电文稿交他阅看。因而我知张、谢等感到胡无他而有他了。此后我再三催张民政长批准我的辞呈，他总是以拖字了之。后来我写信骂他，骂得很粗俗，张乃命我自行推荐。同时胡文澜荐委陈廷杰为宁远府知事，改我与陈交换。张说但某很久就要辞职不干，请迳委陈为成都府好了，但又因陈不愿作知府而罢。等了许久，终于找到江三乘愿意代替。乃于九月某日脱身下重庆，熊克武委我作第五师参谋长。不久张民政长奉电调京了，杨巡警总监亦奉电调京了。次年秋尹昌衡由川边回省，亦不能归原位，而奉电调京了。我感到不幸而言中。

——摘自《辛亥革命回忆录》（三）

我在辛亥前后所接触的人和事

陈铭枢[1]

（一）

一九〇六年八月，我进广东黄埔陆军小学第二期时，才满十六岁。此时清政府正实行所谓"新政"，两广总督岑春煊又是当时在南方实行"新政"最力的当权派。陆小招考第一期学生时，尚不为一般人所注意；到第二期，在"新政"影响下，风气所趋，报考人数达数千人，其中多为士大夫阶级的子弟，也有出身于资产阶级家庭的。考场设在原来乡试的地方，足见清政府对此亦极重视。

我入校时，第一期同学尚未毕业，其中同盟会员仅有陈汉柱、何卓俦等人（何于二次革命时，被黎元洪杀害于汉口）。陈汉柱同我都讲"客话"，他经常向我宣传排满兴汉的思想，不久即介绍我加入了同盟会。因为我是广东客家族，而广州同盟会秘密机关的主持人，也多是东江客族（如邹鲁、姚雨

---

[1] 陈铭枢，广东合浦（今属广西）人，老同盟会员，毕业于保定军校，参加过北伐战争。一九三二年在上海率领十九路军英勇抵抗日本侵略。后一度代理国民政府行政院院长。一九三三年与李济深等在福建组建人民革命政府，失败后避居香港。一九四九年出席新政协。一九六五年病逝于北京。

平、张醁村等人），所以不久我就同他们建立了密切的组织联系。此后，我遇有机会，就向我所物色的对象宣传同盟会的革命宗旨。当时的宣传品主要为同盟会在东京出版的《民报》和谭嗣同的《仁学》等。还有《扬州十日记》《嘉定屠城记》等小册子。我常利用星期天，约新入盟的同志到山岗僻静处填写盟书（即誓词）。当时入盟的人甚多，且有一些富绅子弟，如李朗如为广州好几百年老店——"陈李济"如意油店的小老板，刘汉忠也是大商家的子弟。

在秘密机关里，姚雨平告诉我，我校将到任的新监督赵声，也是同盟会员，并说已向他介绍过我了。

赵声字百先，江苏镇江人，是由南京新军三十二标标统任内调来广东的。赵到校第三天，我就单独前往晋见，他毫不掩饰地用同盟会的"握手暗号"同我相见。我童年时随父读书（父为前清廪生），旧的东西给我不少影响。记得我同赵对晤时，曾涉及宋明理学家的言论，他听了立即正颜厉色地说："中国的礼教，经过朱熹更是变本加厉，已成了吃人的东西。我们投身革命的人，对之应该深恶痛绝，万不能再受其毒害。"这好像是当头一棒，使我历久难忘。

赵生得身材魁伟，不类南人，长面竖眉，声音洪亮，眉宇间有一股威严之象，故大家称他为"活关公"。其时校内有一个学长（即排长）林震，亦同盟会员，因他的相貌生得与赵相仿佛，由于大家推重赵的缘故，故对林也推重起来。赵不仅使全校师生倾倒，也受到新军的普遍崇拜。当时广州军人在各种集会时，都异口同声地夸谈赵声，开口"赵百先"，闭口"赵百先"，甚至有人说成"我们的赵百先"。这种现象普遍流行于新军界，而以在燕塘新军的军官罗炽扬为最。彼时交相传述赵的轶事甚多。如说赵在南京任标统时，某日独游明孝陵，途中邂逅一人，见赵气概不凡，即趋前攀谈，问："先生贵姓？"赵即以手指天答："天"。其人再问："大名？"赵复以手指地答："子"，言毕即掉头不顾而去。这本是一种传说，但是大家因为推重赵的缘故，津津乐道。赵在校中，对第一期学生甚感失望，他在公开训话时说：

"第一期学生暮气沉沉,还不如第二期学生之有朝气。"他这番话对我们同期同学有极大的鼓舞。学校的总办(即校长)韦汝聪,在性格、作风和思想各方面,都与赵形成鲜明的对照。韦重外表,讲排场,性格猥琐而庸碌,而赵则重实际,性情豪放,敢作敢为;至于政治思想,更如冰炭之不相容。因此同学们都爱戴赵而厌恶韦。某次校务会议,赵对韦竟戟指斥骂,使韦下不了台,结果闹到新军督办公署,赵由此辞职,后调任燕塘新军第二标标统。

赵离开陆小后,我与他仍有联系。我在白云山能仁寺养眼病时,介绍一个因闹学潮被开除的同学王鸾(同盟会员)同他见面,并请给王找出路。某日赵独游能仁寺(寺与燕塘军营毗邻,越一山岗就到了),适遇着我,乃共同漫步。时寺中有一和尚,俗名陆龙杰,为陆小第一期未毕业同学,因反抗家庭包办婚姻,愤而弃学出家。其时他正在廊下临摹颜鲁公法帖。赵见其书法尚佳,就坐下同他攀谈,得知其身世,立即成诗一首,写成条幅送他,诗为:

愿力未宏因学佛,英雄失路半为僧。
月明沧海归来日,万里蛮山一点灯。

接着,赵又榜书"宏毅"二字的横批送我。以后我每一怀念百先先生时,辄把这首诗和他在廉州海角亭(我的家乡)所赋"八百健儿齐踊跃,自惭不是岳家军"之句,还有他送皖北友人(即吴樾)北上那首诗,一起联系来诵读,那首诗是:

淮南自古多英杰,山水如今尚有灵。
相见襟期一潇洒,朔风吹雨太行青。

在赵调离陆小的前夕,我曾往晋谒,讯及广州尚有何人可以联系,请予介绍。赵说:"现在广州的有朱太符(朱执信),其为人不以才气见长,但有学有守,可以信托,你可同他联系。"其时朱在广州某校任教员,家住城内豪贤街，他领导的秘密机关，就在附近。此后我常到他家或机关汇报工作。某次在他的机关里，见他与其他同志正在商量利用某青年女同志（她亦在座）化装成卖身的女嫁娘，以饵某富翁（时富翁在另一室，我亦看见），俟身家入手，即设法潜逃。足见当时同盟会筹备经费之难。在离朱家不远的天官里，有一幢楼房，是由朱租来专供新军同志活动的机关。我因得朱的介绍，曾去过多次。每值星期假日，来往的青年军人甚多，真是门限为穿。此时，我曾因朱之介绍，结识了当时新军界中的另一杰出人物——倪映典。

倪映典为皖北合肥人，曾在安徽新军与熊成基等进行革命活动，已升任至管带（营长），后因有人告密，乃改易姓名，出走广东，仍投入新军。他在广东新军，初为见习官，后任排长，在军中有很高的威信，同时也是天官里机关的核心人物。倪生得同赵声一样，身体修长，具有一种刚强气概，虽不如赵的魁梧，而英姿飒爽，一望而令人畏服，处世接物也处处表现出一种认真负责一丝不苟的态度。就我少年时所接触的人的印象而言，他使我终身难忘。我曾向倪介绍广西博白县的朱锡昂入盟。朱锡昂为广东高等实业学堂的学员，同我很相投，经我动员后，愿意入盟。当我带他到天官里去见倪时，说明他是来入盟的。不料在填写入盟书时，朱仅填他的别号"拭生"来代替本名，倪顿感不满。俟朱离去后，倪用极严肃的口吻责备我说："你不应该把这种人带到此地来，像他这样顾虑多、缺乏勇气的人，怎么能搞革命呢？"他又说："像这样的情形，你应当先同他讲清楚，怎好这样孟浪呢？"我受了他的教训，感到难受，但从此对他更加敬佩。朱锡昂后来加入了共产党，大革命失败后，在他家乡博白县被国民党反动派军队俞作柏部逮捕，旋即慷慨成仁。历史作了见证，朱并不是倪所说的那样人，但在当时残酷斗争的情况下，倪对我的责备是正确的，因我没有把入盟手续对朱讲清楚。

一九○九年的旧历除夕，广州新军与巡警发生冲突。时倪已离开燕塘新军（因被人告密而革职），经常来往于广州、香港之间，负责策划新军起义。当军警突然发生冲突时，倪恐秘密泄露，曾到香港总机关商量对策。当他匆匆返广州时，事件已经扩大，秘密已无法保持。在此千钧一发之际，倪只身驰入燕塘军营，适有管带漆汝汉，正集合士兵训话，意在弹压。倪突至，真像飞将军从天而降，全体士兵皆跃然而起。倪先发制人，立抽出手枪，当场将漆击毙。倪攘臂一呼，群起拥戴，步、炮、工、辎各营约二千人，随倪整队出营，迅速占领了东门外钱局后的小山，准备攻城。时清军水师提督李准率队前来镇压，并派出倪的同乡管带童长标出来伪作和解。倪大怒，策马立阵前，晓以大义，慷慨激昂，敌军闻之亦为之动容。敌乃乘时发炮，倪被击堕马下，为清军俘去，最后大骂不屈而死。

此后不久，我在广州陆小毕业了，升入南京陆军第四中学。时赵声已离新军，住在香港的时候居多。我在南京，从与赵及广州有关方面通信中，对南方情况仍时有所闻。一九一一年春，我知道从海外，特别是从日本、南洋一带回到香港来的人甚多，这是一种"山雨欲来风满楼"的征候。我断定广东将有新的举动，故向学校请了十几天的假，托辞回南省亲。行前我又写了一函致赵声，说我就要回来了。我到香港后，刚下船即驰往赵处，见赵着日本和服，高踞桌上，同围着他的人高谈阔论；这些人也着和服，一望而知是刚从日本回来的。经赵介绍后，知为福建的方声洞、林时塽、李文甫等人，是回来参加起义的。赵随即对我说："你的信我已收到了。"我说："我回来是要求参加起义的。"赵带着严肃的口吻说："你们军官学生，是将来革命的种子，以后推翻清政府，掌握军队，全靠你们这一批人，怎好轻易牺牲呢？况且这次起义，成功与否还不可定。你赶快回去吧！"我见他态度严肃，语气坚定，故未便坚持，旋说："我请假的期限还未到，我想进广州去看看情况。"赵同意后，当天我进了广州，在秘密机关会着姚雨平等人，他们也催我赶快回学校。我住了一夜后，次日到港，又逗留了两三天，当我乘船抵达上海时，刚登岸，打开当天报纸一看，知道广州发动的起义，于昨日（三月二十九日）遭到失败，牺牲的同志甚多。这个噩耗，有如晴天霹雳，使我万分惨痛。

是役失败后，赵由顺德经澳门转回香港，旋即大病，不久即逝世。闻其将死时，曾吟"出师未捷身先死，长使英雄泪满襟"之句。我自闻百先先生之死讯后，每与同志们诵王夫之《读通鉴论》中"老成凋谢，后生罔识，向慕之忱，日远日亡"之句，辄相对怆楚。这不仅是因他的革命言行感人之深，实因他早丧，乃革命之一大损失。

不久，谭人凤来南京看我，谈及起义失败经过。谭非常激动地破口大骂胡汉民的弟弟胡毅生，说他负责指挥的那一路，根本没有发动起来。谭对其他好几路的负责人，亦有责难，对姚雨平本人，也很不满。

自此次失败后，孙中山先生仍在海外积极活动，黄克强先生将同盟会总机关迁到上海。总机关以黄为首脑，下分五部，其中负责组织的陈英士，负责交通的谭人凤，都到南京同我见过面。

其时，我在南京陆军中学，仍积极从事同盟会活动。开始时，对外联系全由我负责，后以会员增多，如四川的吕超，福建的金仲贤、吴兴五，江苏、安徽、江西等省的人亦有，又增加任针（任援道）与我共同负责对外联络。

同年八月十五夜（旧历），谭人凤突然到南京，约我到他住的旅馆相见。他谈到立即要去武汉，因为武昌同志将发动新军起义，总部认为各方面的部署还未就绪，此时不宜轻动，故他奉派前往劝阻。谭十六日乘船西上，计算行程，尚未抵达汉口，而武昌新军首义的旗帜，已飘扬在黄鹤楼的上空了。

（二）

武昌首义的消息传到我校后，全体同学除旗人外，都兴高采烈，喜形于色；不论是否为同盟会员，都争着买一角钱一张的报纸来看。同盟会员立即行动起来，连续开会，准备乘机响应。时我们已届毕业，经常使用武器作野外演习，并练习实弹射击。大家都注意在礼堂后面的武器库（平时学校将械弹集中贮藏），并立即派人轮流昼夜监视。时学校当局因慑于武昌首义对同学们的影响，趁我们熟睡时，偷偷将子弹运走。我们发现后，顿失所望，乃齐集围墙内的菜园里开会，一致认为，子弹既运走，已成赤手空拳，留在南京，已属徒然，故决定齐赴武昌，参加战斗。大家公推我到上海，向总部请愿，并请拨给旅费。在我动身前，我校的法文教员林知渊（同盟会员）已先往上海，他留下上海住址，嘱我到时即往联系。因我已决心退学，故未办请假手续，悄悄越墙逃出学校，当日下午上车，晚上到了上海，随即到林知渊寓所。林说："你来得正好，宋渔父（教仁）今晚就要上船前往武昌，我们马上去见他。"我们立即驰往宋处，刚进大门，见宋已挟着一个大皮包悄悄走出，一望而知是出远门的样子。就在门口，先由林介绍，我即表明来意。宋问："你们共有多少人？"我答："大约有四五十人。"宋就在他皮包内取出钞票一叠给我（共五百元），又说："南京方面的事情，已派柏烈武（文蔚）负责，你可同他接头。"同时嘱咐林带我去见柏。宋同我们谈毕，即匆匆前往搭船去了。次日我同林去见柏，他深不以我们去武昌为然，我一再向他解释，柏始同意。我当天下午回南京，即在车站附近小旅馆里，约同学出来开会（此时我已被学校开除了学籍）。大家商定，分三批前往武昌，第一批由我率领，同行者有李章达、蒋光鼐、李伴奎、范其务、陈果夫（江苏陆小学生，参加我们的组织）等十余人，其中也有非同盟会员闻风参加的。

我们搭船抵汉后，即过江经到武昌，向都督府报到。时清军援兵已开抵汉口，占据了京汉铁路线的刘家庙车站（即循礼门）、硚口等处，与汉阳兵工厂仅一河之隔，情势颇为紧张。我们都热情高涨，刚到不久，就要求过江去保卫兵工厂，经都督府派员劝阻，仍无效。后接到命令，将我们编为中央第二敢死队，由胡瑛（日知会负责人）集合第一、第二两个敢死队的队员训话，大家都以为他是总领队。时胡刚从监狱出来，背上还拖着一条大辫子，在灯光下看见他满面胡须，形容憔悴，讲话声音虽不洪亮，但却清劲，同学们都很受感动。接着领枪支子弹，闹到深夜始就寝。翌晨集合出发，由平湖门登船至汉口龙王庙上岸，顺着黄陂街转入后城马路，继续前进。我先头部队达到自来水塔（现为中山路）附近时，即发现占据循礼门之敌，用机关枪向我们扫射。我们即将队伍散开，用步枪还击，相持约半小时，无法前进，因水塔前是一片水田、湖塘，运动极感不便。到了夜晚，仍由领队率领我们回到武昌。是役有浙江同学王卓阵亡，广东同学范其务负伤。此时，有些同学感到打这一仗,没有什么意义,但也说不出什么道理。事后听都督府参谋人员说,因我们初到,就坚请要到汉阳去保卫兵工厂,经劝止仍无效,故特下此命令,一来定安我们的情绪,二来让我们尝点打仗的味道。

十一月三日,黎元洪在武昌阅马厂筑坛拜黄克强先生为革命军战时总司令,我们奉命随黄到汉阳(因黄知我们是南京陆中学生,志愿来投效的,感到很喜欢),驻扎在昭忠祠的总司令部,随即改编为学生队(带有督战性质),直属总司令部。此时,由南京来的第二、三批同学,也相继到达,连第一批共达一百余人,其中有曾任广东陆小学长、继任南京讲武堂教官的张我权和任南京陆中学长的徐源泉(均非同盟会员)。在编队时,同学原拟推我为督战官(队长),我感到不适宜,坚推张、徐二人分任正副队长。同盟会会务仍由我负责。在学校时同我一起负责会务的任针也一起来了,但他刚到就脱离组织,第二天就找到门路,当了都督府某部的科员,曾引起同学们的物议。此人后来曾参加过邓演达的第三党,最后终于堕落当了汉奸。有一部分人慑于水塔一役同学中的伤亡,知道打仗不是儿戏,有些胆怯,另一部分人听到湖北陆军第三中学的学生,多当上了都督府各部的科员,看了有些眼红,故不愿意当学生军。此事曾经黄总司令亲自集合劝说,但仍无效。最后只得发给路费,让那一些人搭船东下,各奔前程。坚决不走的约有五十余人,仍继续留下来。

几天后,由湖南开来一师湘军。总司令下令,在汉阳琴断口搭浮桥渡过汉水,向敌展开进攻。开战时(旧历九月二十七日),俟湘军向前展开后,学生队亦跟着前进,向右翼延伸。当时,黄克强先生骑一匹骏马,握着一柄雪亮的指挥刀,在张公堤上往来驰骋,指挥着军队前进。我们的队伍刚越过张公堤后,敌军即用猛烈炮火阻止我军前进。我们在水田内散开,前进到一村落时,就地休息,预备造饭。因我们前一晚由汉阳出发,行军一整夜,至拂晓始渡过汉水,接着又继续前进,至此还未吃饭。正于此时,忽见左翼的湘军纷纷后退,翻过张公堤向襄河方向退却。我队因受友军影响,亦跟着向后撤退。刚退至搭浮桥的地方——琴断口时,看见河滩上一片密密麻麻的人群，队伍争先恐后地抢渡。因为人多，浮桥被挤断，许多士兵落水，被河水冲走。幸而此时据守铁路线之敌，未继续追击，否则我们将全军覆没。其时我们学生队也溃不成军，经过相当时间才集合起来，陆续由小船接运，渡过浮桥，先后回汉阳归队，查点人数，尚无损失。

经过此次战斗，敌已侦知我军强弱，故不久即在蔡甸搭浮桥渡河，向汉阳进攻。我军即在黑山（即扁担山）一带布防抵御。学生队亦奉命参加，先一日开往黑山附近，当晚在琴断口宿营。翌晨拂晓，敌已到琴断口小河对岸，双方隔河对峙。我队旋奉命增防右翼，相持半日，弹药告罄，给养也补充不上来。先是左翼友军向后撤退，而我们最右翼也因一挺机关枪弹尽而向后转移。此时，我队除了派出抬伤兵、领弹药和催给养的人员而外，实际担任战斗的仅二三十人，势孤力单，也只好沿着襄河右岸，经梅子山撤回汉阳休息。此后，我队曾在梅子山、龟山协助友军担任防守任务，但与敌未接触。十一月下旬，在汉阳已听到由前方传来的清晰的枪声。驻在昭忠祠的总司令部人员和设在归元寺的总粮台，以及架设在龟山上的大炮，都纷向武昌转移。我军亦随着过江，到武昌集中。此次撤退，各部都极形混乱。

撤到武昌的次日晚，宣布黄总司令立即要回上海，听说是黄与黎元洪会商后决定的。就在当天晚上，我队一部分同学奉命随黄到上海，立即到汉口日租界上船。同行的有黄的夫人徐宗汉，广东女同志张竹筠，日本志士萱野长知等。留下的一部分同学，则随都督府所属机关，移至青山驻扎（此一部分同学到议和停战后，始离开武汉，各寻出路）。当我们登上轮船时，遥见汉口仍火光烛天（两日前，清军已开始纵火）。事后得知，汉阳亦于此时相继失守。

我们随黄克强先生抵达上海时，上海已为光复军占领，陈英士任沪军都督。我们起初驻扎在火车站附近的南海邑馆，黄本人则住在法租界内，我们轮流到黄的寓所守卫。大约经过半个月，姚雨平由广东率领北伐军到了上海（其先头部队由林震率领，先已开抵沪宁线，并参加了收复南京之役）。时姚任北伐军总司令，邹鲁为军队的经理局局长，邹见着我立即委我为该局委员，而姚部的营长刘某则要我作他的连长。我自以带兵为宜，故接任了连长职务，而经理局委员名义则仍保留。

十二月二十五日，孙中山先生在举世瞩目中到了上海，全体同志均极感振奋。次年（一九一二年）元旦，孙中山先生在南京就任中华民国临时大总统，黄克强先生任陆军总长兼参谋总长。就在当天晚上，姚雨平率领北伐军中的同盟会员多人到总统府祝贺，我随同入府。孙中山先生神采奕奕，亲切地同我们握手交谈，并致慰问。因姚是客族人，孙亦用客族语言同他交谈，仿佛家人闲话，倍感温暖。

时清军前南京守将张勋撤过江北后尚在铁路沿线逡巡，北伐军奉令过江追击。我军过江，进驻安徽凤阳县城休整。时我连有一士兵，因违犯军纪，被团部枪决。这一事件团部处理失当，这一士兵的叔叔（在机关枪连任班长）从中鼓噪，遂扩大成了风潮。后经上级疏解，以营长作为孝子送葬，才算了结。我虽未被牵连，但亦深感没趣，乃自动辞职。获准后，我即回到经理局报到，当奉派到滁县前线兵站随军工作。此时，知道全军的给养都是广东供应的，其中食品一项，全为英国出品的肉类罐头，数量极多。足见广东后方，当时对北伐军供应之丰富。不久，我军进驻蚌埠，清军退据固镇一带，阻我北进。在此激战一日，敌不支，退守南宿州。我军在固镇略为整顿，即跟踪追击，又击败敌于宿州附近。敌节节挫败，退守夹沟，迨我军追至时，又望风而逃，退守徐州。至南北议和告成，敌军退至山东韩庄，我军乃进驻徐州待命。是役为时约一个半月，我军一月中旬由南京出发，二月下旬进驻徐州。

在此期间，孙中山先生辞去大总统职务，由袁世凯继任。黄克强先生免去本兼各职，改任南京留守府留守。宋教仁、陈英士等均任总长。北伐军在徐州驻扎了一个多月之后，开回南京训练，不久改编为陆军第四军，姚雨平任军长，而罗炽扬则仍任高级将领，林震任参谋长，张我权亦不次擢升，继林之后任军参谋长。罗、林、张等数人均夤缘时会，数月之间，竟飞黄腾达起来。其时军中也有这样一部分人，他们的共同想法是：革命已经成功，个人何必拥兵自卫，徒耗国帑。竟有人联名致电北京国务院，请求解散队伍，官兵解甲归田。这个队伍以后仍调回广东，不久被胡汉民遣散了。姚雨平自军队解散后，即以上将衔的官衔在上海作寓公，旋又被罗炽扬拉进北京。罗于北伐军被遣散后，即入北京投靠了袁世凯，并为袁作说客，使一些人失足。林震自北伐军被遣散后，曾任广东陆军速成学堂（即以前陆小第四、五期改的）的总办。二次革命失败后，林曾亡命日本，后为其兄某（广东省议会议员）函召回国，主要仍由罗炽扬牵线，向袁自首（袁曾颁布有民党自首条例），在北京做了月薪三百元的参议。张我权在二次革命时，即公开背叛革命，在龙济光未入广州前，曾因勾结驻在燕塘的熊团炮击督军署，逼走了陈炯明，还代理过七天都督。我联想到安徽的孙少侯，他是老同盟会员，且精研佛典，早负时望，亦以晚节不终，依附袁世凯，倡言维护帝制，以至声名狼藉，抑郁而死。

我随北伐军回南京后，跟着离开了军队。当时有两个前途任我选择：一为到外国留学（去日本或法国），一为进保定军官学校。我选择了后者，而将留学的机会让与同学谢婴白（谢顶替我的名字，进了日本早稻田大学，后谢曾任张发奎的参谋长）。自我进保定军校第二期不久，国内发生了许多重要事件，如黄克强先生辞去南京留守府留守，国民党四内阁阁员（王宠惠、蔡元培、宋教仁、王正廷）相率辞去总长职务，尤以宋教仁被袁世凯刺杀一事，引起了国民党全体同志的愤怒，加以袁进行"善后大借款"，未经国会通过，即行非法签字，于是群起进行反袁运动。

（三）

当国民党人进行反袁运动时，在保定军校的多数同志，几经秘密集会，决定到江西去参加李烈钧酝酿的江西起义，共有同学蒋光鼐、季方、吴艺五等三十余人。正要出发时，我接到邹鲁由香港来信，要我回去发动关仁甫的民军（关为广东地方武力首领，曾与黄和顺一起参加过镇南关起义之役）。我觉得很有意义，临时变更计划，只身南返。其余同学仍按计划到江西，参加了林虎首先发动的湖口之役（以后讨袁失败，我到上海曾与蒋光鼐等多人晤面，而与其中之一部分人亡命日本）。我到香港同邹鲁晤面后，立即进广州，会着朱执信。我把计划告诉他，他很着急地说："广东的民军很难搞，特别是关仁甫最靠不住，你千万不要上当。"朱过去曾搞过民军，对此情况十分熟悉，我接受了他的意见，暂在广州留住下来。

正在这几天里，广州发生了兵变，就是前文已提到的张我权主谋搞的。当叛兵炮击督军署时，我适经其地，曾被破片击伤。接着，我遇着陈雨亭（也是同盟会员，会制造炸弹），同他密谋制造炸弹，俟龙济光入城时，实行暗杀。我们曾在郊外作过试验。不料在龙入城的前一天，全市施行戒严，我就在住的客栈中被捕。我的日记本中有其他同志开给我的陈炯明逃往新加坡的通讯处，幸而写的是陈的代名"柯先生"，我坚称是我的舅父的地址，才得搪塞过去。当日我同其他被捕的人都被带上脚镣、银铐入狱。经过四五天，传闻陈炯明在出走前留下做内应工作的前警察厅长陈景华，因同陈炯明秘密通讯事泄，被枪决。我闻之，忐忑不安。后来我侥幸被释，一方面是因为查不出有力的证据；而另一方面，那个军法官在两次审讯时，好像处处都在为我开脱似的。最后我还是经我的同学李朗如，由他家的"陈李济"药店保出来的。我被释后，立即搭轮到了香港，会着邹鲁等人。他们都说："我们已准备好到督署照壁前（刑场）来收你的尸哩！"并悉他们已运动好陈景华的旧部和宪兵，准备实行兵变，攻打监狱，把我救出来。在此，我联想到，我未入保定军校时，曾在上海与一老同盟会同志陈子范（福建人）结识，他是上海"打洋工"（海关做事）的，会制造炸弹，专搞暗杀。他与我及几个福建同学（如金仲贤、吴艺五等四五人），便无形中成了一个小集团，每人都有手枪一支（我的枪还带进了学校，在此次回广州时，才交还了陈子范）。在此以前，大家都深受俄国虚无党的影响，并羡慕徐锡麟、秋瑾的英勇行为。即如恂恂然有学者风的蔡元培，当时也曾倾心于暗杀活动，暗杀在当时已成为一种风尚。自宋案发生后，驻在扬州的陆军第二军军长徐宝山的被炸毙，事后得知，就是陈子范搞的。

我到香港后,国内形势急转直下,各省在袁世凯的威胁利诱下,纷纷取消独立,革命进入了低潮,革命党人在国内已不能立足。于是我决定到上海约同吴吉甫、吴艺五等七八个同学(方声涛也同行)一起亡命日本。我们由上海动身时,大约在一九一三年的年底。

——摘自《文史资料选辑》

滦州起义回忆

冯玉祥

清陆军章制，本来是每隔三年，举行一次秋操。辛亥春，规定这年八月，陆军第二十镇、第六镇和第二混成协等赴永平府秋操。事先第二十镇革命分子即和第六镇吴禄贞，第二混成协蓝天蔚密商，暗谋于秋操时私带真子弹，相继起事。不料事机微露，清廷起了疑心。那时吴禄贞屡任新军高级将领，在东三省一带宣传革命，最露锋芒，因此清廷对吴的疑心更大。至时遂停止第六镇参加。第二十镇和第二混成协则仍按照原定计划举行。二十镇接到命令，即在全镇选拔参加部队，当以七十八、七十九标为主体，全镇各标都挑选官长目兵参加其中，合编成一混成协，开赴滦州。这次秋操的预备，规模很大，仪式隆重。单独从军事上说，是具有检阅自创办新兵以来的成绩的用意。如果从政治上看，当时革命空气弥漫全国，尤其两广一带，简直一触即发，这次秋操，当然更含有重要的政治作用的。

谁料正在军队纷纷调开滦州的时候，武昌举义的消息就已晴天霹雳似地传来，这里的秋操即中途停止。这是宣统三年阴历八月十七日，西历一九一一年十月十日。一般青年官佐听到这个突如其来的消息，大家身上如同打了吗啡针一样，一时兴奋欲狂。清廷见情势紧迫，急令所有部队停止调动,只留七十九标金铭、从云、张建功、一、二、三营驻扎滦州,其余部队各回原防,以待后命。当时清廷决以武力对待,临时编成的队伍,计有冯国璋第一军,段祺瑞第二军,以荫昌为总司令。后来格于形势,乃又袭用以汉人制汉人的故伎,重复起用袁世凯为总司令。这里还要补叙一笔,东三省总督锡良也于半年前撤换,这时已改任了赵××为东三省总督。

武昌首义的檄文传了开来,各省纷纷响应,北方各省亦都激起了很大的波澜。新任东三省总督赵××觉得军队不稳妥,自己责任重大,即在沈阳召集新旧将领会议,讨论应付时局的方针,及东三省应持之态度。当时被邀的,新军计有二十镇,第二混成协,第三镇(统制曹锟——卢××代理),凡协统以上的将领都在被邀之列。旧将领方面计有五路巡防营统领。正式会议之前,新军将领如张绍曾、蓝天蔚、刘一清、卢××等先在一处开预备会,讨论在会议中所持之态度。商议结果,大家一致主张东三省宣布独立,对清廷不出一兵一卒,械弹粮秣也一概不供给,以掣其进攻武昌之肘。

正式会议时间定在下午四时,大家都到齐了,惟独赵总督和某统领迟迟未到。一直等到五点左右,总督才坐着轿子蹒跚而来。在轿子前面,某统领先摇摇摆摆走进来。他两手托着一个羊肚毛巾包,里头裹着三只三炮台的香烟筒子,走进屋里,就把毛巾包往桌子正中一放,气喘喘地说:"妈拉巴子,这是炸弹。咱们今天谁要说妨碍皇上的话,咱就戳响他,谁也别想逃出这座屋子!"

说完坐下,双手握着那毛巾包。赵总督随后笑嘻嘻地进来,只说诸位久等了,当即宣布正式开会。

总督首先立起发言,内容可分三段:

第一段:我们拿皇上的俸禄,吃皇上的饭,我们连骨头都是皇上的,朝廷的深恩厚泽,为臣子的不应一刻忘记。我们要鞠躬尽瘁,以死相报。这是我们军人的天职。现在湖北乱臣贼子反叛朝廷,实属神人之所共弃,天地之所不容。

说完这一段,总督斜着眼珠望了望大家,一看将领中有许多在怒目纵眉,神色很不对，他于是赶忙喘了口气，改过语气来——

第二段：诸位还都年轻，遇事总不免爱莽撞。须知英雄识时势，咱们总要见机而行。这时我们东三省最好不动声色，什么态度也不表示。湖北果然成功，咱们再响应，那时少不得有咱们的一份。如果失败了，那时咱们并没有表示，自然也没我们的事。我这么大年纪了，什么事没经过？你们听我的，准保没有错。

说到这里，顿了一顿，接着又说——

第三段：现在朝廷还没有旨谕下来，咱们的要务是"保境安民"四个字。抱定这宗旨，无论是谁来，咱们也堂堂正正拿得出去。地方百姓能安居乐业，就是咱们的一大功劳。这是我的意见，大家是否赞同？

总督说完了，屋里是死一样的寂静，待了半天，他又催着说："怎么办？大家说话呀！"

嚷了半天，依然没有一个人发言。（那羊肚毛巾包裹到底是不是真有炸弹，谁也猜不透。）总督没奈何，摸了摸脖子，站起来说："咱们今天应当郑重地表决一下，谁赞成我的意见，就请举手。"

当时某统领先举手，五路巡防统领也随着举了手，可是新军这边各镇统制，各参谋长，各协统，——所有新军将领却依然低着头坐在那儿，动也不动。

总督一看会场里的情形，觉得这个事不好收台，于是厚着脸皮，用着乞怜的口吻，又向大家噜苏起来：——

"我这么大年纪了，头发也白了，什么事都不想干了。大家今天总得赏我个脸，不看僧面，看佛面，大家总得让我老面子过得去。有什么困难，大家尽管说出来，咱们从长讨论，也许是我上了年纪，话没说清楚，大家没听明白，现在我再说一遍——"

于是又把上面的话重说了一次。接着又付表决。这次新军将领里头某代统制首先举了手。经他这一破坏，大家也就不得不随着举手。乐得个总督笑开了脸，连声说："这是全体通过了，我有面子出得这道门了。"哈哈地笑着，宣布了散会。某统领依旧拿起那羊肚毛巾跟在后面徉徜而去。

会议完了，大家走出来。新军将领中有许多人气得要死。蓝天蔚气得走过去，将某代统制的袖子抓住说："你这个家伙，在外头我们怎么说的？说定了的不算，到里面又举手！"

某代统制脸红耳赤地说："老兄，光棍不吃眼前亏。桌上摆的什么玩意儿，你难道没看见？而且我举手也只举到耳朵跟上，我是一半赞成，一半反对。你们没看清楚，就随着乱举手，谁叫你们举手来？"

大家互相抱怨了一阵，方才散了。

那边东三省新旧驻军的将领在沈阳开着关系重大的会议，这里在新民府的将领都以万分焦虑的心情挂念着。后来赴会的人回来，大家都争先恐后地去打听消息，潘协统先回来，和大家说："咱们只应该忠君爱民，其余什么事也不要去过问。"

大家听说，知道事情糟糕了。后来有人看见蓝天蔚，蓝协统非常愤激地说："现在到了咱们流血的时候了，咱们得自己想法子干！"

自从武昌起义的消息传来，滦州秋操中途停止，留在新民府的我们一般倾向革命的同志们，人人兴奋地坐立不定。郑金声、王石清、戴锡九、我和马医生李某等，常常在一起聚晤，商谈我们应当怎样对武昌响应，应当怎样在新民府发动。大家都想着在这方面军事没有动作之前，要尽自己力量，做一番工作。于是在军队里暗中鼓动，有时分头到各营里去串门儿，乘机向目兵们宣说革命的道理。有时写印传单，向各处散发。一时工作紧张，情形非常活跃。这时我家里弄来一架油印机，从早到晚印刷传单，每天将《大汉报》等刊物上所刊载的民军胜利的消息，各省响应的文电，还有许多鼓吹革命的小文章，都摘录出来，用油印印好，每次三四百份，到晚上派人偷偷地到各营去散发，或是由邮局寄到本地各机关去，常常忙得通夜不睡。

不料从那架油印机身上，却露出一个破绽来。原来那油印机是营中公用的，我派护兵王某取回我家里，怕被人家看见生疑，还特意叫他用布把外面包着。不料走在路上，被范标统碰见。这护兵为人极忠实可靠，只是迟钝笨拙得很，一句瞎话也不会编。范标统问他手里拿的什么，他就老实告诉他是油印机。问他拿到哪里去，他就老实说："送到冯大人家里去。"范标统当时倒也没有在意。及至后来营中检查信件，发现大批油印传单，都是本地的邮戳，各兵棚里也不断地发现油印的宣传品，都不知从何而来。范标统慢慢把这事和那天送油印机的事联想到一起，才恍然大悟。于是暗中对我特别注意起来。但我当时仍是蒙在鼓里，并不知道这些情由。

各省独立的消息相继传来，我们秘密宣传和联络的工作，也一步步加紧。这时清廷已经重复起用了袁世凯。第三镇和第二十镇，都接到调开关内的命令，准备攻击民军。但将领们却各打各的主意，观望不前。这时二十镇的将领们，大约可以分为三派：一是革命派，主张立刻出动，进攻北京，刘一清、王金铭、施从云等都是；二是保皇派，主张开赴平汉前线，攻击民军，萧广传、潘榘楹、范国璋、徐廷荣等都是；三是中立派，这又可名之为稳健派或滑头派，主张观望，将来哪边胜了，就往哪边倒，抱定了不吃亏的主义，陈宝龙、周子寅等都是。张绍曾统制被这三派包围着，进退失据，恰如周公瑾从柴桑口回东吴时的处境一样。一会儿革命派去见张统制，说："时势紧迫了，你得马上带领我们去打北京！"张统制说："对！你们的意思我都明白，我们一定干，你们先回去。"革命派走了，一会儿，保皇派又来，说："咱们的骨头都是皇家的，统制得拿定主意。"张统制只好说："我自有办法，你们不要着急，你们先回去。"保皇派走了，一会儿中立派又进来，说："事情太大了，请统制不要轻作主张，我们这时千万不要哼气，将来有机会再干，这是最稳妥的办法。""对的，你们的意思很好，你们先回去！"张统制只好用同样的口吻来应付。这派走了，那派进来，有时这一派在棚子里说话，那一派就在外面守着，等到出来，大家遇在一起，就互相叫骂起来。我骂你是满清的走狗，你骂我是乱臣贼子。弄到后来往往掏出手枪来拼命。于是张统制又要跑出来劝解，大声地嚷着说："你们不要吵，我自然有办法，快回去！"一天一天过去，张统制眼看着无法维持。

其时清廷派彭家珍押运五千支枪，五百万发子弹，由奉天运向汉口前线接济。彭家珍原是革命党,就事先电告金铭、从云。运到滦州,即被张统制派人到车站扣留。金铭、从云诸同志因时机急迫、不可错过,又同去见张统制,切实要求他即刻和吴禄贞、蓝天蔚联络一致,率队直捣北京。张统制则以为本镇高级将领,多半都是保皇派,若是仓猝勉强从事,一定得不到好结果。乃想出一个权宜办法,条陈了十九条政见,要求清廷改革政治,宣布立宪,反对讨伐民军。请清廷立刻答复,态度很是强硬。张统制的意思,以为这样的办,可以相当满足一般守旧将领的要求。而条陈提上去,清廷必不允准,而后发动革命,则旧派将领也就死心塌地,无话可说了。

电报递到北京,以变生肘腋,清廷震惊之下,不料竟低声下气,复电将十九条政见一一接受,并立即入太庙宣誓立宪。二十镇虽因此不曾遵命南下,攻打武昌的计划,虽也因此遭了挫折,但张统制预计的第二步也就无法实行,同时被清廷所忌,把他调任长江宣抚使之职,以削其兵柄,原缺由潘榘楹继任。金铭、从云等得信息,极为愤懑,曾召集在滦州的同志张之江、张树声、刘骥、龚柏龄、张振扬等七十余人,在滦州车站的文庙内举行会议,以为张统制的撤职,是清廷铲除革命分子的毒辣手段。张统制的去留,关系北方革命之成败者至深且大。于是一致议决,请张统制切勿受命离去,同时电请清政府收回成命。

这时第三镇由卢代统制率领,已遵清廷命令向丰台开拔。他们的队伍经过滦州的时候,金铭、从云非常愤激,当即奉张统制之命,派队到车站截阻,向卢代统制严词诘责,要他明白表示态度。卢代统制从车上跳下来,和张统制他们说:"你们不懂我的主意,我是就机起事。我这一去脱离了东三省那个窝子,就好从丰台进攻北京。你们在后面等着作我的应援罢!"

卢代统制这么一说,张统制及金铭、从云等半信半疑,但终于把第三镇队伍放了过去。谁知卢代统制到了丰台,一面却打电报到北京,将东三省和滦州的消息一一向清廷告密,一方面又督率部队去打娘子关,向阎锡山进攻。

原来张统制与吴禄贞、蓝天蔚等事先已有密约,共同响应民军,合兵进攻北京。打算以第二十镇由滦州西进,吴禄贞统率第六镇由保定北进,两路夹袭，蓝天蔚则留后方策应，以期一鼓而下京都。不料张统制条陈政见十九条的初步手段被挫后，吴禄贞亦被袁世凯派人刺死于石家庄，又加上第三镇这次的出卖，张统制处此情境，自顾力量单薄，——即本镇之中，重要官长也都是保皇派，主张革命的多只是下级将领——因此益发加重了知难而退的心理。那时金铭、从云等要求收回撤换张统制成命的电报，清廷一直没有答复。张统制进退失据，至此就决意把二十镇之职交卸，带了一排人，偷偷地上了火车，回天津去了。

张统制走了，革命派失去领导者，一时颇成散漫的状态。这时潘协统升为统制，萧广传升为协统，我们八十标的标统仍是范国璋。他们这些上中级的官长，都是保皇派的，于是把目光集中到金铭、从云等人的身上。我也因为取油印机的那次失慎，一举一动都被我们那位范标统暗中派人监视着，不久我们第八十标即由新民府调往山海关内海阳镇驻防。因为那时风传民军即要在这一带登陆，范标统奉命，队伍一开到，即布置阵地，以为防范。王石清第一营在右，郑金声第二营在左，我的第三营则派在中央后防为预备队。此外炮兵营驻左翼后防，张之江、张树声、张宪廷的骑兵营则在沙岗子右翼前方。

二十镇的革命势力虽被分散监视，但革命的进行并不中止，反而再接再厉，更具体地干起来。推溯这方面革命的酝酿，原受有两方面的影响：一是握有实力的国民党党员吴禄贞等，一是在天津任教员的党员白雅雨和王励斋等。他们都是奉了党的命令，由南方北来，在山海关、天津一带活动革命。这时吴禄贞虽已被刺，张绍曾虽被撤职，但二十镇革命派的将领和白、王等的奔走联络却格外密切起来。那时白雅雨、王励斋曾数度和我们接洽，他们以为京奉线这一带，革命实力过于单薄，主张密约烟台民军由海道自秦皇岛登岸，那时再合力发动。金铭的兄弟金钰，也是一位民党分子，这时从国外回来，亦奔走于其间，非常努力。

有一天晚上，金铭从滦州到海阳镇来，找我商谈。我住在车站附近一个小铺子里。金铭一到，刚刚坐下来，不知怎样萧协统和范标统就知道金铭来了，打了电话来把他找去谈话。到了夜间，金铭就在我那里住宿，我们同在一个炕上打通腿。睡到了半夜，他掉到我这一头来，两个人开始谈起来。我和金铭的意思，都以为老袁上台后，北军已渐见振作，如果和议不成打起来，只怕民军吃不消。再则北方一带，情势一天天恶化，我们若不早干，终有被保皇派全部消灭的危险。所以主张即刻动手，从他肘腋之间的嫡系军队中爆发一枚炸弹，使他们无所措手足。于是金铭把滦州方面最近和南方联络的情形详细告我。当时计划等到烟台民军一到秦皇岛登陆，滦州和海阳镇同时动作，三张的骑兵亦在秦皇岛西南山嘴发动，郑金声为右翼，王石清为左翼，我为预备队。到时我的预备队先袭击炮兵阵地，并将萧广传、范国璋的旅部团部完全解决，而后合占山海关，分头进击北京和奉天省城。这一举即使不能直截了当地打倒清朝政权，也可使之丧胆，牵制其进攻武昌的行动。商议的结果，我在海阳镇负责和登陆烟台的民军接头，其余在滦州等地策应者，都由他们去分头布置，等约好了日子，即行发动。

金铭由海阳镇回到滦州，白雅雨是从天津到滦，赍有北洋军政府大都督之印。他因为南北和议行将决裂，情形已十分紧急，而且京奉线一带革命的酝酿，清廷亦有所闻，故力促从云等立即发动。一可以先发制人，二可以为民军之声援，于是滦州大街小巷遍贴起反正文告，公开宣传，人人口里嚷着光复，空气已被弄到白热的程度。金铭一看情形，大吃一惊，以为非同小可。但事已至此，无可挽回。大家即到师范学堂商议，一致主张迎就情势，立即发动。我们明知实力上极不充足——烟台民军没有到达，各方联络没有妥善——但认定只要干了起来，则义声所播，北方青年军人必定可以自动响应。那种犹疑彷徨，首鼠两端者，亦必慑于威势，幡然相从，则革命自有成功的可能，若是气馁中止，那就灭绝了自己。于是即于十一月十二日成立北洋军政府，宣布独立，当推金铭为大都督，从云为总司令，我为参谋总长，白雅雨为参谋长。十一月十一日晚间即以金铭、从云和我三人的署名发出电文：

"北京内阁总理大臣（上海伍代表，唐大臣，天津顺直咨议局）钧鉴：自武汉起事，各省响应，势如奔涛，足见人心所向，非兵力之所可阻也。

全国人民，望共和政体，甚于枯苗之望雨也。诚以非共和难免人民之涂炭，非共和难免外人之干涉，非共和难免后日之革命。我公身为总理，系全国之总代表，决不能以一人之私见，负万人之苦心。况刻下停战期迫，议和将归无效。全国人民，奔走呼号，惊惶之至，而以直省为尤甚。是以陆军混成四十协官长目兵等驻扎直省，目睹实情，不能不冒死上陈以渎尊听。查前奏之信条内开，军人原有参政之权。刻下全体主张共和，望祈我公询及刍荛，不弃鄙拙，速定大局，以弭乱事，而免惨祸，实为至祷。临发百拜，不胜惶惊之至。"

檄文一发出，沉寂若死的北方，一时革命空气高涨万丈，北洋军青年将领希图响应者极多。滦州迫处近畿，清廷这时正要动员冯国璋部队，想先一挫民军锐气，却不料后方出了这乱子，把北军军心完全动摇。清廷震惊之下，心碎胆丧。袁世凯也不由得手忙脚乱，只得派令通永镇守使王怀庆到滦州镇压抚慰。王怀庆与金铭之兄金镜、从云之兄从滨原有换帖的关系，希冀他可用感情说服他们。他来的时候，轻骑减从，金铭、从云迎接他到滦州驻军行营下脚。第一句他就同金铭、从云说："你们做得不对，你们不应该乱来。"

金铭说："你来得正好，你得帮着我们干。现在大都督的位置让给你，若是不受，你也休想走得了。"一时将领头目将他团团包围，要求他一同举义。其中有一位排长张振甲，用枪口对着王的胸部，说："你若不干，咱就开枪！"王怀庆看见情形如此，就临时生了诡计，满口应允了下来。大家当即排成行列，拥着他进城拜印，宣誓就职。大家骑着马，走了不远，王怀庆故意把缰绳勒住，马即乱跳跃，金铭忙问底蕴，他说："我这马是头生口，野蛮不驯，最好大家走开一点，不然就会出乱子的。"大家谁也没防他心存诡计，都信以为真，当即让开。原来王怀庆是马弁出身，骑得好马，这时他乘机回转马来，死命加了鞭，就一溜烟落荒逃走，等到大家掏出枪来追击，他已跑得无影无踪了。

王怀庆逃走，滦州自然不免要遭大军围攻的危险，金铭、从云等回军政府会议，都主张一不做二不休，为要先发制人，马上率队直袭京津。这时七十九标驻滦州的队伍，除金铭、从云所带的第一、二营外，尚有张建功所带领的第三营。张建功表面上与金铭、从云表示好感，暗中却时常将消息报告给标统范国璋。此时一、二两营向城外开拔，张建功即命令所部在城头开枪截击。金铭、从云这时已有决死之心，除分派石敬亭等率队抵御外，余则悉数登车，向前开发。到了雷庄，王怀庆已把路轨挖断。火车既停，隔着五里路，即与王怀庆所部交锋，打到深夜，王怀庆那边渐渐不支，随即鸣号请求停攻，派人过来请金铭、从云到雷庄那边去议和。原来王怀庆这次带来的都是巡防队，作战能力很是有限。

金铭、从云当即答允前去。左右一齐劝告，都说王怀庆诡计多端，绝不可去。但他们俩意志已决，以为议和如能成功，彼此可免无谓的杀伐牺牲，或竟可直接进攻京津。否则，以身殉志，亦正是所谓求仁得仁。于是部属都要求同去，誓共生死，同去的共有官兵一百多人。

其实王怀庆是存心诈骗，卖友求荣。金铭、从去到了那边，他即避不出见。金铭、从云正询问间，伏兵已出，将他们一一捕拿，电请袁世凯发落。袁复电后，即先将金铭杀害。金铭就刑时，骂不绝口，视死如归。其后殉难者有施从云、白雅雨、张振甲、孙谏声、戴锡九、董锡纯、熊齐贤等十四人，余者都被羁押。最可敬的，是金铭的一个护兵黄云水。金铭被害后，王怀庆叫人撵他走，他不肯走，反对王破口大骂说："王怀庆你这个害民贼，甘心当满清的奴隶，卖朋友的猪狗！……"

王怀庆听得恼了，遂也将黄云水一并枪毙。

自从金铭由海阳镇走后，我就天天盼望着烟台民军和滦州方面的消息，希望短期内能有佳音到来。一天早晨，忽然范国璋派护兵来找我，我也未疑有他，即随同前往。到了那里，范标统说："袁宫保来电报，询问这里驻军的情形。我要回个电报，你替我帮帮忙。"我坐了下来帮他写稿子，他就走开了。一直写到中午，我肚里饿极了。就告诉面前一位姓江的弁目，我回去吃了中饭再来写。不想那弁目向我尴尬地一笑，说："冯管带，你耐心坐一回吧！标统有话，不让你出这个屋子了。"又说："你那天晚上和王大人谈的话，协统标统全都知道了。王金铭、施从云今天在滦州成立了军政府，你是参谋总长。今天一早协统已经见到檄文。"

至此，我大吃一惊，一时如入五里雾中，不懂他们为什么也不等烟台民军登陆，也不和我约好日子，便先干起来。一时心神不定，焦急万状。如此一直监禁了四天，最后两天连饭也不给吃。不料在我被监禁的第三天上，他们大批同志已遭了王怀庆的毒手了。

这样一个在帝制势力的重围里生长起来的革命运动，因为本身的脆弱，领袖人物的幼稚与急躁，以及奸人的诈骗破坏，终于瓦解，成为一场悲痛的失败。

但是如果说，正因为这次的失败，遂使清廷知其大势已去，恐惧愈深，因此南方民军的声势大振，不久即因而整个颠覆了清廷的统治，这也并不是夸张的。

——摘自《我的生活》

回忆辛亥革命

张奚若[1]

（一）

辛亥革命前，同盟会陕西支部长是井勿幕，一个了不起的人。井勿幕是井岳秀（民国初年直到民国二十几年在榆林做陕北镇守使）的弟弟，幼时在家中读过不少旧书，光绪末年曾到日本留过学，在日本结识了不少从事革命运动的人物。宣统元年回国，宣统二年我在上海遇到他，当时他不过二十二三岁。陕西人中运动革命出力最大的，一个是在上海办报的于右任，一个是他。他在陕西运动革命，活动的范围很广。他固然能和青年人在一起讲"新学"，也能和中年的秀才举人们做诗谈旧学，而且因为他的哥哥从小习武艺（井岳秀是武秀才），他也在一起学过，对于所谓"十八般武艺"也都会耍，所以更能与江湖上的人结交。

陕西的江湖人物大抵有两种：一种是哥老会，当时在新军里颇有势力；还有一种是所谓"刀客"。"刀客"是一种侠盗，崇尚侠义，劫富济贫。清朝

---

[1] 张奚若，陕西朝邑人。毕业于美国哥伦比亚大学，获硕士学位，曾参加同盟会。曾在清华、北大等校任教。参加过爱国民主运动。一九七三年在北京病逝。

末年，有一个大刀客头儿，叫王振乾，外号王狮子，朝邑人，是山西陕西甘肃三省刀客的领袖，在辛亥前就死了。他的党羽遍布各县，尤以陕西东部的十几县为多。井勿幕是同州蒲城县人，与他们很容易发生关系。那时有名的刀客头儿，一个是阎孝全（朝邑人），一个是严纪鹏（渭南人），外号叫白翎子，后来均在革命军中出过力。阎孝全阵亡于辛亥攻打醴泉之役。刀客和土匪当然是不同的。杨虎城是刀客出身，后来有人说他原是土匪，实是错的。那时哥老会人物和刀客们，看见井勿幕这样一个张子房式的白面书生，居然也会各种武艺，而且有时比他们还好，所以对他很钦佩，情愿听从他的意见。

辛亥四月间，我从上海回到西安才两个月左右，正在养病；井勿幕在北山（陕西人称同官以北为北山）养马，预备养好了将来革命时编马队的。同盟会另一个重要的人是当时的陕西咨议局议长郭希仁，此时也不在西安。我住在藩台衙门（后来的民政厅）里土地祠中养病，有一天忽然有一个同盟会会员李仲三来找我，惊惊慌慌地说有一件大事要找我出主意。我问他什么事，他说哥老会的人决定就要起义了，怎么办？李仲三是潼关厅（现在潼关县）的秀才，外貌粗陋，面孔很黑，绰号叫李逵，是遇事不易有主张的一个人。我想，我在此对一切都不熟悉，就问李仲三已经去找井勿幕没有？他说已经去找了，但不一定找得到，而哥老会想这两天就起义，找到也来不及了。我此时感觉责任非常重大，也无别人可以商量，沉思之后，乃告诉他：目前第一要劝哥老会暂勿举事，因为我们没有充分准备，领袖又不在，起义之后也无法组织政府；我们的军火也不够，当地有新军，还有旗人的驻防，万一起义不成，我们就要被消灭，以后就再难有革命的机会了。我叫李仲三劝他们忍耐，我们对外省也没有联络，就是在陕西革命成功了，也太孤单，随时有被围歼的可能。第二，要赶快去找井勿幕回来。

第二天，李仲三又来了，一进门很高兴地说："伙计，你的办法真灵，他们听了。"这一次起义计划因此并没有发动。不久井勿幕回来，一方面对哥老会重新又说了一遍需要忍耐的话，一方面就加紧准备，派我到日本去买炸药和手枪。

（二）

我病还没有全好，可是必须就动身。买军火的钱，由井勿幕筹措。井勿幕父母已经不在了，只有他和哥哥两个人。他把家中好的字画挑出两箱，托我带出卖了来买军火，我还记得其中有王石谷、郑板桥的画，刘石庵的字等珍品。当时大家为了革命，是不顾一切的。我又拿了井的介绍信，到汉口去找一个陕西泾阳的财主柏筱渔（柏在汉口有大生意），预备找他捐钱。柏筱渔原是我在三原宏道高等学堂时的老同学，不过在此以前没有革命的关系罢了。这又可见井勿幕运动革命范围之广。

我坐了八九天的骡车到洛阳，换火车到郑州，再转车到汉口，找到柏筱渔拿到一些钱（我记得数目不大）后，就乘船到了上海。

井勿幕叫我到上海所找的人里面，有刘亚休。刘是四川人，同盟会会员，同井在日本认识的，我和他本来也相识。他为我介绍了到日本后的四川同乡，并谈到过运军火的计划。

又到民立报馆找宋遯初（教仁），因为陕西哥老会如一定要首先发难，则陕西就要设立革命政府，可是陕西那时候没有法政人才，所以要和宋商量派一个法政方面的人到陕西去。当时有两个人可能去，一个是吕天民（志伊），云南人，一个是居觉生（正）。

因为宋的关系，认识了谭石屏（人凤），湖南人，哥老会的大头儿。那时常常开会，地点也没有一定，有时在北四川路谭家开，参加的人有淡宅旸（四川人）、吕天民、宋遯初等。结论是吕天民不能离开上海，东南方面需要他，居觉生可以去。

陈英士（其美）也是这时认得的。那时候陈英士当然是官方注意的人物，我和他初次是在堂子里见面的。浙江路清和坊的怡情别墅是他最喜欢去的地方。第一次彼此就躺在姑娘屋里的床上交头接耳地说话。姑娘当然避开了，老妈子总不时进来倒茶拿瓜子。这是我第一次进堂子，此后还在那里吃过几次花酒，也是陈英士请的。可是那个时候最熟的还是宋遯初。

不久我就去日本买军火，刘亚休介绍的四川人，就是任叔永（鸿隽），后来又在他那里认识吴玉章。此外又认识一个怪人洪承点。洪是江苏北部人，喜欢讲究慷慨悲歌的英雄派头，爱喝酒。有一次聚会时，他已喝了五瓶啤酒，走来叫我喝。我说我一点也不会喝，他认为我不行，要我一杯茶对他一瓶酒地干杯。我觉得还可以，欣然奉陪。不料他又喝了五瓶啤酒，还要再喝。我喝了五杯茶，已经胀得不能再喝了，只得认输，当然被他认为不够英雄了。他又喝了三瓶，前后共喝了十三瓶始罢。洪后来在二次革命时一度任革命军南京卫戍司令。

我把我来日本的目的告诉任叔永等之后，他们都说买手枪、炸药没有问题，就是运输回国困难，在上海检查时不易逃过。他们问我曾否注意上海近来检查偏重那方面，不注重那方面，因为这些情形常常变化的，如能得知，就较易隐藏这些武器了。我在上海不知这些事情，没有注意，于是大家商定由我再去上海看一次情形，调查明白之后再回日本运武器。

从日本回上海之后，常常和陈英士商量运武器的事，来往比较多。陈住马霍路，答应帮我将东西由上海运到内地。陈英士有一个听差，穿得很好，人很强壮，管包扎装运军火。我有一次看见他装运军火，办法是拆开一套新的洋式沙发（当时上海还没有汽车，沙发也极少见），将手枪塞在弹簧中间，然后将沙发仔细缝好，看起来天衣无缝，决不会知道其中有武器。运起来虽然分量不轻，好在沙发本身已很重，当时人也不大知道沙发到底该有多么重，所以更不会看出来。这个听差的姓名我记不起来了，而他的相貌如今想来还历历如绘。后来我曾打听过他的下落，也没有人知道。

当时黄克强（兴）不在上海。有一次他从广州来信，大家在民立报馆传观，他的字写得很好。

（三）

正想回日本，八月十九日武昌起义了。上海紧张起来，大家一天到晚在开会，都认为武汉是四通八达的地方，可能遭到清军围攻，必须发动各地响应，以分散清廷兵力。大家推我赶快回陕西策动起义。当时汉口不能走，京汉路南段已经因运兵完全不通，所以我决定绕天津、北京、郑州到西安，虽然知道京汉路北段未必通客车，但是总希望这一段比南面一段好，能够通行。

我在光绪三十四年由陕西到上海时已经剪掉了辫子，这次又是在风声鹤唳中经过北京，当然相当危险，然而装了假辫子又容易看出来，所以还是没有装。北京我是初次去，所以请人写了信介绍给当时《民意报》的赵铁桥（同盟会员）。我带了两箱子没有卖出去的字画，匆匆地在八月二十二日离上海北上。

我记得到北京的那一天已经将近晚间八点，因为没有辫子，在前门车站就被仔细检查了一番。我住在前门外西河沿的中西旅馆，从晚间八点钟到第二天早晨八点钟，我一共被检查了八次。检查者包括内城外城各种军警机关。还有一次是一个斯斯文文、戴眼镜的便衣密探，询问我许多话之后，居然还要我的字画看。幸而这个密探不大高明，否则那时我一点也不懂字画，恐怕就要露马脚了。

第二天上午到民意报馆去找赵铁桥，没有见着，回旅馆后，下午就有人来问我今天到民意报馆是去找谁的。我于是明白出入有人盯着了，只得随机应付，说是间接辗转找别人的，总算支吾过去。后来看到赵铁桥，也是约在窑子里见面的。在旅馆中住了两星期，忽然铁路通了，我就离北京南下，经过郑州到洛阳。

……

（四）

我在上海准备出洋的时期中曾回陕西去过一次，这一次回乡很有意思，是选举国会议员去的。这是民国成立后第一次选举，有些情形或者值得记述。

当时选举国会议员是采复选制。每个县分为几个区，每区选出几个代表，这些代表称为初选当选人。再将全省分为几个区，由每区所辖各县的初选中当选人投票,选出来的才是国会议员。我在上海,忽然接到家中来信,说我已在初选当选为代表。我当时很奇怪,感到我在十一岁即离开乡间(我是朝邑南乡人),十八岁即到外县去念书,知道我的人很少,谁会来投我的票?同时我更感到奇怪的,是乡下人不识字,如何会投票。我当时对于是否回陕西去在复选时投票,也考虑很久,不能决定。回去吧,这一次实在太远,路费也不少,回去了,还要出来准备出洋,未免太不经济。不回去吧,我们在当时读的讲民主政治的书上都说投票是一种权利,也是一种义务,若是公民都不尽这种义务,政治就要被少数人把持操纵。考虑的结果,认为既然参加过革命,对选举也应当尽公民的责任。因此就自掏腰包,路迢迢地回陕西去投票。

到家之后,才明白我何以能当选及乡下人如何会投票的道理。原来自从要"办选举",朝邑就设了一个选举事务所,并由事务所请了各乡绅士,商量选举的办法。依照法律规定,朝邑县按人口比例应当有二十一个初选当选人,又规定大约有若干选民。选举事务所所请下的各位帮忙的绅士的实际任务有二:第一,他们要决定各乡应当当选的人名单。第二,他们要雇些书记为这些"应当"当选的人按法定票数(拿二十一除全县选民的总数的得数)抄写若干票(譬如说每人二百张或三百张)。抄写好了,还要把这些票封在一个柜子里,再把这柜子送到县里,定期开柜数票。数票后当然是人人当选,因为不能当选的人的票,书记根本一张也没有写。也可以说,因为要当选才写的,不当选何必写呢。当年"办选举"就等于"办差"。别县的办法或技术如何,我不晓得,我们朝邑的确是这样"办"的。我的故乡属于朝邑南区,选举事务所的绅士们有许多知道我和革命有关系,就把我的名字列在里面,我也就因书记先生一番抄写之劳而当选了。

朝邑县在复选时属于陕西东区,在潼关投票。前一两天,同区十几县的人都陆续来了。我到了潼关,认识我的人见我从上海回来,都以为我是来竞选的。我告诉他们,我已决定出洋,这次是来投票的。他们之中除了和我很熟的人以外,都不相信,认为决无从上海不远千里赶回来投这一票的道理。

可是无独有偶,第二天又来了一个我的同志,这人就是在抗战第一年作古的全国驰名的水利专家李宜之（仪祉）。他是从南京赶回来投票的。李宜之是蒲城人，他的伯父李仲特是数学家，在陕西高等学堂教过数学；父亲李桐轩，是文学家（后来陕西从事改良戏剧的易俗社初期所用的剧本，多出于桐轩先生之手），两人都赞成革命，和井勿幕是小同乡。有一个时期，李宜之的伯母和母亲都已去世，他和他的哥哥尚未结婚，所以朋友说他们是"一家人四口，革命党两双"。他是京师大学堂预科毕业后去德国留学，回来后在南京河海工程学校做教务长。他虽未积极奔走革命，但对革命始终极同情，所以这一次也赶回来尽公民义务。他是有名的书呆子，我和他又根本没有从事竞选活动，所以大家终于相信我们并不是为了想做国会议员而来的了，终于相信天下竟然有为尽公民义务，不远数千里而回来投票的傻子。

这一次选举，可以说是中华民国成立以来所有的选举中最清白的一次，大家根本不懂行贿赂，连请客的事也没有，完全是靠情面拉票子，真有点"古风"。到二次选举，大家晓得票子可以卖钱，就一塌糊涂了。

我们东区选举出来的众议院议员共有五个，其中后来为人所知的现时大概只有两个：一个是马彦翀（骧），抗战初起时张自忠做天津市长，他是秘书长；另一个是寇胜浮（遐），在段祺瑞执政府时代曾因国民二军关系做过农商总长，是一个出名的书家。

从陕西回到上海，我就加紧准备出洋。革命朋友们当时对我"游洋"（那时不叫留学）之举颇有表示反对的，认为是不负责，把革命事业让给进步党和北洋军阀官僚就不管了，而我则深感到没有现代知识或技术一切都办不到，于是就不顾朋友的批评，决心出国赴美。我在出国前，本来是预备学土木工程的，这自然与上面所说的铁道协会会员一事有关。不幸到美（民国二年七月）后，因数学不好，对画图又乏兴趣，未入学即改变计划。当时陕西派的留美学生共四人，除我外，其他三人是严庄、刘楚材、林济青。林济青是山东人，革命后因在陕西外交司做事，又因当时革命党人颇富大同思想，没有省界观念，所以就派到了他，以后可就不容易了。

——摘自《辛亥革命回忆录》（一）

辛亥革命前后杂忆

仇鳌[1]

今年十月十日是辛亥革命的五十周年纪念日。辛亥革命虽没有完成反对帝国主义和封建主义的任务,但就推翻清朝统治和结束两千多年的封建帝制来说,却是一个伟大的胜利。我今年八十一岁了,五十多年前曾以革命党和中国革命同盟会(简称同盟会)的一分子,在日本东京和国内长沙、上海、吉林等地参与革命活动。民国成立初期,又在上海、南京、北京、湖南等地参加政府工作和社会活动,直到宋教仁被刺、二次革命失败,再度亡命日本为止。辛亥革命前后的史实,我是亲历过和知道一些的。略述所忆,以当纪念。

(一)

我原名曜元,号炳生,一九〇二年入长沙府学。早年好读《船山遗书》,后来看到清朝一些大兴文字狱和扬州十日、嘉定三屠等纪事以及黄菊人的《黄帝魂》、邹容的《革命军》、陈天华的《猛回头》等书,愤恨清朝的专横暴虐,起了参加革命的念头,就改名"楚遗"。一九〇四年四月,我首次到日

---

[1] 仇鳌,湖南湘阴人。同盟会会员,一九四九年参加湖南和平解放工作,新中国成立后是民主人士。

本，一面学习师范，一面同罗杰、余焕东、赵燎、仇亮（式匡）等组织新华会。这时，黄克强、宋教仁等已在长沙创立华兴会，筹备起义。东京的新华会就是为响应华兴会而组织的，两湖留学生参加的最多，覃振、刘道一、田桐、白逾桓、沈鸿烈、樊锥、盛时等都是会员。这时，日本已同帝俄开战，征兵进行短期训练。我和樊锥、盛时、覃振等报名应征，以两个月的时间学完了步兵操典。日俄在我东三省境内开战，清廷不能保卫国土，任凭外人宰割。我们对于清廷压迫汉人，害怕洋人，愤恨达到极点，尽力鼓吹发动革命，复我河山。所以我们那时进行的革命，主要是从对于清廷压迫汉人的仇恨出发。人人都想造反，人人都要推翻清朝。以后同盟会成立，孙中山先生正式提出"驱除鞑虏、恢复中华、创立民国、平均地权"的革命政治纲领。但当时也只有少数人了解国民革命的意义，大多数人还只是知道种族革命。至于平均地权的问题，一般人更是莫测高深。

一九〇四年秋，黄克强、刘揆一、马福益、陈天华、宋教仁等在长沙运用华兴会和同仇会的组织，筹备新旧军和会党起义，预定阴历十月十日（公历十一月十六日）清廷西太后六十生辰之日发动，省外各地五路响应。我们在东京得悉华兴会的革命组织有所发展，仇亮、赵燎和我三人就兼程回国，准备参加行动。不料到了上海，长沙起义已在事先泄密失败，马福益被捕就义，黄克强、刘揆一、宋教仁、陈天华等幸免于难，逃匿上海租界。我在革命秘密机构（公共租界新闸路余庆里）里，初次会见黄克强，感到他气魄雄伟，态度磊落，意志坚定。他说湖南的组织未散，基础还在，仍可回去继续进行。我们三人依照他的指示，转道湖北回湘。

我们三人当时都只二十几岁，心粗气浮，在用钱方面也没个打算。到了汉口，住在后花楼长春栈。各自检查行箧，三人只余一块多钱，仅够开支行李运费，以后的生活费用更是毫无着落。仇亮不管三七二十一，坐下来就写信给上海机关的黄克强求助。我和赵燎也没有拦阻。第二天，仇亮和我过江到武昌寻找亲友。我在一个朋友的父亲处借到五元。时已傍晚，走到汉阳门，城门忽然提前关闭，听说是要捉拿下江来的革命党。我们二人大吃一惊，提心吊胆地绕至文昌门，幸而城门尚开。出城赶到汉阳门轮渡码头，轮渡也已临时停止；看见岸上满布军队帐篷，如临大敌。只好坐"划子"（小渡船）过江，从王家渡上岸。听得汉口的风声更紧，仇亮忽然想起他写给上海的信，可能被官方检查出来，泄露行迹，就害怕起来，走到旅栈门前也不敢进去。我把仇亮引到旅栈后面的茶馆里坐着等候。我观看了一会四面的动静没有异样，走进旅栈，赵缭安然坐在房里，这才通知仇亮进来。我们幸而未被官厅的侦探们发觉，第二天就匆匆走了。

回到长沙，原来的革命机关已被破获，一时找不到负责的同志。我便同仇道南（仇亮的父亲）、江海宗等办湘阴师范，利用学校暗地鼓吹革命，并准备进行暗杀。罗良铎从日本带回几枚小型炸弹，江海宗取一枚到岳麓山高处试验不灵，暗杀无从着手。一天，听说陆军大臣铁良到长沙来视察新军，我和一位同志大力士易希谷兴奋起来，决定持梃狙击。我们二人到小吴门等候，我任巡风，他任梃击。他带着一条坚实的粗棍，预备给铁良当头一棒。但是铁良那天没有从小吴门经过，我们这种"古侠客"式的行刺便落了空。

一九〇五年，因为湘阴师范有些老先生革命性不强，我同彭枚生、赵缭另办民立第一中学作革命宣传机关，彭任校长，我作教务长负实际责任。我们开办这个学堂，得力于唯一中学校长禹之谟的帮助很大。禹之谟在湘乡、长沙办有毛巾厂，他是当时长沙的商会会长兼教育会会长，原与黄克强有联系。

一九〇五年秋，孙中山领导的兴中会，黄克强领导的华兴会，蔡元培、陶成章领导的光复会，合并改组为中国革命同盟会，在东京成立，所有三会会员均为同盟会会员。我们一度组织的新华会，原为响应华兴会，至此也并入同盟会。黄克强这时密函禹之谟，在湖南成立同盟会分会并推销《民报》。因此，禹之谟就成了我们进行秘密革命活动的首领。《民报》经我们想尽方法偷运偷销，在湖南各地起了很大的作用。

一九〇五年十二月八日（阴历十一月十二日），我早年在求实书院的同窗陈天华，在日本大森海湾蹈海自杀。次年五月六日（阴历四月十三日），留日归国的湖南学生姚洪业又在上海投黄浦江自杀。他们不惜牺牲生命来激励国人进行革命，使革命党人深受感动。陈天华遗体由日本运沪后，湖南旅沪人士派人将陈、姚两柩送回长沙。禹之谟、彭枚生和我提议公葬于岳麓山，借以垂之永久。官厅不予同意，但也未明白禁止。我们决定在七月十一日（阴历五月二十日）举行公葬，事先并发表宣言。届时由唯一学校和民立一中为首，发动学生及其他各界并少数外宾共约数万余人，结队护送陈、姚二柩于岳麓山顶；沿途高唱哀歌，队伍绵延十余里，学生身穿白色制服，一片缟素。公葬仪式举行时，禹之谟当众演说，万众振奋，民气大为伸张。官厅这时已无法阻止，因而对我们非常嫉视。恰巧不久发生了长沙学务处要员俞诰庆、漆旦湘宿娼被民立一中学生捉住的丑事。原来俞诰庆、漆旦湘素行不端，在一个星期六的夜晚走入娼家，被附近民立一中学生们看见。星期日天亮一群学生拥入娼家把他们捉住，赤身捆绑起来。学生因彭枚生和我都不在校，请得禹之谟到来，当场照相后才予释放。禹之谟指斥俞、漆为士林败类，不能领导学界。俞诰庆等怀恨在心，向官府大吏密告我们是革命党，秘密推销《民报》，准备起事。官府等到暑假，趁大部学生回家，于八月十四日（阴历六月十一日）借故逮捕了禹之谟，后移解靖州被害。彭枚生、赵镣等闻风逃走。我在暑假回到湘阴，还不知消息。开学前返至省城，朋友们立即把我藏匿起来，并代为照料妻室，筹措旅费，我才得秘密取道武汉、上海，逃亡日本。

（二）

一九〇六年十月，我二次到东京，改名仇鳌。除代仇亮担任同盟会湖南主盟人，从事组织活动外，并参加了《民报》的管理工作。《民报》针对着梁启超的《新民丛报》，展开了激烈的斗争，把保皇主义的论点驳得体无完肤。

这年十一月四日，在东京的留日学生中的贵族子弟和保皇派集会对付《民报》，居然提出三项办法：（一）凡是参加《民报》的官费留学生停发官费；逮捕参加《民报》的私费留学生的国内家属，以示惩戒。（二）也办一报与《民报》相对抗。（三）采用以汉制汉的办法，运动梁启超、杨度攻击《民报》；他们说："能战胜《民报》固佳，否则亦足乱彼汉人之耳目。"第三项办法，他们虽然实行了，但却得到相反的结果。

  同年十二月二日，《民报》在锦辉馆举行创刊周年纪念庆祝大会。这是同盟会本部和《民报》的最盛时期，到会的达五千多人。大会由黄克强主持，章太炎（时任《民报》总编纂）宣读古调盎然的祝词，中山先生发表了著名的演说，阐发民族、民权、民生三大主义的精义。接着，章太炎、日人断水（革命评论社社员）、外柔（社会学学者）、宫崎寅藏等均有演说，黄克强、田桐等也相继发言，无不慷慨激昂。有人当场发起捐助经费，共捐出七百余元。散会时各赠"天讨"券一张。从上午八时直开到下午二时方告散会。会上悬有某君（忘其姓名）赠中山先生集唐人句一联云："岂有蛟龙愁失水，不教胡马度阴山。"

  《新民丛报》经《民报》同人集中火力痛击，有一蹶不振之势，在东京留学界和国内的影响大为削弱。一九〇七年，保皇党人梁启超、蒋智由等在东京组织政闻社，十月十七日开成立大会于锦辉馆，梁启超特由横滨来作宣传演讲。陶成章、张继等事先组织革命党多人参加，我也按时前往。我们都带有结实的手杖，准备开打。我到会较晚，会场里已有一千多人。政闻社社员只有一百多人，坐在前面，衣上带有三角形红色结子颇为引人注目；有的担任招待员，四面应酬。日本名流犬养毅等十余人也应邀到会。开会时，梁启超已坐在台上右侧；主持人稍讲几句，梁启超就上前讲话，下面掌声不多。他说："我国必须立宪，需要有国会。现在朝廷下诏立宪，诸君应当欢欣鼓舞……"话还未毕，张继即站起来高声大骂："马鹿！狗屁！打！"我们四百余人就举起手杖，冲向讲台。梁启超急忙转身，向台后面楼梯逃走。张继奔到台上，政闻社主持人慌忙上前阻挡，被我们另一位同志推倒。台下已经大乱，手杖齐挥，喊打声四起。带着红结子的政闻社社员，不免挨了几下，纷纷扯下红结子，夺门逃走。张继在台上宣布讲话，大家鼓掌欢迎，重行坐定。张继讲了些革命的道理，又对来宾犬养毅提出质问，说犬养毅素来赞成革命，怎么忽然帮助立宪。宋教仁接着上台，把同盟会的革命宗旨，详细发挥了一番，全场掌声雷动。犬养毅随后也讲了话，说立宪也好，革命也好，他都赞成，希望早有行动。这样，张继就宣告散会。本来是保皇党人的会场，却被同盟会革命党人利用了。这天，蒋智由没有到会，他回国作请愿立宪的勾当去了。章太炎曾将这幕丑剧，在《民报》十七号著文宣布。

（三）

一九〇七年初，清驻日公使杨枢请求日政府驱逐中山先生。日方表面以劝说为名，送旅费五千元，请中山先生离去。日商铃木久五郎素日表同情于中国革命党，也赠送一万元。中山先生召集左右会商，决定接受，于这年三月四日（阴历正月二十日）偕同汪精卫、胡汉民往新加坡转至河内，设立革命机关，进行粤桂滇的起义准备活动。临行时留给《民报》维持费二千元，余款供给军用。当时章太炎大不满意，要将中山先生受赠事公诸《民报》，黄克强予以阻止。随后黄也离日，刘揆一代行总理职务。秋间，孙、黄计划在粤南钦、廉一带大举，派日人萱野长知（同盟会员）在日购运枪械。章太炎听说所买枪械陈旧，竟用《民报》名义拍发明电，告知香港《中国日报》（同盟会机关报）冯自由另行定购。中山先生得知，认为章泄露军事机密，通知东京本部，并对章表示不满。章也反唇相讥，并与陶成章乘着潮惠起义失败，鼓动张继、宋教仁、谭人凤、白逾桓等主张召集大会，罢免中山先生的总理职务，另举黄克强继任。刘揆一深恐发生内讧，更于钦、廉起义不利，力加反对。刘同张继为此揪打起来，结果张自认理屈，风潮暂时中止。刘揆一随即致书胡汉民，请劝中山先生向东京本部引咎。中山先生复书说，党内纠纷须查明事实才能解决。黄克强也来函说："孙总理德高望重，诸君如求革命能获成功，乞勿误会而倾心拥护。"这样，才结束了那次的党潮。

一九〇八年春，因章太炎脑病发作，张继又离日，《民报》二十号到二十三号由陶成章主编。陶成章编了三期《民报》，仍交给章太炎主持。陶化名出走南洋，进行筹款。他要求中山先生介绍向南洋各处华侨募捐，未得允许。从此陶决计恢复光复会，与同盟会分离，把徐锡麟、秋瑾起义事件编成《浙案纪略》，在英属、荷属各地进行宣传。这时，湖南李燮和（柱中）在南洋槟港设有同盟会分部，声势浩大，颇得华侨信任。陶到槟港煽动李燮和纠合江浙湘楚闽粤蜀七省在南洋的部分华侨，列举中山先生"罪状"，上书东京同盟会本部，要求罢免中山先生的总理职务，本部置之不理。他们就在南洋重振光复会，举在东京的章太炎为会长，发售江浙皖闽赣五省革命债券。李燮和把同盟会支部改为光复会支部。一九○八年河口之役，中山先生派汪精卫到荷属文岛筹款接济，大受光复会会员的排挤，未有结果。一九○九年，陶成章又到东京，运动黄克强反对中山先生。黄不但不为所动，并致函李燮和为中山先生申辩。

中山先生一九一二年元旦就临时大总统后，当即派员迎接章太炎到南京，相见尚欢。但临时政府没有给章相当的位置（见下节），他随即在沪组织中华民国联合会，倡言"革命军兴，革命党消"。这年三月，同盟会在南京举行死难同志追悼大会，他送一挽联云："群盗鼠窃狗偷，死者不瞑目；此地龙盘虎踞，古人之虚言。"以后又与张謇等组织统一党、共和党，拥护袁世凯和黎元洪，专门与同盟会作对。

（四）

一九○八年十月，我因奔父丧由日回国返乡。治丧完毕后本想潜在省内活动，但长沙捉拿党人的风声很紧，自己曾被通缉，匿居不易，只得于一九○九年初东下。过南京时，进城同党人联系，有同志告以同盟会会员刘师培变节，投靠两江总督端方，充幕府要角；他并告我说，曾在刘处见有党人名册，第一名仇楚遗，估计就是我，嘱我谨慎，不要露出形迹，免遭暗算。我本预备南往龙州，联络蔡锷，恰值吉林办理教育的友人来电相召，便改道北行，前往吉林，任自治讲习所教员。党人赵缭、江海宗等也先后到达吉林，筹划在边远地区建立革命基础。这一计划本是中山先生和黄克强所决定，东三省各地都派有党人进行活动。但这年由于熊成基（化名张建勋）谋刺载洵，被人出卖，在哈尔滨被捕（次年就义），清吏防范党人十分严密，我们的计划没有成功。

一九一一年十月十日（阴历八月十九日），武昌新军起义。十一月初，我到上海时，上海新告光复，陈其美任上海军政府都督。李燮和主持吴淞军政分府，称光复军总司令。李为湖南安化人，也是我早年在求实书院的同窗。我到上海后，李以同志和同学的关系，坚邀我担任吴淞军政分府的秘书长。

十一月下旬，江浙联军共同进攻南京。十二月二日（阴历十月十二日），联军一举而下金陵。南京的光复，以浙军和光复军第一协黎天才部[1]作战最为勇猛。黎率部首克乌龙、幕府两山，被称为黎老虎。但黎部纪律很差，当黎率队先入仪凤门时，竟肆行劫掠，我随李燮和到后才加以制止。这时镇军林述庆入驻清总督署，称江宁都督。联军总司令徐绍桢自不能居其下，而程德全自苏州光复，早已被推为江苏都督，于是三人大争帅印。后经宋教仁赶来调停，徐绍桢、林述庆才肯把都督让给程德全。

南京光复的那天，黄克强由武汉回到上海。他早已连电在海外的中山先生迅即归国。党人在沪所办的报纸又尽力宣传中山先生已向海外华侨筹得巨款，购买五艘军舰及大批械弹回国，准备北伐军事的种种消息。这一宣传使气息奄奄的清廷和野心勃勃的袁世凯大为震动。

中山先生于十二月二十五日到达上海，受到各界人士的盛大欢迎。第二天，黄克强、汪精卫、宋教仁、居正、陈其美等民党要人公宴中山先生于哈同花园，决定先期分别向各省代表示意，选举中山先生为临时大总统；并由马君武著文在《民立报》披露。夜间又在中山先生住所集会，讨论组织政府方案。宋教仁主张采内阁制，以黄克强为总理。中山先生主张暂不设总理，

---

[1] 黎天才所部为粤军，原隶龙济光，又称济军，驻在吴淞。吴淞光复后，李燮和改编黎部为光复军第一协。

将来再定。黄克强支持中山先生，劝宋教仁不要坚持己见。

十二月二十八日，黄克强、宋教仁等先到南京，晚间出席各省代表会，提出成立政府、改用中华民国纪元并改用阳历、政府组织采用总统制等等，宋教仁发言仍主张内阁制。讨论结果，照黄原提案通过。二十九日下午举行总统选举会，十七省代表以十六票选举了孙中山先生为临时大总统，另一票投了黄克强。各省代表多数不是革命党员，但无一票选举黎元洪，证明了中山先生的革命精神和革命理论已经深入人心。当然，党人事先的宣传有相当的影响。

中山先生于一九一二年元旦在南京就职，仪式庄严而朴素。一月三日，中山先生以临时总统的身份出席代表会提出部长名单，先开预备会加以审议。初提的名单如次[1]：

陆军总长　黄　兴　海军总长　黄钟瑛
外交总长　王宠惠　内务总长　宋教仁（后改程德全）
财政总长　陈锦涛　教育总长　章炳麟（后改蔡元培）
司法总长　伍廷芳　实业总长　张謇
交通总长　汤寿潜

预备会审议结果，对宋教仁、王宠惠、章炳麟多不同意，并主张伍廷芳改任外交。经黄克强与中山先生商议，黄提议内务改为程德全，教育改为蔡元培，外交伍廷芳，司法王宠惠。中山先生说，内、教可改，但伍、王不必对调。黄又将中山先生的意见。向代表会委婉说明，代表会乃正式开会，就修改的名单投同意票，一致通过。接着举行副总统选举会，黎元洪以十七票当选。中山先生又委胡汉民任秘书长，黄克强兼参谋总长，蒋作宾为陆军次长，汤芗铭为海军次长，魏宸组为外交次长，居正为内务次长，王鸿猷为财政次长，吕志伊为司法次长，景耀月为教育次长，马和（君武）为实业次长，

---

[1] 初提的名单是据当时居正所谈，后并见一九四四年出版的《梅川日记》。

于右任为交通次长，钮永建为参谋次长。

各部总长只有黄克强、王宠惠、蔡元培是党人。张謇、程德全、汤寿潜本属立宪派，在江南负有声望；尤其是张謇以清廷状元、实业界领袖的资格为社会各界所推重。黄克强为了笼络各方，所以把他们拉入临时政府（本来约张謇担任财政，张不肯就，才改为实业）。至于各部次长多为党人，各部实权均操在次长之手。黄克强为组织政府是煞费了一番苦心的。

这里还要插一句，章太炎虽未当成教育总长，二月初，中山先生又聘他任临时政府枢密顾问（同时发表两人，另一人为张静江），但他未就。

（五）

中山先生把临时总统让于袁世凯后，一九一二年四月，临时政府迁往北京，宋教仁北上就任农林总长，我也随往。宋约我担任农林部参事，我未允。我自知学识不足，决心研究政法。宋虽同意，却主张我同时办报。他说他对农林也是外行，不想久干；中国要走上政党政治的前途，须借报纸鼓吹。他筹了一笔小款，并把接收清廷农工商部的印刷机器、铅字设备等拨给我用。我在粉房琉璃街租定房屋，一面设立"共和印刷局"从事营业，一面出版《东亚新闻》。所以取这一名称，不过想扩大报道新闻的范围，没有别的用意。大约在五月上旬出版。我任社长，易象任总编辑，赵缭编杂俎，还有不少的记者。每天出版对开报纸两大张，印数不过千份左右。

《东亚新闻》除了报道中外消息外，主要是宣传政党政治。

一九一二年二月间，同盟会在南京召开大会，通过新会章，进行选举。由于章太炎等一部分党人已经分离，造成南京与武汉对立的气氛。宋教仁建议扩大招纳会员，加强组织，把黎元洪也拉入会内。中山先生接受他的意见，但政纲方面，还是以中山先生的主张为重点。大会选出中山先生任总理，黄克强、黎元洪分任协理。会章规定干事部设五人，分掌总务、交际、政事、理财、文事五部；人选由会员票选十人，呈总理选任。大会选出干事汪精卫、胡汉民、宋教仁、马君武、张继、居正、平刚、李肇甫、田桐、刘揆一等十人，但中山先生并未选任，随着南京政府的结束就搁置起来。黎元洪对此也未作表示。以后的同盟会怎么办呢？中山先生与宋教仁有不同的意见。中山先生主张退为在野党，对政府进行监督。宋却主张联络原与同盟会有关系的党派，合并改组成一个大党，先在议会中获得优势地位，然后组成以政党为基础的责任内阁，积极前进而不是消极后退。黄克强和多数党人赞同宋的意见，汪精卫高倡"六不"，自命清高，胡汉民回任广东都督，中山先生只好听凭宋教仁去进行，让他实际上作了总务部的主任干事。我认为从当时的局势看，宋的意见是对的，所以我也附和他的主张。

宋教仁得孙、黄的允许，就在北京展开活动。他不仅是长于辞令的演说家，而且是下笔万言的理论家。以"桃源渔父"为笔名的长篇论著，经常见诸于《东亚新闻》，读者莫不钦佩。这时，北京的政党林立，除同盟会外，最大的还有共和党和统一共和党。共和党是与同盟会相对抗的。统一共和党则居于中立的地位。同盟会和共和党都想争取统一共和党到自己这一方面来，但结果宋教仁获胜，把统一共和党拉了过来。终于把同盟会、统一共和党及另三个小党派国民公党、国民共进会、共和实进会，合并改组为国民党（初拟定名民主党，后因已有同名小组织出现，未用）。他代表同盟会，同其他四党的重要人物商妥，并把规约（党章）、通告等文件以及理事、参议名单预先拟出，到上海向孙、黄报告，作了最后的决定。八月十三日对海内外发出通告和组党宣言。八月二十四日，中山先生到京，二十五日国民党就召开大会，正式宣布成立。

《东亚新闻》关于宣传组织国民党、主张责任内阁制及孙、黄来京的报道各方面，尽了很大的力量，发生了相当的作用。宋教仁要我办报的目的总算初步达到了。

此外，这个报纸还有一项特色，那就是提倡女权。

自一九〇七年四月秋瑾在绍兴密谋举义未成牺牲以后，女子参加革命的有如风起云涌。辛亥革命时，各地起义反正，几乎都有女子参加。南京临时政府成立，女子继续奋起，力争参政权。宋教仁和我均主张开放女权，著文提倡。同盟会总章第三条政纲第五项即有"主张男女平权"的规定。政府北迁，唐群英等结队向袁世凯政府多番请愿，每次呈文都是由我代笔。《东亚新闻》不仅作了女子参加的论坛，报馆有时还作了她们秘密集会的场所。国民党的政纲里未将男女平权列出，而仅在政策中振兴教育项内提到女子教育、发达女权。我曾为此向宋教仁力争，宋以合并的其他党人多数不同意，没有办法列入。唐群英向宋大兴问罪之师，甚至挥拳动武，宋挨了她一掌，未与计较。就提倡女权来说，《东亚新闻》只是放了一阵空炮而已。

当时巾帼英雄中，不乏卓越的人物。但如沈佩贞那样放荡不羁，卖弄风流，却给了封建士大夫们以攻击的口实。我原对沈的谈吐言论，认为非同凡响。可是她竟追求唐绍仪，多方拉拢。一天我问她："人说你要嫁唐，难道真有这样的事吗？"她居然笑着回答说："我不过想利用他一下罢了。"我为之叹惜，以后就不敢领教了。

宋教仁组成国民党以后，成为当时最出色的人物。我也充任了国民党政治部干事，为之尽力。宋以为袁世凯已被说服，可以实现组织责任内阁、建设中国的雄心大志。哪知不到七个月，他竟被老奸巨猾的袁贼所暗算了。

（六）

宋教仁被刺经过，已在现代史书中记载颇详，不待赘述。这里叙述宋案发生前有关湖南选举和政局的一段重要事实，聊供补遗。

一九一二年八月十日国会组织法和参议院、众议院选举法公布后，国民党为了争取选举的胜利，随即开始布置各省的选举工作。这时，恰恰湖南省司法司司长洪春台死了，大家以为选举是和法律有关的事，宋教仁就要我回湖南去作司法司司长，以便掌握选举，支援国民党的竞选，同时改组湖南同盟会为国民党湖南支部。当时我在北京主编《东亚新闻》，并从事于政法的研究，不愿回湘。宋教仁极力敦促，我才答应，但仍以事成回京为条件。等我回到长沙以后，才知道办理选举属于行政范围，是民政司的事，与司法司无关。那时湖南民政司司长是刘人熙，不是国民党员，湘督谭延闿便设法将刘调开，让出民政司司长给我。我即着手筹备选举事务，自兼选举总监督，并按湖南五道，派出监督五人。结果，湖南国民党在这次选举中大获胜利。宋教仁为了竞选，这时也回到湖南，到处演说，博得各界人士的称赞和同情。他以百分之百的票数当选为参议员。

宋教仁在选举胜利后，有一晚上，约了谭延闿和我在国民党支部谈话。他说：国民党在全国的选举都已胜利，已占国会的绝大多数，大局已定，政党责任内阁制一定可以成功；他即将转道沪宁回京，准备组织第一任政党的责任内阁。他约请谭延闿参加新阁，以湖南都督兼任内务总长。他认为谭延闿的父亲谭钟麟和袁世凯的上辈袁甲三是把兄弟，谭、袁有世交的关系，容易谈得拢，可以使袁世凯同新内阁合作。谭延闿已参加国民党，那时确实想帮助宋教仁，当即表示同意。至于湖南是我们的一个基本据点，必须牢牢抓住。宋教仁预定在谭到北京后，要我担任湖南都督。因为我在湖南同各方面的联系已有基础，对各方面都还能抓得住，宋一定要我掌握这个基本据点。只是民政司司长地位不高，他提议将民政司改为民政长，同都督地位平行，谭进京后，才好担任都督。我原约定办完选举即行离去，坚决不肯接受，但他们也不问我是否同意，就由谭延闿电达袁世凯请将湖南民政司改为民政长，并以我为民政长。袁世凯接电后，转电上海黄克强询问究竟。黄克强尚不知宋在湖南计议的详情，又电谭延闿询问。这时宋已前往上海，谭电复黄说候宋到后详谈。其实，宋教仁的这些布置，只是一方面的想法；根本没有考虑到他们和袁世凯之间的利害冲突，以为关键问题就在竞选，国民党选举既然获胜，其他都可迎刃而解。哪知袁世凯早已把宋看作眼中钉，派遣暗探，随时注意宋的行动。尤其是当袁接到湖南暗探报告有关我们在湖南这一计划的消息后，就更大吃一惊，感到非立刻下手不可。宋终于在进京的那晚，在上海车站遭到了袁世凯的毒手。这位年仅三十二岁、正当英年有为的政治家竟抱着责任内阁的遗恨赍志以终了。他留下的致袁遗电，还说什么"望总统开诚心，布公道，竭力保障民权，俾国会确立不拔之宪法，则仁虽死犹生"。回想起来，我们那时实在太天真了。

我在宋教仁被刺后，即辞去民政司长转往上海。湖南都督谭延闿后来虽也宣布独立讨袁，但还是出于被迫的。讨袁失败，湖南党人四散亡命。我也以"四凶"[1]之一被袁通缉，于一九一三年底出走东京作亡命客了。

（七）

孙中山先生与黄克强自一九〇五年八月在日本东京结交，旋即共同创立同盟会，七年间心腹相托，患难与共。但是从一九一三年宋案发生至二次革命失败出亡日本，孙黄间意见相左，一度各行其是。

宋案发生后，中山先生于三月二十五日由日本赶回上海。接着案情破露，凶手竟为袁世凯、赵秉钧所遣派，民党无不大愤。中山先生召集重要秘密会议，主张立兴问罪之师，武力解决。黄克强、陈其美等都认为民党所控制的军队正在整理训练中，不堪作战，应候法律的制裁。中山先生拟再行东渡，争取日本的支援，黄等又以中国内务不便乞外援相劝止。四月，袁世凯向五国借款二千五百万镑不经国会通过，违法签订，全国哗然，群起反对。中山先生又召集各省民党要人会商，决定声罪致讨。他令胡汉民回广东宣布独立，而胡答谓时机尚未成熟；令上海发难，而陈其美复一筹莫展；商由黄克强促使南京独立，而南京部队间（第一师与第八师）、军官间意见也不一致。黄克强等仍主加强国民党议员的力量，利用国会进行合法斗争，以达推翻袁世凯的目的。中山先生在气愤之下，叫朱卓文密赴南京，运动部队下级军官除掉其将领，以便亲去指挥独立。部队中人到沪向黄报告。黄克强恐南京局势于中山先生不利，自请赴南京主持军事，由陈其美进攻上海。适李烈钧湖口起义失败，上海又连攻七日夜不下，完全失败。黄克强认为无能为力，于

---

[1] 当时袁世凯曾诬称湖南有所谓"四凶"，系指麟（周震麟）、凤（谭人凤）、龟（仇鳌）、龙（龙璋）。

七月底一走了事，过沪不停，径往日本。八月后，安徽、广东相继失败，福建、湖南亦取消独立。中山先生乃偕陈其美等大批党人先后出亡日本，我也在内。二次革命不到两月，就这样结束了。

中山先生到东京后，责备黄克强不该放弃南京，私自出走；黄说由于孙自己运动军队造成了混乱的局势。陈其美同黄克强之间也因军事责任问题发生了争执。因此，中山先生决心重新组织"中华革命党"，把官僚政客排斥出去。他在激动的心情下，采取江湖会党的方式，要求入党者具立严格的誓约，并须在誓约按印指模。黄克强既不赞成重新组党，更反对立誓约、按指模。他说党中整饬纪律是应该的，可是这样做法，是要大家盲目服从。他在负气的心情下，于一九一四年三月携眷同李书城、石陶钧等前往美国。不少党人包括我在内，最初对于立誓约、按指模也感到难堪，后来渐渐认识到过去的失败确是有负于中山先生；革命无领导，怕牺牲，不服从领袖是断难成功的；大家有了这样的认识，履行入党手续的人也就一天天多起来。这年六月，党人先开大会选举中山先生为总理，七月八日，中华革命党宣告正式成立，协理一职始终虚悬，留待黄克强归来。中华革命党成立后，在东京设法政讲习所培养政治人才，在大森设"浩然庐"培养军事人才；并办《民国杂志》，由胡汉民主编，宣传反袁。时值第一次世界大战发生，钮永建、彭允彝、白逾桓、张孝准等有欧事研究会的组织，因为他们不肯入中华革命党，以致有孙黄分立的传说。实际上黄克强并未过问，这个会以后也无形取消了。

我在东京期间，鉴于很多流亡军人不懂政治，生活散漫，曾与彭允彝、殷汝骊等商同日本寺尾博士组织政法学校，招纳他们入校读书，所用讲义多由戴季陶、殷汝骊等翻译。我们在亡命党人中造成了研究学术的气氛，同时对于接近孙、黄的同志，也作了些协调转圜的工夫。以后这个学校就同法政讲习所合并了。

一九一六年三月，袁世凯取消帝制，中山先生和我们一批党人陆续回国。黄克强于六月三日由美抵日，向日方借款购械，准备回国训练五师精锐军队，作为倒袁的武力，事先已由张孝准代表黄进行商妥。旋闻袁病死，因而作罢。黄克强随即返国，住在上海。他听从周震麟和我的劝告，先到中山先生寓所会晤，中山先生也回访了他。两人时相过从，和好如初。不幸黄于十月间旧病复发，延至三十一日病故，年仅四十三岁。中山先生亲临致祭，痛悼不已。

我是在一九〇六年十二月二日《民报》周年纪念会上，始见到中山先生，听到他的演说；以后他往南洋，直到辛亥年归国，才又见面。一九一二年上半年，在上海、南京、北京等地，听了他多次关于民生主义、社会主义的讲演。一九一三年九月到一九一六年五月这两年半在日本的长时期内，更不断受到中山先生的教诲。他的寓所内，四壁图书，琳琅满目，十三经、二十四史、中外政治经济书籍、各种地图，应有尽有。他经常读书，手不释卷；融会贯通，能得要领。中山先生心地光明，待人诚恳，接近党员，和蔼可亲。只要是为了革命，他总是有求必应。因此人人感动，努力奋发。中山先生革命品格感人之深，是我终身所不能忘怀的。

——摘自《辛亥革命回忆录》（一）

辛亥海军起义的前前后后

汤芗铭[1]

辛亥革命海军起义，我曾亲身参与其事，光阴易逝，忽忽已五十年了。兹就回忆，纪述如次。

（一）

晚清海军，有大小舰艇四十余只，分为巡洋、长江两个舰队。巡洋舰队以海圻、海容、海琛、海筹、建威、通济、飞鹰、联鲸、舞凤等舰及湖鹗、湖鹏等四鱼雷艇组成。海圻最大，有四千三百余吨，英国船厂制造，有二十一生的大炮。其次是海容、海琛、海筹三只姊妹舰，都是二千九百余吨，德国船厂制造，有十五生的大炮，射程极远，火力甚强。巡洋舰队的统制（当时以司令称为统制）是程璧光，驻在海圻舰上，舰长（当时称为管带）是汤廷光。长江舰队以楚豫、楚泰、楚观、楚谦、楚同、楚有、江元、江亨、

---

[1] 汤芗铭，湖北蕲水（今浠水）人。字铸新，汤化龙之弟。毕业于福建船政学堂，后留学英国。一九一二年任海军部次长，依附袁世凯，镇压二次革命，任湖北都督时激起民愤。抗日战争时期充当汉奸，抗战胜利后参加民社党，出席"国民大会"。

江利、江贞等舰组成，都是日本船厂制造的炮舰，其形状类似大型装甲舰。六"楚"都是七百吨，四"江"都是五百吨。长江舰队的统制是沈寿堃，随时移驻各舰，无一定的旗舰。这两舰队之上，设一巡洋、长江两舰队统制。

一九一〇年（宣统三年），萨镇冰卸海军大臣职，出任巡洋、长江两舰队统制，其统制部设在上海高昌庙一座大楼里面。当时一等参谋郑权，和萨同学，只支工资不办事，因此萨先生呈请北京海军部调我代理郑权的职务。我于一九一〇年（清宣统三年）二月到高昌庙任职。

辛亥八月二十一日（旧历）早晨六点，萨到我寝室，给我看一件北京海军部发来的急电，上面写着"亲译"二字，已由萨先生用密码本亲自译出，大意是说八月十九日武昌兵变，两湖总督瑞澂已出城到楚豫兵舰，除已派陆军进剿外，望即亲率军舰前往武汉，海陆夹攻云云。当时停泊在上海黄浦江的军舰不多，有一些正在船坞修理，不能立即航行，只有楚有一舰能够立即出发。萨先生命我一面拟电告知在山东附近海面作夏季演习的海容、海琛两舰星夜开赴武汉，一面通知楚有速准备开船。我同萨先生于二十一日下午到了楚有舰上，所有参谋、副官、秘书的事务都由我一人担任。长江夜航不易，我得汉口领江公司中的一个姓冯的领航。八月二十六日早晨，至达汉口刘家庙附近江面，长江舰队统制沈寿堃已先从九江到了汉口指挥舰队。沈和各舰长都来楚有向萨报告情况。他说，军舰上有军官郑礼庆、朱孝先两人同情革命，投入黎元洪那方面去了（朱已故，一九五〇年我听说郑还在上海）。

在汉口刘家庙附近江面上停泊有楚豫等数只军舰，我们楚有停泊在楚豫相近的地方。萨下令全部舰队处于戒严状态，不许任何外来船只靠近军舰，不许官兵离舰上岸，舰上人员非因公务不许彼此往来。他每天命我到各舰上传达命令，视察情况。

隔了几天，有一人假装西洋人，带一副假胡子乘一只小火轮，驶近楚有舰旁。舰长朱声岗命士兵开枪，我赶上前去阻止，让他们靠近本船。那人站在船头用英语说要见萨统制。朱声岗告诉我这个假洋人就是朱孝先。我问他来干什么，他用英语说，有一封信给萨上将。我把信接到手，叫他开船离开了。这封信是黎元洪具名的，信中称萨为老师（因为黎本是海军学生），大意是说清廷无道，武昌军民万众一心，立誓推倒君主、建立共和，请老师共举义旗云云。萨先生阅后默无一言，只告诉我黎原是海军中人，甲午中日之战时因军舰被击沉，浮水得以生还。又过了几天，一个名叫轲斯的瑞典人，是红十字会会员，乘悬有红十字会旗帜的小火轮来楚有舰见萨先生，所说的都是宣传武昌革命军怎样好，清朝一定会推倒等等的话，最后拿出一封黎元洪的信交给萨先生，信中与朱孝先送来的信大意相同。萨先生看了信以后，轲斯要求复信，被拒绝了。

（二）

我同楚有舰上一个轮机士兵刘伦发交谈了几次，知道他的家眷住在武昌城内，熟悉武昌情形，并且同情革命。我就向萨先生建议，派他去武昌调查革命军的情况，萨应允了，我便写好一封给我的哥哥汤化龙的信交刘带去（我的哥哥当时任武昌革命政府的政事部长）。过了两天，刘伦发带回我哥哥的一封信，用很小的一张信纸写了几句话，大意说：武昌举义，各地响应，革命必成，望策动海军早日反正，以立殊勋云云。刘伦发向萨先生报告说，武昌革命军秩序良好，人民亦同心协力要推倒清朝，建立共和，青年学生纷纷投入军队，准备作战，都督黎元洪的司令部设在阅马厂咨议局里面，革命政府的职员都能吃苦耐劳，每月只支二十元的生活费；他从汉阳门进城住了两天，仍从汉阳门出城，出进都有人搜查。萨先生听了未发一言，只是听到革命政府每人每月支二十元的生活费时连连点头。

旧历九月初旬，海容、海琛两巡洋舰来到了刘家庙江岸附近停泊。海容舰长喜昌（别字其五），海琛舰长荣治，都是满族。我同这两舰上的人员谈话，知道舰上的官兵对他们的印象不太好。

在海容停泊的附近江岸一带，都布满了清廷派来的陆军，和我们取得联系，知道指挥陆军作战的是冯国璋。过了几天，冯派陶某（安徽人，后来在北京统率办事处任职）和另一军官来到海容舰，请求海军炮击武昌，协助陆军进攻。萨先生命我传达海容、海琛等舰，定于九月初七日（这个日期可能不正确）向武昌炮击。当时武昌武胜门外凤凰山炮台时时发炮，向汉口方面射击；从武昌到青山二十里长的江岸堤边，都安设有汉阳兵工厂造的七生的半野炮，曾向停泊在离刘家庙江岸不远的楚豫舰开了数十发炮，打死了一个水兵。因为瑞澄住在楚豫舰，该舰每天遭到攻击，因此萨先生把楚豫调开，驶赴长江下游。我们于九月初七日下午三点，从湛家矶附近江面整理舰队出发。驶至纱麻局附近江面，海容向堤岸开了几炮，革命军设在江堤的数十门野炮，纷纷开炮还击。我们的炮射程很远，炮弹都越过江堤，打到后面陆地上去了，而他们的炮却都打中我们的军舰。海容舰上有两人受伤，一个是水兵，一个是舰长喜昌的侍从（北京人）。凤凰山的炮台也发了炮，没有打中我们的舰只。下午四点，萨先生叫我传令把舰队驶回刘家庙附近江面。这次只和江岸炮兵互击，并未向武昌城内发射一炮。

当时最大的军舰海圻已由程璧光乘赴英国庆贺英皇加冕，一时不能回国，海筹不在此间。我认为只要同海容、海琛两舰官兵的关系搞好了，我们起义就有把握。我和江贞舰舰长杜锡珪商量，分途进行活动。各舰士官均深明大义，同情革命。这时长江舰队统制沈寿堃已离舰到上海去了。

袁世凯被清廷起用以后，某日到湖北萧家港车站慰劳前方军士，派人来约萨先生前往一谈。我同萨于夜间九点钟到达车站，同去见了袁。他们两人谈话时，我候在第四镇统制办公的一节车上，当时我看到卸任第四镇统制王遇甲，我和他谈过几句话，并看见王把移交册子交给新任统制（可能是杨善德）。萨先生和袁谈了一点钟的话后，我们仍坐火车到刘家庙回海容舰。

我和杜锡珪见舰上官兵都同情革命，就不断劝说萨先生率领海军起义，顺应潮流，为革命建立功劳。经我们多次劝告，最后萨先生允许把全部舰队调赴九江。我立即向各舰传达命令，于旧历九月初（时间记不甚清）全部舰队驶往九江。将要开船时，萨先生向我说应当去通知冯国璋，不然岸上陆军不知戒备，革命军可能渡江攻击。我说事已至此，无通知冯的必要。

全部舰队开到九江以后，经我们督促，喜、荣两满籍舰长离船乘商轮到上海去了。萨先生自以年老不能担任非常举动，亦乘英国太古公司的商船赴沪。

（三）

我们在海容舰上开会，大家推我为海军司令。我以革命政府尚未成立，大家公推的司令只能作为临时的，应当上面加上"临时"二字，大家均同意。我立即着手整理内部人事，指定杜锡珪任海容舰长，提升海琛副舰长林耐菴（这是他的别名，我记不起正名）为舰长。其余各舰人事亦略有更动，大部分仍各留原位。我还叫人画了青天白日的海军旗帜图样，命各舰自己用布制成。

一切布置完毕以后，即于某日（日期回忆不起）悬起新的海军旗帜，宣布起义，并立即派人与九江陆上军政机关联系。当时九江业已独立，主持九江军务的是马毓宝，在江岸设有办事处，处长系李烈钧，和我们联络的是吴铁城（吴原是九江关监督的人员）。我写了一张电报稿托他们拍到武昌都督府，大意是说我即日率舰到武汉帮同作战。两天以后，黎元洪都督派徐明达、李作栋两人乘轮船来到九江，持一份慰劳海军的信并款数千元，登舰慰劳（信是我哥哥汤化龙亲笔写的字，文章也是他作的）。

我把舰队的给养预备好了以后，把全部舰队开到青山附近江面停泊。黎元洪都督派李国镛携带若干银币来舰作为暂发一部分军饷之用。我们第一步是炮打二道桥和三道桥，阻断清军的铁道联络，同时由徐明达向青山岸上驻军司令成某（名字记不起）促其组织军队攻打二道桥，截断汉口清军的归路。我们接连好几天炮击二道桥和三道桥，我又亲到青山成某的司令部内，帮同计划利用海军大炮掩护，组织陆军乘船攻占二道桥。某日早晨天未明时，岸上驻军集合许多轮船和民船，从青山江边出发，运送了一营多人到二道桥不远处登陆。这些军队多数是训练不久的，登陆以后，人声嘈杂，秩序不好。到了天明，清军从二道桥附近的炮位开炮射击，革命军虽然以一部分民房作掩护，但仍受到清军发射的子母弹的杀伤，颇有伤亡。我命舰队开炮百余发，把清军的火力压住。但是革命军所占的地形不利，到了中午仍乘原船运回青山江岸登陆。有一天黎都督派人来告诉我，清军攻打甚猛，企图越渡汉水，攻占汉阳，要求舰队开到汉水入江的口外，炮击清军，阻其渡过汉水。我即率领海容、海琛两舰溯江直上，命其余军舰防守江面，并命湖鹗鱼雷艇随行，便于上下逡巡，兼传达命令。当海容、海琛到达汉江口外，正在侦察地形时，清军在江岸设的大炮一齐发炮，形势甚急。我把海容、海琛驶回，发炮射击江岸清军的炮台及其驻在江岸附近的陆军。彼此炮击约有两点钟之久，海容中了数十炮，舰上有三人受伤死亡，清军炮火终于被我们的炮火压倒。后来听到第四镇的人们说，当时驻在江岸附近的第四镇士兵，被我军炮火打死了四百多人。我曾亲到汉江口侦察一次，看到临扬子江附近的汉江江岸，数十里都是民房，看不见清军所在，并且清军以蔡甸为据点，准备渡汉，而蔡甸离江面较远，海军炮火不能达。只有每天率海容等舰上下逡巡，不断炮击二道桥和三道桥及清军设在江岸的炮垒。

秋冬交令，武汉附近江面水浅，海容、海琛等舰吃水较深，得黎都督的允许开往上海。我们的舰艇迭次遭到岸上炮击，船身都受了炮伤，尤其海容船头被清军炮火打了数十处的伤痕，亟待进高昌庙修理。我们到上海后，红十字会的轲斯请我同杜锡珪到他家晚餐。他向我说："你们致力革命甚为热心，但如果清廷一旦打倒，你们革命党人中没有一个能统一中国。"我说："革命党的人才甚多，一定能够组织政府，统一全国。"他说："据我看来，只有袁世凯能做中国统一的事业。"

南京临时政府成立，我被任为北伐海军总司令，又率海容、海琛等舰到了烟台，帮同革命军光复了登州及沿海各地。

我到烟台的时候，该处的临时都督王传炯登舰向我陈述光复烟台的经过（详细经过我现在已不能记忆）。原来王传炯为舞凤舰舰长（此舰是清朝向英国订购的，舰身极为美观，设备极其舒适，但其排水量仅数百吨，专供海军大臣乘坐游览沿海海口，与联鲸舰为姊妹舰，当时联鲸的舰长是陈绍宽）。烟台光复时当地只有很少的武装部队，而舞凤适停泊在烟台港内，于是公举王传炯为临时都督。我到烟台不过数日，南京政府任命的烟台都督胡瑛也到达了。蓝天蔚被任为关东都督，也到了烟台，和我们取得联系。蓝说，他已派了许多革命同志到了东三省做光复关外的工作，要求我派军舰到营口等处巡弋，以壮声势。我即派海容等舰轮流前往。蓝任商震为关东军司令，商在山东各处招募了一些兵在烟台口外大小钦岛上训练，预备在东北海岸登陆。

当时刘艺舟等革命同志光复了山东登州等地，我曾派兵舰到登州海面，与他们相呼应。

我们很重视蓝天蔚光复东三省的企图。我同杜锡珪坐海容在大沽口停泊，连续派兵舰到秦皇岛、营口等海口地方去示威。后来袁世凯派刘冠雄坐火轮到海容舰，欢迎我们到北京一行。我电告南京政府后，遂和杜锡珪偕刘冠雄乘坐火车到了北京，由段祺瑞招待我们和袁见了一面。刘冠雄在南北议和成功后，就当了南北统一政府的海军部长。刘冠雄在清末原任海天军舰舰长。海天与海圻同为四千三百吨，都是当时最大的军舰。某次刘为其妻在上海寓所做寿，命令海天从山东开回上海，并一定要在寿期的前一晚上赶到。海天不得不加快行驶，于夜间驶至吴淞口外时触在"茶山岛"上沉没，官兵乘坐舢板逃命。刘冠雄本应处重刑，经袁世凯从中关说，竟得无事。

（华觉明记录）
——摘自《辛亥革命回忆录》（六）

警卫队员

陶峙岳[1]

清朝政府除在全国各省设立陆军小学堂外，并在北京、南京、武昌、西安设立四所陆军中学，以对各省陆军小学毕业生进行深造。一九一一年夏末，我辞别了故乡和父母以及新婚的妻子，来到武昌，考入陆军第三中学。学习课程仍分文科和军事两部分，但军事训练比陆小加强了。同学绝大部分来自西南各省，其中也有一部分满族青年，民族之间都相安无事。

开学不到两个月，震动中外的武昌起义爆发了，这次起义，实由于四川铁路风潮的影响所促成。当时清朝政府对四川铁路工人大罢工的形势惊慌失措，革命党人则更加活跃。湖北新军出发援川之后，武汉形势日趋紧张，"驱除鞑虏"的革命风声，不时传到学堂里来。敏感的同学似乎感到将发生不测，他们三五相聚，窃窃私语。农历八月十九日新军发难的晚上，我们刚就寝不久，忽闻远处传来断断续续的枪声。师生惊起披衣，以一时不得真相，群情纷然，坐以待旦。天明以后，传来新军起义的消息。这讯息来自何处，当时绝大多数人也搞不清楚。学堂秩序顿呈混乱现象，各队教职员纷纷离散，学

---

[1] 陶峙岳，湖南宁乡人。一九一一年参加武昌起义并加入同盟会。保定军校毕业。参加过北伐战争、淞沪抗战等。一九四九年率部十万人在新疆起义，编入解放军。

生群龙无首，成为一盘散沙。但除满族学生自动离校外，其他学生都怀着一股强烈的民族仇恨的激情，自动纠集，准备支援起义的新军。

当时新生入学不久，尚在进行徒手教练，没有发给武器。先期就学的学生，照例也只发给枪支，不发子弹。所以有枪的拿枪，无枪的同学蜂拥到学堂军械库，各人拣起一支步枪背起来。管军械的人员也早已不知去向了。有了枪没有子弹，还不如一根短棍，要子弹必须到楚望台军械库去取。当时有几位参加了革命组织的（事后才知道的）、先期入学的同学自动出来领队，将大家集合，说要到城里去取子弹。大家看到有人出面指挥，都很高兴，便整队入城。

当我们这股意气昂扬的学生军经中和门进城时，守卫在中和门城上的新军士兵，高呼"驱除鞑虏，复兴汉族"的口号，并向我们举枪挥手，表示热烈的欢迎。新军的同志式态度，给我们以有力的鼓舞。我们冲街而过，许多老百姓沿街看热闹，向我们投以赞佩的目光。我们到楚望台取得弹药，真正武装起来了，心里更踏实，即荷枪实弹勇气百倍地飞奔制台衙门。中途闻制台衙门已经被攻克，乃折往蛇山据险待敌。纷乱中也不知是谁在指挥，只是盲目地跟着大家走，两天后，学生军中的大部分人，被派去担任黎元洪都督府的警卫工作。我也是警卫队员之一。因为变起仓猝，一切都是混乱无章的。当时的警卫队是谁负责，现在也毫无印象了。

武昌起义是在革命党人的机关被破获，党人被清朝地方政府疯狂搜捕镇压时，迫不得已而突然发动的，根本没有一个周详的行动计划和严密的指挥系统。所以一切事情都是混乱异常，各自为阵。我们都督府的警卫队，往往连一顿饭也难得到口，生活艰苦极了。

虽然一切没有正常秩序，生活也没有保障，但起义军和老百姓都怀着深刻的民族仇恨，晓得起义是为了推翻清朝政府，无不为之欢欣鼓舞。老百姓奔走相告，照常开市营业，菜农照常挑菜进城。军队也很守纪律，没有发现扰民情事。

在旗人居住区，则有些旗人被杀，陈尸街头，为状甚惨。碰上这样翻天覆地的大风暴，死几个人也是难免的。想到清兵下江南时，惨绝人寰的"扬州十日"、"嘉定三屠"，这就不算什么了。不过，民族仇恨宜解不宜结，冤冤相报，永无了结之时。今天中国共产党的民族团结政策，才是消除民族隔阂的根本办法。

黎元洪虽被推戴为都督，也无法掌握混乱的局面。特别是当时通讯落后，各地消息极不灵通，大家对革命形势和发展前途，只能各自做出估计，谁也不敢断言。湖南同学素受革命思潮的影响，希望在革命事业中有所作为，不甘长期在督府当一名警卫队员。大约一星期之后，我们纷纷议论，觉得长此下去不是办法。也不知是谁的倡议，认为不如回湖南去另起炉灶，或许还可干出一番事业。当时组织纪律松弛，来去均无约束。我们一批湘籍学生军，乃结伴回湖南。因铁路交通中断，我们只有徒步，日行数十里。兵荒马乱，沿途历尽艰苦，为时约半月左右，始抵达长沙。

我们回到长沙时，焦达峰、陈作新早已领导湖南新军起义，并已派王隆中率部援鄂，成为响应武昌起义最早的一个省。但不久焦、陈就被立宪派谭延闿等人阴谋杀害了，谭延闿篡夺了湖南的军政大权。他登台后，一面伪装厚殓焦、陈，以掩饰其罪责；一面又下毒手清除焦、陈在各地的同志。不幸的消息不断传到长沙，令人为之沮丧。

焦、陈之所以失败，是他们缺乏斗争经验，放松了对立宪派的警惕所致。他们事先并不是毫无所闻，听说早有人提请他们注意，要他们严加戒备。陈作新毫不经意地说，立宪派官绅都是黄帝子孙，共事一堂"如家人聚首耳，尚何戒备之有"！政治上的斗争，有时是极其残酷的，焦、陈视同儿戏，致招杀身之祸，殊可悲也。

辛亥革命时期，湖南各地会党，是一支重要的革命依靠力量。武昌起义前，湖南各地会党起义的如马福益、龚春台等，虽然最后都失败了，但给清朝地方政府的打击是沉重的，他们的功绩在历史上将永垂不朽。焦达峰、陈作新也是长期联络会党进行革命斗争的有名人物。会党本来是以反清复明为宗旨的民间群众组织，清朝政府被推翻以后，他们失去了明确的斗争方向，加以鱼龙混杂，遂逐渐沦为反动统治阶级的帮凶或江湖帮派势力，是很可惜的。

我们这批湘籍同学，回到湖南即逢政局的突变，也就不可能有什么作为了。大家各自散去，我也因病暂时回家休养。

——摘自《陶峙岳自述》

回忆辛亥

王云五[1]

中国办学与留美预备学堂

（一）

我自光绪三十三年冬，转移工作岗位，改任中国公学教员，月薪较新公学略有增益，尤能如期致送。又因二哥已去世，我对于他的负担也随而免除，每月致送二嫂零用二三十元，较前此补助二哥之百元减轻。因此，我的收入除以约莫半数协助家用外，余悉可供购书之用，于是聚书亦渐多。

此时我从商务印书馆西书部购得大英百科全书一部，共三十五巨册，系采分期付款办法。由于该书内容无所不包，我平素爱书成癖，几有过屠门而大嚼之势。经过了历年自修的磨练，我的理解力颇强，对于任何一项新科目，在入门之际，都不感什么困难。因而自该书购到之日起，接连约三年内，几乎每日都把该书翻读二三小时，除按各条顺序阅读大概外，通常系从索引

---

[1] 王云五，广东香山（今中山市）人，生于上海。早年当学徒，后入同文馆学习，曾在南京临时总统府工作，后主要从事出版事业。曾任上海商务印书馆总经理。发明了四角号码检字法。

方面，将某一题材与其相关题材，作较有系统的阅读。结果，除了许多人名地名等无关紧要者略而不读外，所有重要条文，皆曾涉猎。这样的读书，博而不专，原是很愚拙的。在那时有些知好和学生获悉此事，颇加赞许，认为难能可贵。我听了也不以为忤。可是现在回想一下，不仅把这二三年自己读书时日的重要的部分占据了，而且由于博而不专的习惯养成，使我以后约莫二十年间常常变更读书门类的兴趣，结果成为一个四不像的学者；否则以我对于读书的兴趣，自问理解与记忆都还不差，虽无机会进大学之门，至少也可借自修而专攻一科，或可勉厕于专家之列呢？

这时候我出洋留学之念已打消，为着研究一种专门的学科，因悉美国的万国函授学校设有各种专门学科，于是选定了土木工程全科，报名纳费。在两年之内，我对于数理机械各种基本课程都已修毕。嗣因民国元年以后任公职，对土木工程较专门的课程，以缺乏实习机会，不得不放弃，然而我于理化、力学、高等算学，毕竟由此奠立了基础。

中国公学的校舍，初时在新靶子路，及光绪三十四年暑假后，吴淞的新校舍落成，我每日须乘火车前往上课，数年以来，从未误点一次。我每早从上海到吴淞炮台湾，火车中常遇见于右任先生。他是以复旦公学的教课为主，对于中国公学只兼少数功课。我则完全任教于中国公学，于先生下车常常先我一站。

次年为宣统元年，我二十一岁，仍在中国公学任教，一切很安定，而校舍迁至吴淞，环境幽静，尤是读书所在。

暑假期内，中国公学毕业生叶某（忘其名），江西人，与江宁提学使李瑞清（号梅庵）为小同乡；不知起于何人之动机，自称衔了李先生之命，来上海筹办一所留美预备学堂，其校址已租定闸北某大厦，一部分教员已聘定，惟亟需一位教务长，以总教务。叶君曾受业于我，知我于英文以外，各学科皆有研究，认为最适当之人选。我以在中国公学任课外，每日尚有半天时间可利用，兼任若干钟点之教课尚无不可，至主持教务，颇感未能负全责，曾经婉谢。其后某日，李先生来沪，偕叶君来访，畅谈数时，我甚佩其热诚，叶对我亦极具诚意；不得已勉允暂行承乏，并声明将来如自计不克负责，应请准我辞职，李先生亦满口应充。

该校旋于是年秋季开学，名义上李先生自兼校长，我为教务长，叶君则任总务长。初时招生两班，人数无多，一切从头做起，也有其便利之处。甲班学生中有来自河南省之万鸿图（字仞千），长我三岁，国学甚有根底，对英文及其他科目亦甚用功。仞千后来与我缔交数十年，入民国膺选为国会议员，在阎伯川内阁中任政务委员，且为民社党要员。余所聘教员中值得注意者，有安徽名士黄宾虹君，其人长于画学，在留美预备学堂则教国文，后来余主持商务印书馆编译所，曾聘为美术部主任。

次年，宣统三年，振群学社社员李怀霜任上海《天铎报》总编辑，坚邀余为撰稿。余前曾为《南方日报》副刊常川任译述，历二三年，及兼留美预备学堂职，始辞去。此次，以怀霜系老友，情不可却，勉允不定期为之。文稿亦署名"出岫"或"岫庐"，采为社论时，则不署名，每文各按字数计酬。

（二）

民国纪元前一年，清宣统三年，我二十三岁，仍在两校任教。十月后因革命军事延及上海，各校相继停课，我遂以全力利用《天铎报》为革命宣传。

十一月初六日（阳历十二月二十五日），国父孙中山先生自海外返抵国门之上海，越四日（阳历十二月二十九日）各省代表集会于南京，以绝对多数选举孙先生为中华民国临时大总统。再越一日孙先生乘沪宁铁路夜车往南京就职。是晚启程前，我们香山县四都和大都（孙先生的菜坑村和我的故里泮沙村同属四都）的同乡人士，联合公宴孙先生和随他返国的革命先进于上海老靶子路的宸虹园。我以一位二十三岁的青年，被同乡父老推为主席，即席致词欢迎孙先生，并对中华民国建国的意义有所陈说。孙先生在答辞后，因与我隔座，交谈特多，并询我现任职务，我以实告。孙先生闻言，即语以明日为中华民国开国纪元，他立即就职，很希望我能来京相助。我自计对于孙先生虽私淑已久，此时才得初次承教。我并未加入同盟会，孙先生毫不见外，自动邀我追随，其用人有方，特别值得敬佩。我出身寒素，又没有什么学历，此时虽已服务教育界六七年，向来都是事找我，没有由我去找事，因我入世未深，认为社会上，尤其是教育界的工作是如此的，只要你适于这件工作，工作自然会找到你的。但无论考试或捐纳，都要自己找门路和请托，才易获得实职。却想不到以一个未曾参加革命工作，又未加入革命组织的人，仅因一面之缘和一席话，便承我们新建国的元首自动擢用。我一面自然受宠若惊，一面还得谦让一下。但孙先生仍坚邀我相助，并且很具体地说明要我充任临时大总统府的一名秘书。我感于孙先生的态度诚恳，始敢接受委任。但因手边尚有未了工作，拟请在两星期内晋京报到。孙先生也就慨然允许。

查十一月十四日（阴历）上海民立报曾有下列一段记载：

> 孙大总统原籍广东香山县四大都，前晚其同乡旅沪人士假老靶子路戾虹园设宴欢迎，以表桑梓之谊。总统于午后六时，偕随员朱谢（按即朱卓文、谢良牧）在会，与同乡数十人一一握手，席间王云五君代表全体致词，当由总统亲赐答词。该乡旅沪学界人数颇多，曾组织学会，发刊季报，分赠同乡，以为联络乡谊，监督故乡教育风俗之机关。即席由会长王云五君将已出版之报章奉呈，承总统奖饰，立赐题词（按所题系"开新纪元"四字），以示鼓励。孙君议论风生，单词片语，皆足令人起敬，畅谈两小时，始行作别。是日美界巡捕房派有中西探多人，在园门巡察，并承商徐学会粤籍商团诸君在内保护，极为周密云。

我怎样认识国父孙先生

我开始听到孙先生的名字是前清光绪二十一年，那时候我才七岁，因为体弱多病，还没有入私塾读书，只在家中由我的大哥日华授读。有一日听到大哥说我们的表兄陆皓东（名中桂）因为造反被砍了头。我追问他陆表兄怎样造反又怎样被砍头。他告诉我陆表兄是追随和他们同村一位姓孙的起兵反对皇帝，失败了被捉着，审问他的官员见他一表斯文，不像造反的人，还想超脱他；可是表兄真是好汉，一口承认要革清朝皇帝的命，说这是和汤武革命一样，不能算是造反，不幸失败，砍头便砍头罢了。我听到这番话，对于陆表兄的壮烈很是钦佩，连带对于他所追随那位同村姓孙的，也不禁景慕起来，遂又追问那位姓孙的名字和他的行业。大哥告诉我，那位姓孙的名字是一个单名，叫作"文"，但是官府因为他胆敢造反，硬把这个"文"字加上三点水，变为"汶"字。听说他小时候到过外国，后来在香港学西医，表面上挂牌做医生，暗地里一心一意，反抗当时的皇帝，特别是那位西太后。那时候我年纪尚小，对于民族意识还没有印象，只是小小的心灵对于我们的表兄和他所追随的那位孙医生的大胆行为，仍然时时怀念。后来有一日，大哥教我读孟子，读到"君之视臣如土芥，则臣视君如寇仇"一段话。我经他解释以后，不禁高兴万分。那时候中日战争，我国大败，民间传说都痛恨西太后信任太监，乱花国家的金钱，专供一己的浪费，把人民的死活看不在眼里。这一次打了败仗，我国人民不仅要给西洋人欺负；甚至东洋鬼也欺负我们了。我听了这些话，此时又读到这两句书，便忍不住对大哥说："那个西太后是把我们当土芥，我们为什么不把她视同寇仇；陆表兄的行为怎算得是造反？将来我长大起来，定也不肯把她放过。"大哥是一位典型的旧式读书人，曾经考中秀才，不免迷信忠君的教条，听了这番话，大吃一惊，除力戒我不要胡言外，后来还对父亲说过："四弟读书还不差，只是防他长大后要走错路。"

我在幼小的时候，既然有了这种的心情，而且和当时首先为革命而牺牲的人物，陆皓东烈士，有亲戚关系。听说在我三四岁时还和他见过一面。由于钦佩陆烈士的牺牲精神，连带敬佩他所追随的革命领袖，于是我对于孙先生由闻名而慕名。长大后，能够读书阅报，对于孙先生所领导百折不回的革命运动，无不寄予崇高的敬意。从十九岁起（民国前四年）我任教于上海中国公学，该校为曾经参与或拥护革命的许多师生所创办，我与之接触既多，对于孙先生的崇高思想领悟更深切；但因那时候我的三个哥哥先后去世，我在家庭中实际上成为独子，两老均在暮年，未便有何冒险行动，只好善用时间，充实自己，以备将来发展。不过私人对于孙先生的景仰，与对革命成功的期望，殆无时不念兹在兹。

侥幸得很，后来竟有一个机会和孙先生见面，而且借此机会，竟在孙先生直接领导下工作了一个短时期。前者在中华民国开国的前夕，后者则在中华民国开国的最初几个月内。事实是这样的：

民国纪元前一年十月十日（前清宣统三年八月廿九日）革命党人熊秉坤、蔡济民等奉孙先生命，在武汉起义，各省纷起响应，未满两月，便光复了十几省。其时孙先生在海外从事于种种支援革命的运动，十二月二十五日才返抵国门的上海，二十九日各省代表集会于南京，以绝对多数选举孙先生为中华民国临时大总统。三十一日（旧历十一月十二日）孙先生乘沪宁铁路夜车往南京就职以前，我们香山县（就是现在中山县的旧名）四都和大都（孙先生的菜坑村和我的故里伴沙村均属四字都）的同乡人士，联合公宴孙先生和随他返国的革命先进人士于上海老靶子路的辰虹园。我以一个年仅二十三岁的青年，被同乡父老谬推为主席，即席致词欢迎孙先生，并对于中华民国建国的意义，颇有陈述。孙先生在答辞后，因与我邻座，交谈特多，并询我现任职务。当时我担任吴淞中国公学英文教员和江苏省提学使李瑞清斥资开办的留美预备学堂教务长，并以晚间余暇为友人李怀霜所主持的《天铎报》撰述。由于两校均以军事行动停课，此时仅为报社撰述。孙先生闻言，即告以明日为中华民国开国元年，他立即就职，很希望我能来京相助。我自计对于孙先生虽然私淑已久，此时才得初次承教。我并未加入革命组织的同盟会，孙先生竟不见外，邀我相助，其用人之方，特别值得敬佩。我出身寒素，又没有什么学历，这时候已服务社会七八年，向来都是事找我，没有由我去找事；因我入世未深，认为社会上尤其是教育界的工作是如此的，只要你适合于这件工作，工作自然会找到你的。但也知道政府的工作，不可能如是。前清参加政府工作的人，大都经过两途，一是考试，二是花钱捐纳。但无论是考试或捐纳,都得要自己钻门路和请托,才易获得实职。却想不到以一个未曾参加革命工作,又未加入革命组织的人,仅因一面之缘和一席的话,便承我们新建国家的最高领袖自动擢用,一面固然受宠若惊,一面还得谦让一下。但孙先生仍坚邀我相助,并且很具体地说明要我充任临时大总统府的一名秘书。我感于孙先生的态度诚恳,始敢应允,但因手边尚有未了工作,拟请在两星期内晋京报到。孙先生也慨然允许,只望我如有可能,还是早些来京任职为好。

记得在民国元年一月中旬,我把未了的事料理和交代后,即赶往当时首都的临时大总统府报到,承孙先生即予接见,态度异常亲切,并下手谕派我为临时大总统府秘书,面嘱我在接待处代他接见一切来访的宾客。孙先生说,由于我能操英语,又擅长国语和广东话、上海话,对此任务最为适宜。他告诉我任何要见他的人,都先由我接见,除经特约者外,认为无需亲谒孙先生的,便请分别改向总统府中有关单位或府外有关部会接洽,如认为有由孙先生接见必要的,便把他要晋谒的事由与其住址记下来,告以待请示后,并经核定接见时间,再由我去函通知。因此,我每日总要向孙先生报告一次,或用书面或当面请示。为着这项职务关系,我便以一个初出茅庐的小秘书,常有机会当面承教。每次承教时,孙先生都以很和蔼的态度指示我。临时大总统府秘书人员的任务,不限于文书或机要工作,除接待处以秘书主持外,收发处也以一位秘书主管,那是我在中国公学任教时的一位学生,后来成为名教授的杨铨,号杏佛。据说那时候收发处的职掌颇重要,除标明特别机密的文件外,主持收发处的秘书,都有权开拆,和径行分送某单位或某秘书办理。

我在总统府任职不满半个月,突接上海家里转来那时任教育总长的蔡元培先生亲笔写给我的一封信,邀我往教育部相助为理。原来在我入京任职以前,由于任教多年,对民国的教育政策颇有主张,便把我的意见写成建议寄给蔡先生。我对蔡先生并无一面之缘,而且已有总统府的职务,更无借此求职之意,只是以教育界一分子贡献一点有关教育的意见而已。想不到蔡先生对于一位向未谋面的青年,而且丝毫没有表示毛遂自荐之意,竟也特予拔擢。

我接到这一封回信，心里倒是着实盘旋一下，由于我从十七八岁开始担任教师，对教育确感兴趣，同时我对于清末教育制度不大满意，趁此新邦缔造之时，向教育当局贡献一得之愚，居然获得赞许，并邀我来部相助，假使我能乘此机会参加革新教育的工作，当然很愉快；但一念我承孙先生意外拔擢，对所任职务，虽不见得有何特别兴趣，然在春风化雨之下，实在舍不得离开，而且不便启齿。想来想去，我还是把孙先生视同家长，而不当他是国家的元首，持着蔡先生的信面谒孙先生请示。孙先生听了我的报告，随即说："你多年从事教育，担任教育部的工作，实最适宜，但你在总统府任职也很得力，我主张一个两全的办法，就是上午接待处来访的人较多，你还是上半日留在这里，下半日往教育部办事，如此便两不相妨。"孙先生这一种指示，恰好解决了我的左右为难。孙先生随又加派一位秘书到接待处任事，上半日好像是协助我，下半日却是代替了我。

像这样的愉快生活，我在南京度过了两个月。后来，因为孙先生顾全大局，自动下野，把临时大总统职位让给袁世凯。我便随着蔡先生，到北平教育部任职。

目前留在台湾的前南京临时大总统府秘书，计有五人，年纪最高的是今年九十一岁的梅乔林先生，其次是八十二岁的但植之先生，再次是年近八十的邓家彦先生，我的年龄排在第四，第五位是邵逸周先生，也在七十岁以上。如果连前年去世的冯自由先生一起计算，我的年龄便是第五位，邵先生却是第六位了。

——摘自王云五《岫庐八十自述》

辛亥逸闻

徐永昌[1]

记彭家珍

据齐如山言，辛亥李石曾等在北京运动革命，其策源地在东城渠家义兴居粮栈，其中有郑毓秀姊妹、彭家珍、段子均、王吉生等，袁项城公子袁克定亦出入其间。李遂运用克定说其父，帮助革命（李为同治师傅李鸿藻相国之少子，与袁克定同是少爷，故素有往还），袁即命克定致意说："他们（指革命党）也要做出一手给满洲新贵们看看，现在这些新贵对革命压力很大，其中也有留学回来的，该在这些人中选择对象做一点事。"且指出："如良弼等反对革命最烈。"于是彭家珍自告奋勇，扮一候补官，身怀炸弹去见良弼，王吉生扮其跟班，手本递进，良不在家，正待上车回走，良之家人遥指说："良大人回来了"，及良抵门下车，彭即出炸弹毙良，彭亦同时殉难，王吉生立稍远，逸去。郑姊妹在寓闻炸弹声痛哭不已，盖彭与郑姊年相若，且订婚

---

[1] 徐永昌，字次宸。山西崞县人。一九一六年毕业于北京陆军大学。参与了一九二四年北京政变。一九二六年离开冯玉祥与阎锡山合作，曾任河北省政府主席，十二军军长。中原大战后接阎任山西省政府主席，官至保定行营主任、军委会军令部长、国防部长。

约故也。彭，湖南人，其纪念碑在当时北平之农事试验场（即清末之三贝子花园），郑姊十年前我过香港时尚见之，时已五六十岁矣。齐如山形容石曾于克定去后，策划此事时的口吻说："这还要糟蹋个人吗？"余日记中未记此事，今不期然地忆及，彭家珍之精诚至今不泯。

民元记事

民元有几件可记之事：

一、民元春天，官厅社会，到处提倡剪发辫，即是官厅提倡，社会强迫执行。中国人向极自由，当蓄辫者走到街上，往往被人强剪发辫，侵犯自由，亦无如之何。政府事先毫无计划，事后亦不研讨，一任社会上骚闹，于是北京城内日本人开的理发馆，应运而生，到处皆是，所有理发用的刀剪等等，均是外货，而以前所戴的帽子，剪发以后亦不适用，东西洋的帽子均利市几倍，民国以后，外货倾销，可说此为滥觞。

二、毅军士兵多人，不论当时驻京或驻通州，由于旧历正月十二日以后，截捕第三镇变兵，得到意外的收获，军心即起浮动，每每想发横财。此种心情，酝酿到夏天的一个晚上爆发了，在通州街市乱抢一阵（此时毅军已不驻京），他们鉴于三镇变兵之事后被人截捕，大多数复又回营。有几个士兵抢得一个留声机，回营时经过铁路（南关军营在铁道以南）放在路上，上好（当时留声机系手摇发条，上好以后，始能转动放音）唱起来，后有别的变兵走来，遥向其地放了两枪，无人还声，走近一看，留声机仍在唱，但无人在旁，究竟是试唱以后，觉得无意思弃之而去，抑为枪声惊走，不得而知，反正是不要了。又抢回之物，过了两天，除很少细小的都留存外，其余听说上边要搜查，有的送给百姓，有的扔在营墙之外或投入井中，所在皆是，大多是抢时有兴趣，抢到以后，却又不一定想要，或是不敢要，故变兵心理，实在微妙难测。古人说，兵犹火也，不战将自焚，即带兵而不努力训练，认真约束，剀切教育，即要走上自焚之路。如此次变兵，极无意识，甚至发财的心亦不强烈，但他却要变，非不战自焚而何（此仅就士兵而言，若高级者对其属下军官，不导以正当目标亦终将至于不战自焚，其问题即更严重了）。此次通州兵变，北京立即知晓，袁世凯即将任总统后命倪嗣冲在北京所练方四五个月的新兵；与姜桂题商量的调到通州附近各路间，由于外来的压迫，与内部未变各营哨的不满，将兵变显著的官长士兵，拘捕约数十人，绑到操场南边（北边有营房）小树上枪毙了，毅军兵变始末如此，带兵者可不怵惕乎。

正月十二第三镇在京之兵变，初非袁世凯所主使，有些人委称系袁指使，以抗议南方代表要求迁都南京者，实乃诬传，不过袁适逢其会，利用兵变拒绝迁都，或者有之。因第三镇在汉口与革命军作战之后，士兵回京，仍不忘在外作战时期之不纪律生活习惯，而带兵者战时不知注意约束士兵的轨外行动，战后又疏于整顿与防范，故至酿成兵变，若谓第三镇兵变为袁主使，然则毅军兵变，亦将谓有人主使耶？

三、民元双十节[1]，是我国历史上第一个双十节，北京很热烈地举行庆祝，到处有讲演革命事迹者，点缀最热烈的，为琉璃厂西之香场火神庙海王村一带，该地讲演台下，集合女子师范学生，分列两边，其余为商民人等。当时该校学生年龄均在十六七岁以上，颇惹人注意，又天坛本非唱戏场所，以后亦未唱过，独是日搭一露天台唱戏，人人以为从此可长享共和幸福，但未意识到后来若干年之动乱，赓即开始，故双十节之在北京，亦仅以此次为最热烈（当日我们朋友马晓轩兄弟及蔡子鼓、段伟霄等都有时在天坛门口茶肆吃茶，有时前往听戏，我始终未敢走到里面去，是因闻彼处有刘仙洲的姊妹在听戏，我不喜欢与女眷接近，自来如此）。

四、是年在京畿一带社会上耳熟能详之另一事，即北京内城前三门匾额"正阳"、"崇文"、"宣武"其第一个字，恰为元明清三朝末帝年号所占之一字，即元之至正、明之崇祯、清之宣统，此当然系偶合，但合得亦太巧。

——摘自《求己斋回忆录》

---

[1] 双十节，又称"辛亥革命纪念日"，是为纪念1911年10月10日发动武昌起义的庆典。

入 伍

刘汝明[1]

民国元年元月,我怀中带了两个卷子(北方一种小米绿豆混合面做的食物),离开我居住了十七年的家乡,要去邻县景州投军。

当我向母亲叩别时,母亲噙着眼泪,仍不停地摇转她手中的纺车,低着头,默无一语。姐姐哽咽着,领着尚天真无邪的妹妹和弟弟,送我出来。走到门口,姐姐不禁嚎啕痛哭,我强忍着酸楚,放开脚步,一口气跑出了村外,从此我便走上了四十年军队生活的第一步。

从军以来,我自然也历尽艰苦,后来侥幸也能开府建节。假使有人为我写传,一定会说我"幼怀大志,投笔从戎"等。其实不是,全然不是,我不过为了求取一个职业,用来减轻母亲的负担,并希望进而能养亲抚幼而已。

我祖居河北省献县抛庄,世代务农,本来也不过是一个中等以下的人家。更由于子孙繁衍,财产不断的分散,传到祖父这一代,我家不过仅有薄田五亩,土屋三间,所幸父亲懂一些中医,为人看看病,家用也不无小补。后来

---

[1] 刘汝明,字子亮。河北献县人。一九一二年入冯玉祥部,一九二四年参加北京政变,是冯手下得力干将,中原大战后投蒋。一九三三年任二十九路军暂编第二师师长,参加长城抗战。一九三五年任察哈尔省政府主席,解放战争中任徐州"剿总"副总司令等职。

父亲听了人家的劝告，到关外去求发展，哪知去了不久，便病逝在哈尔滨。这年我十三岁，姐姐十六岁，妹妹十岁，弟弟汝珍还是呱呱在抱。

父亲逝世，使家庭生活更加困难，母亲含辛茹苦，带着姐姐纺纱织布，上侍年近七十的祖父，下养我们这几个孩子，就这样刻苦坚贞地度着岁月。

那时北方乡间风气未开，教育落后，还没有学堂，我们村子里有一间义学，由族中刘连璧老先生任教，我也跟着念了些四书五经。不过这时科举已经停止，大家都认为念私塾的人毫无出路。母亲有意送我进生意家当学徒，我的性情又太不接近此道，无可奈何，便只好决定当兵。如今想来，一个人的一生，上苍都有着一定的安排。设如那时科举不废，我也许去努力念八股考个秀才。设如家里仍有些田产，我也许终老乡里做一世农夫，偏偏是此路不行，彼路不通。终于使我换上军装，做了一辈子的职业军人。

我在决定投军当兵以前，对于我要参加的那个团体还是一无所知。事实上我也没有选择的知识与能力，只知道在距本村九十里之景州塔，有人招新兵，而我要当新兵就是了。及至报了名以后，才知道我参加的部队是陆建章新成立的"左路备补军"。我被分到二营前哨，哨官叫刘子宾，营管带就是以后的风云人物冯玉祥氏。

入伍不久，刘哨官知道我读过书认识字，便想叫我去当"文案"。"文案"一职有大有小，在高级衙门中，"文案"要很有学问的人来充任，地位也很崇高，一般的主官要称呼"文案"为老夫子。可是一个哨（等于现在的步兵连）的"文案"则不过是造个花名册，写个普通公文而已。我想既然当了兵便应该一刀一枪的搏个正途出身，不愿意当这个"文案"，便向刘哨官苦苦要求改为列兵。不久管带（营长）知道了，叫我去问了问，便和刘哨官商量，把我改为第五棚的"什长"。顾名思义"什长"是十人之长，换言之就是我当了现在的步兵班长。可是我这个"什长"不会下操，刘哨官叫我晚上跟排长学，白天再去教新兵，因此我常常独自练习到深夜。现在有时在报上看到"恶性补习"的名词，不由得哑然失笑，想想我当"什长"时的情景，该也算是恶性补习了吧。

新兵招足在北苑训练，一日陆将军（建章）来点名，点到了我时，我背诵我的籍贯、年龄、箕斗。陆将军责问的说："十七岁的小孩子，怎么能当什长？"管带冯先生在旁边告诉他我念过书，识得字。陆点点头便走过去。我念的书实在微不足道，但是在那个时代里，竟还成了"人才"！当时的北方，教育并不普及，尤其是农间念过书的实在是凤毛麟角。和我同哨入伍的，仅有佟麟阁、过之纲等二三人识字。即使军官当中，也只有中哨哨长（排长）李鸣钟学术两科比较尚好，我跟着他练习，获益不少。

不久管带冯先生，开始对全营精神讲话，我记得他第一次讲的是"孝顺父母"。第二次讲的是"爱民"，第三次讲的"普法战役"中，德国人的爱国故事，大意是一个德国人叫德来斯，为了要知道法国人一种新式步枪的制造方法，如何的牺牲性命，去把这造枪的方法窃回来。故事是他编的，还是确有其事，我不知道，只是他洪亮的声音，通俗的口才，把这个故事的精神，深深的打入我的心里。我开始觉得"当兵"的意义，不仅是要"找一个职业"那么简单的。

"左路备补军"是袁世凯在辛亥革命之后，他窃据了大总统，新成立的部队，并不是和"北洋六镇"一样的正式陆军，所以编制也承袭了清政府时"巡防营"那一套，一共有五个营，每营管辖五个哨，哨就是连，连长叫哨官，分为中、前、左、右、后。当时的五个哨官中哨是吴耀堂，前哨是刘子宾，左哨是邹心镜，右哨是虞振滨，后哨是康子实。哨辖三排，排长叫哨长，排辖三棚，每棚有什长就是班长，我就是二营前哨第五棚的什长。孙良诚在左哨当什长，石友三、曹福林是左哨的新兵。

陆建章在清末时是袁世凯的执法营务处处长，民国成立以后改为军政执法处处长，"左路备补军"由他成立，由他指挥。全军的干部，有很多是由他原来的卫队营中挑选来的。第一营营长是他的长子陆承武，陆承武是日本留学生，与徐树铮同学。宋哲元就是由陆的卫队营中挑到第一营去当哨长的。

冯玉祥和陆建章也沾一点亲戚，冯夫人是陆夫人的同宗侄女，她们是河北省盐山县尚家宅人姓刘。后来冯夫人故去，冯才又续娶的李德全。

清末宣统三年，冯本来在陆军第二十镇八十标（团）三营当营长，二十镇的统制（师长）是张绍曾。辛亥革命武昌起义之后，冯和一营营长施从云，二营营长王金铭密谋响应。他们并劝说张绍曾，请张参加。张表面答应，内心很有顾虑，正谈话间，张以试骑新马为由竟飞驰而去，冯也不容分说，跃马即追，一追四十里，才把张追到。正在此时，巡防营有个统领叫王怀庆，假做同意参加革命，请他们三个营长去开会，冯因为去追张绍曾，由营附代表参加，不意竟被王怀庆扣留，把施、王及那个营附都枪决了。冯也被通缉。后来革命成功，冯才投奔陆建章，由陆委任他当"左路备补军"的二营管带。因为这段渊源，所以由二十镇来找冯先生的人很多，像前面提到过的李鸣钟就是一个，到民元四五月间，来得更多，现在记得的有韩复榘、谷良民、谷良友、张维玺、许祥云等人，韩复榘和我一样也是先到后哨当"文案"，后来改为什长。

我们的服装很好，黄色的军衣，所以人家都叫我们黄马褂子，武器则比较窳陋，使用的是双筒毛瑟步枪和单筒毛瑟步枪两种，每哨有九十支这种枪，没有自动武器，也没有炮。

最早我们是在北京城北的北苑训练，在训练过程中，第二营表现得最好，陆建章屡次到北苑来看各营的单人教练和班教练，讲评都是以二营为第一。派人来考"士兵须知"，结果也是第二营第一。营部编了一本"军人精神书"和几支军歌如：战斗动作歌、射击军纪歌、站岗歌等等……是把士兵在战场上和服各种勤务时，应该知道的各种注意事项用极通俗的词句编成歌，教兵演唱。这样对一般知识较低的弟兄，很容易就把这些事情，深印在他们的脑子里，比较让士兵苦记条文要容易收效得多。

不久上面来校阅，记得是由蒋百里（方震）先生带领来的，校阅的结果又是二营得第一。后来陆建章亲自来看营教练，以及分列式、阅兵式等。二营动作整齐迅速，陆很满意，在讲评时，自然又对二营称赞一番。

我们这一营，连得这么多好评，大大地招人嫉妒。陆建章当过山东曹州镇总兵，有一批在曹州跟他的老人，尤其对我们二营不满，有一位第五营管带，外号叫王白毛，他发起了一个"不识字会"，三、四、五营的人参加的很多。他们以为二营之所以出风头，主要是有些识字的人。他们组织"不识字会"，便是含着自别于"识字"的意思。后来被陆建章知道了，把王白毛他们找去大骂了一顿说："你们成立了一个'不识字会'来排斥识字的人，这不是连我也排斥在内。"王等挨了骂，回去才把"不识字会"解散。

冯先生练兵也很注重体育，记得有一次"左路备补军"在黄寺开了个运动会，大多数的奖品，又都被我们得来，这自然更使别的营怀恨。

后来我们二营开到北京以西三十多里的三家店去，任务是看守火药库。训练依然不懈，每日加紧练习打野外、战斗各种动作，什长以上的每天还要加一个小时的图上战术。冯自己也注意到一般学识的重要，特别请了一位许仙浦先生，教他自己几何、代数，同时教我们算术。

冯的学问并不好，可是他很努力进修，也很注意我们的补习，所以一直到后来，经常都从外面请人来教历史，教数学，不但军官要上课，军眷也要上课。

民国初年的军人待遇，不算很高，但是物价低廉，所以也就很富裕，一个列兵每月可有四两多银子的饷，什长每月有五六两之多。那时还没有"粮饷划分"之说，伙食也由饷里出。当时物价一袋洋面不过一块多钱，一块钱可以买一百几十个鸡蛋，或者是七八只老母鸡。河北省因为人口稠密，地价每较昂贵，但是上好的良田也不过四五十两银子一亩，稍差的一二十两也就够了。

我在军中的生活非常节省，本来我也没有什么嗜好，直至目前还是不动烟酒。同营的弟兄也多是农家子弟，没有"营混子"，风气非常淳朴，除了伙食之外，一文钱都用不着，不到三个月，我已积存了十多块大洋。我把这些钱托人带回家去，并且写信禀告母亲不要太劳累。当这钱带走时，我心里的欣悦是无法形容的，我觉得我已是个成人，家庭生活的担子，我已可以负起。后来听说母亲收到这笔钱，仍然和从前一样，每日从朝至暮的纺纱织布，把这钱存起来。以后我陆续的往家带钱，母亲开始买地，能买一亩买一亩，能买两亩买两亩。一直到民国五年，家里又买了十几亩地，请了一个长工，生活进到了小康情形。

不久"左路备补军"训练完成，便开进北京担任勤务，原驻北京拱卫京师的是曹锟第三师卢永祥旅唐天喜团，他们开出了北京，城防以及若干重要机关，便由我们接防。我们这个哨住东城外交大楼，每天我都要带着弟兄在大门口站卫兵。外交大楼是政府中枢所在，每日出入的高级官员甚多，都坐着很讲究的大马车。出入之时我自然要喊口令"立正，敬礼"。袁世凯也常来，他坐着一辆双马拉的马车，出入之时都要"净街"。国父孙中山先生和黄克强先生到北京时也到外交大楼来过，我还是站卫兵时，第一次瞻仰到这两位伟人的风采。

在这条街上有一个"相面"的，一天我下了岗，开玩笑似的找他去相面。他端详了我半天说："老总（北方一般人对当兵的称呼），别瞧您今天在这大门口站岗，二十年后您也会坐着马车，进出这个大门的。"

他在这附近相面，自然可能认得我，这种顺口的江湖话，多半是奉承我。我也就打趣地说："好，真有那一天，我一定请你的客。"我一生不信"卜筮星相"，所以并没有把这话当意。一直到民国二十五年，我出任察哈尔省政府主席，并例兼冀察政务委员会的委员。一天坐汽车去开会时，大门的卫兵喊"立正，敬礼"的口令，我忽然想起这段往事，虽然是开玩笑，但是我也想实践我的诺言，派人去找，可惜这位相面先生已无人知道他的去向了。

民国元年三四月间，景州、故城等县，自动来了几位投军的，故城的冯治安（仰之）就在这一次补在我们前哨做列兵，在哨棚子（连部）服务。

民国二年八月，陆建章奉令成立警卫一、二两团。冯玉祥任第一团团长，陆承武任第二团团长。一团的干部除了营长营副以外，多数是我们老二营挑的，（这时我们对原来的二营，叫老二营）警卫团的营、连、排、班不再叫管带、哨官、哨长什么了，一律叫营长、连长、排长、班长。

我也升到一团三营十连当排长，这是我初任军官，那年我十八岁。

——摘自《刘汝明回忆录》

辛亥革命杂忆

沈钧儒[1]

我是浙江人。谈到辛亥革命在浙江的情况,还得从我在日本的时期说起。

清光绪末年,我留学日本,就跟在日本的革命党人有所接触,特别是和光复会往来较多。光复会著名人物如章炳麟、蔡元培、陶成章、徐锡麟等,都是浙江人,其中也有参加同盟会的。我虽然没有参加光复会和同盟会,但由于我倾向革命,跟光复会领导人章炳麟过从甚密,所以他们的活动我是知道一些的。当时许多革命党人在日本学军事,准备回国后参加到军队里去,有计划地进行武装革命。后来就发生了徐锡麟在安庆起义和秋瑾在绍兴被害的事件。这些事件在当时是震动全国的。

我回国到了浙江的时候,由于革命遭受挫折,表面空气沉闷,但实际上光复会中的重要人物都在秘密分头活动。他们跟浙东的台州、处州、金华各属的秘密会党有联络,在新军里面进行革命工作(当时浙江编练新军两标),新军中有不少官兵参加革命。那时候,我担任浙江两级师范学堂监督,教员中颇多富有革命思想的人,其中就有周树人即鲁迅先生。

---

[1] 沈钧儒,著名民主人士,浙江嘉兴人。清末进士,早年留学日本,回国后参加辛亥革命。曾参加同盟会,抗战中积极奔走,组建民盟。一九六三年在北京病逝。

宣统元年（一九〇九）阴历二月间，清廷下诏书表示决心要实行宪政。十月间，各省成立咨议局。浙江咨议局议长是陈黻宸，陈时夏和我当了副议长。清廷的所谓筹备立宪，给了立宪派一种幻想。于是江苏咨议局议长张謇，发起联合各省的咨议局，在上海成立了国会请愿同志会，派代表向清廷请愿召开国会。宣统二年（一九一〇）正月间，各省请愿代表到了北京。我那时也到了北京。当时革命和立宪两派对国是争论不休，大家要我到北京去看看形势。我在北京呆了一个时期，跟各方面接触的结果，看出了清廷的所谓预备立宪，只是一种欺骗，清政权已不能维持多久了。回来就把我的看法向大家讲了。

辛亥阴历四月间，清廷下诏书要把全国铁路收归国有，实际上是把路权送给帝国主义者。沪杭甬铁路原是从英国人手里夺回来，由江浙人民集股筑成的。一听到要收归国有，群情激昂。那时候各省纷纷成立保路同志会，向清廷力争，四川保路运动最为激烈。这是辛亥革命的导火线。不久，武昌起义了。

武昌起义后，各地纷纷响应，革命情绪高涨。当时杭州驻有满人旗营，有相当实力。新军中参加革命的官兵跃跃欲试。革命党人从外地纷纷来杭州，秘密设立机关，日夜会商，着手准备。到了九月初十左右，一切布置都已就绪，决定十五日（阳历十一月六月）拂晓开始发难。大家分配工作，我和陈时夏担任政治组织方面的设计准备工作，草拟浙江光复的通电和布告等。十四日夜半，新军八十一标和八十二标，配合了革命党人所组织的敢死队，先向抚署和军械局的驻军进攻。巡抚增韫，由后门逃走，当被擒获。攻军械局亦已得手。两标部队在城站会合后，各拨一部包围驻防旗营。十五日上午，出安民布告，通电全国，宣告浙江独立。

革命军顺利地推翻旧政权以后，接着就是建立新政权，首先是谁来当都督的问题。革命军发动进攻时，只推定原宪兵司令部的军官童保暄为临时司令官，后来就由他用临时都督的名义出安民布告。至于正式都督，当时我们考虑到汤寿潜。汤寿潜是沪杭甬铁路局总理，住在上海。他在争回沪杭甬铁路的时候，在群众中建立了一定威信，但是他并没有参加革命，后来我们知道了他跟旗营的协领满人贵林（贵翰香）有深厚的交情，像这样一个人，原是不适宜领导革命的。可是当时我们——主要是咨议局方面的人，竟认为非汤不可，在光复前两天（阴历九月十三日），我们就派陈时夏赴上海欢迎汤来杭州。十五日早上，我们又打电报给他，由陈黻宸、褚辅成、马叙伦和我四个人具名，报告浙江光复情况，催他赶快来杭州。下一天，火车通了，汤寿潜于下午偕陈时夏等乘火车到达杭州，直赴咨议局，跟大家商议一切。

那时候围攻旗营的战役还没有完全结束。满人将军德济虽然主张投降，但是实际掌握军权的协领贵林仍然主张顽抗到底。这里有一件动人的事：有一个参加洪门会的工人张子廉（一说姓王，名不详），把旗营大炮的炮门偷偷地拆了下来，使大炮不能施放，因此杭州城内避免了炮战的破坏。到十五日下午，贵林等又探得巡抚增韫已被活捉，革命军声势浩大，眼看无法顽抗了，才在营门小城垛上竖起白旗，贵林带了两名随从，向我军接洽投降。他要求我们纳降后不杀一个旗人。革命军首领在咨议局讨论结果，准如所请，约定十六日中午正式呈交军械清单。本来这个问题已经解决了。可是到了十六日，贵林听说汤寿潜回到杭州，就说投降条款中不杀一个旗人的那一条须得到汤先生的保证，才肯呈缴军械清单。原来那个贵林同当地豪绅有勾结，跟汤寿潜、陈黻宸都有交情，所以他有恃无恐，居然坐在咨议局里等汤寿潜到来。汤寿潜一到，他就对汤说了许多话。汤从他手里取过那张写满条款的纸来草草看了一遍，就答应了他。

十七日上午，才正式集会讨论推举都督。褚辅成提议推汤寿潜为都督，多数赞成，王金发（他是光复会会员，带领敢死队，配合陆军八十一标攻军械局驻军的）等少数人反对，以为汤寿潜过去怂恿浙抚张曾敭捕杀秋瑾，不应该推他作都督。最后仍然通过以汤寿潜为都督。汤于当天正式就任，以旧劝业道衙署为都督府。当天发布四个文告，其中最重要的是自本年九月起，蠲免全省钱粮厘金一足年。现在看起来，蠲免全省钱粮厘金，只对地主豪商有利，贫农佃户得不到什么好处。

浙江光复的头几天里，一切都是乱哄哄的，社会秩序还没恢复过来。贵林表面上投降，仍住旗营里，想乘机叛变。经人告发，浙军司令部立派部队驰赴旗营，起出私藏枪支二千余支，子弹无数，还有好多箱炸药。贵林和他的儿子量海当场被捕，解送司令部，受军法会审。当时我担任临时警察局长，参加了会审。我们问贵林："投降条款中不是写得明白不得私藏一枪一弹，日后如发现所报不实或私藏枪械的，应处极刑吗？现在人证物证俱全，你还有何说？"当即判决贵林父子死刑，就在咨议局的广场上执行枪决。当时人心大快，社会秩序也渐趋安定，过去携眷避往外地的，都纷纷搬回来了。

枪毙贵林父子的时候，汤寿潜适因事去上海，他一得到消息，下一天就回杭州，质问当时担任总司令的周承菼和我，何以不向他请示。我们回答他说：此案人证物证俱全，用军法紧急处分，是我们的责任。汤听了，也就无话可说了。

我还想起另一件事。当时在杭州开设广济医学堂和广济医院的英国人梅藤根，借口保护英国侨民，要求在西湖保俶塔一带圈地作为英侨民住区，像租界一样。我们一面向他警告，不许他乱来，一面派警察在保俶塔一带巡查。有一天，梅藤根邀我到他家里，用茶点款待，还请我听他的女儿弹钢琴，喜笑颜开地说了许多恭维话，意思是要拉拢我，叫我同意他在保俶塔附近圈地。我严词拒绝了。

十月十二日（阳历十二月二日），苏浙联军攻下南京。十一月初六日（阳历十二月二十五日），孙中山先生自海外归国，到达上海。十一月十三日即一九一二年一月一日，孙中山先生在南京就任中华民国临时大总统。那时候，汤寿潜已经辞职，继任的是蒋尊簋。一月间，浙江成立了临时省议会，临时省议会制定了浙江省临时约法，议决了军政府官制及本省预算。我在那时候担任了教育司司长。蒋尊簋是浙江人，在广东做新军标统，广东光复的时候，他以新军标统暂任临时都督，后来粤省军民正式举出都督，他就退职离粤。汤退蒋继，时在辛亥十月中旬，即一九一一年十二月上旬。但其时朱瑞（他是光复会会员，原任八十一标代理标统）攻克南京天保城有功，凯旋归来，受到热烈欢迎。他那时候已经做了浙军军长，跟蒋有矛盾。以后形成的军阀割据局面，那时候在浙江已经可以看出苗头来了。

  我记得起来的就是这一些事实。我虽然参加了辛亥革命，但是当时对于革命的认识是模糊的。今天想起来，浙江光复所以那么快地取得胜利，主要是由于人民群众对于革命的迫切要求和热烈支持。但是，当革命形势高涨的时候，如果没有坚强的领导，又不依靠广大群众，把革命进行到底，那么，人民胜利的果实仍然会被夺去，革命势必逐渐变质，以至于完全失败。这是我们所应当接受的历史教训。今天纪念辛亥革命五十年，回想我们在过去所走过的这一段迂回曲折的道路，看看当前在党和毛主席英明领导之下新中国所取得的辉煌胜利，真是既兴奋，又高兴。

——摘自《辛亥革命回忆录》（一）

我在辛亥这一年

马叙伦

（一）

辛亥年夏天，我随着我的老同学汤尔和到日本东京去玩了一趟。他是为筹办浙江医药专门学校的事情去的；我此行目的则是去找章太炎先生。论亲、论年，章先生都是我的长辈；不过我在上海办报的时候，和章先生是时常碰头的，所以我们是谊在师友之间。那时章先生和他的大女儿章㸚、女婿龚宝铨一同住在东京乡间，房子很小，里外不过十多张席子的大小。章先生和我算是有凳子坐的，龚宝铨就只好席地而坐了。他和我谈起国事，谈得很热烈，定要留我吃午饭。米饭是白得不能再白了，但是配饭的菜只有一碗大蒜煎豆腐，是我们杭州极普通的家常小菜。他的生活竟然如此俭朴，我真没有想到。谈话时，我请他介绍入同盟会，他答应了。但是他却想回国。我也答应他，等我回国后和我的老师陈黻宸先生商量，替他想想办法。因为陈老师和他是好朋友，他第一次逃亡台湾，就是由陈老师事先得到了清朝要逮捕他的消息，通知他逃走的。这时陈老师正在做浙江咨议局议长，或者可以想点法子。我回来以后，自然也同陈老师谈过这件事。恰巧这年浙江大水，浙东很闹了些乱子，章先生的故乡余杭县也有水灾，而且也闹了事。我怕他在这个时候回来，于他不便，就去信说明这种情形，请他等一等再说。

（二）

这年，清朝政府要把商办铁路收归国有。沪杭甬铁路的路权原是由江、浙两省人从外国资本家手里争取回来，由江、浙人自己筹款办的，而且办得也相当不错。铁路局总理是一位在浙省负有盛名的人士汤寿潜先生。他是翰林出身，老虎班（翰林散馆放知县，照例马上得缺，俗称老虎班）安徽某县知县。他善于在八股文里议论时事，文事也做得出色，另外还写了一部《危言》，大谈国计民生，对于盐务问题，所论尤多。那时他和写中国古代史的夏曾佑先生被称为浙江双璧（夏先生也是老虎班安徽知县）。他们又都是辞官不做，所以名气更高。

当时江、浙两省人为了反对沪杭甬铁路收归国有，闹得不亦乐乎。清朝政府耍了个调虎离山之计，把汤老放出去当某处盐运使。江浙人却留他不放，汤老也不肯去，清廷就把他革职了。这样一来，正是火上加油。争路的代表由京回杭之后，铁路局开股东大会，我和汤尔和、楼守光（诸暨人，咨议局议员）想把事态扩大，借此来送清朝的终。我和汤尔和都是穷光蛋，守光也不是富裕的人，都想在大会里去发生作用，引起革命。便由守光想法借得几个股权，一同参加了大会。这次会场果然被我们控制住了，大家一致主张挽留汤寿潜，反对浙路收归国有。那些早预备好了替盛宣怀捧场的人，都不敢吐一吐舌头。那时有人这样说："这次股东会是为三个小老头儿开的。"因为我和尔和都蓄了长须，守光也有胡髭，其实论年纪，我还不到三十。

没多久，武昌起义了，我们三个人就借这个因头，和陈老师商量在省城办民团，表面上说是为了加强防卫，实际上是预备响应。陈老师自然赞成，就联合了地方绅商共同发起。民团局筹备就绪后，在咨议局开成立会，公推汤老做总理，陈老师为副，并请巡抚下照会。我们三个人分任城里上中下三段的重要职务，并预备要一匹马，做巡夜的代步。尔和生长在江北，江湖上武艺很来得几手，自然要让他做领导了。民团虽然按照我们的意图办起来了，可是必须要有枪械才有作用。我们便一面正式向巡抚去要，一面和督练公所总参议袁思永去商量，请他尽量把新式的枪械拨给民团。袁思永本是汤老的门生，而陈老师又是咨议局议长，他自然一口承担。但是，这件事不晓得怎样走漏了风声，巡抚增韫把照会搁了起来，杭州的驻防守军也把新式枪械都提走了。这么一来，我们原来的打算就落了空。

我们又想找别的路子。上海光复以后，我们由杭去沪，到民立报馆找于右任。他告诉我们说，浙江的革命机关在振华旅馆。我们要找褚辅成，没有找着。那时上海附近各地的富家都纷纷逃难到上海来，我们往来常住的汉口路上海旅馆，挤得一个铺位也没有，而我们袋子里也"空空如也"，只得仍回杭州。我把外祖母、母亲和我的妻小都送到乡下，一个人单独守着一所住宅。我的一个出裸弟兄（杭州人管邻舍从小在一起的叫作"出裸弟兄"）程途，武备学堂毕业，这时在标统朱瑞部下当排长。九月十三日晚上，他赶来告诉我说，他得到标部里的消息，一两日内杭州也要动了。可是没想到当夜就起义了。

（三）

第二日大早，我急忙赶到咨议局，副议长沈钧儒已先到，正在陈老师卧室里谈昨夜里起事的情形。沈钧儒因为起义时在布告上署名的都督"童伯吹"是什么人大家都不知道，主张赶快把汤蛰老（汤寿潜的别号叫蛰仙）从上海找回来。当即由我起了个简单的电稿，除了由陈老师、沈先生和我具名之外，沈钧儒还加上了褚辅成的名字。电稿拟妥后由我送请铁路局代发。

当天就有一部分军队方面的人到咨议局来办公，可是一颗印信都没有。我便去刻好了一颗"浙军都督府都督之印"，取回后立刻应用起来。我还带着封条，去把大清银行和布政司、盐运司等衙门都次第封了。

这日下午，我到车站去接汤老，从驻守车站的起义军官顾乃斌（八十二标标统周承菼部下）处打听到，周承菼已经担任了都督。一会儿，火车打着白旗进入车站。汤老随带了张竹生（他的大名我忘记了，竹生是他的别字）和另外两个人一同下车，直到咨议局。到一间普通接应室里，只见人头攒动，劈头就听见驻防协领贵林说话的声音。我引着汤老一行，排开众人向里走，迎面看见周承菼巍然端坐中央，两脚排成八字，两膝之间立着一把佩刀，两手握住刀柄，凛然是个大将气概。陈老师和贵林在两旁相向而坐，汤尔和坐在周承菼右侧，担任临时书记，记录纸上已经一条一条地写下了不少条款。原来贵林是代表驻防旗营来议降的，他也全身"命服"，最惹人注目的是两根雪白的忠孝带。他侃侃而谈，似乎还在争某些条件。他一见汤老到来，立刻就说："蛰老来了。蛰老怎样说，我无不依从。"这时，周承菼却不作声，起身迎让汤老就座。汤老也俨然以都督的身份，毫不谦让，草草看了一遍条款，就说："便这样，我签字吧。"随即提起笔来签上他的大名。这样一来，大家都无话说，一场议降会议，就此告终。但是算起来，汤老已经是第三任都督了。

我记不清楚那天为什么事离开了咨议局。直到晚饭以后，我再到咨议局，看见汤老一个人踽踽凉凉很无聊的样子。这时，褚辅成在机关部，沈钧儒临时担任警察局长，都没有和汤老见面。一会儿，张竹生来了。请汤老着手组织都督府。汤老开了一张名单：民政司长陈黻宸，财政司长张竹生，教育司长沈钧儒，褚辅成是什么"长"，我记不清了。我和楼守光都是秘书。但是，这个名单怎样发表呢？因为这时外边枪声常常掠耳而过，旗营还被围着，驻防也不肯降，据说下午会议上所商定的条件不能算数。汤老叫我和楼守光出去打听打听。我从回新桥走出大街，落北向官巷口走，一路上十个五个的兵把旗营包围着。我刚走到官巷口，在一盏路灯底下被一位排长叫住了，他说："先生，前去不得了，迎紫门上有守军，不时放枪呢。"我听他说话的声音，知道他是我在养正书塾做师范生时教过的学生傅孟（他在书塾的原名，我记不得了，这是他进武备学堂改的名字，他和黄郭是拜把的）。我问他怎样了,他说:"还不肯降。"我也就折回来了。汤老叫我起两个草稿,一个是给湖北都督黎元洪的电报,一个是豁免全省钱粮的文告,后来用的是不是我的草稿,我就不晓得了。豁免钱粮这件事,使浙省财政遭到困难,曾因此举了三百万的省债。

(四)

杭州光复后的第二日早晨,我因为要去安慰一下母亲,就到乡下去了。在乡下多耽搁了一夜,再回城里,局面已全然不同了。汤老固然正式做了都督,但是没有实权。褚辅成做了民政长,而他这个民政长和湖北、江苏等省的不同,是和都督平行的。贵林和他的儿子都被枪毙了。原来,驻防不肯投降,驻扎在粮道山上的革命军,用大炮对着旗营南门,要发炮攻击,他们也居然还想发炮抵抗。幸而他们炮上的门子早被革命军方面叫帮里的朋友张子廉想法卸去了,那门炮就没用了。因此,他们终于只好把许多枪杆丢到河里,向革命军投降了。

贵林被枪毙的罪名是图谋反抗革命,但据我所知,他并无意为他的主子尽忠。他在满籍官员里面还算是比较开明的,喜欢结交知名之士,对宋平子[1]几乎是师事的,并由宋平子介绍,又结交于陈黻宸老师。武昌起义后他曾向陈老师请教。陈老师劝他不可拘执君臣之义,应该看在老百姓的分上;并且老实告诉他说,清朝政治太腐败了,已经没有希望了。贵林又邀陈老师去见了他的母亲。陈老师向他的母亲恳切劝说了一番,并且说:"将来如果有事,只要你们不抵抗,总可以保证你们的生命安全的。"他的母亲就对贵林说:"陈先生是至诚君子,你得听他的话。"贵林在旗营里素有"孝子"之称,自然也没话说。旗营被围的第二日,贵林出来议降,就是由陈老师和楼守光商议,由守光设法进入旗营联系,把贵林找出来的。

---

[1] 宋恕别字燕生,又号平子,是俞樾的学生,为人清狷自守。李鸿章是他妻父的门生,想叫他做官,但不敢出口。他写了一本书,名叫《卑议》,李鸿章说:"这叫'卑议'?我看来太高了。"

（五）

贵林的前任是金梁的哥哥（已忘其名），他们弟兄两人和杭州的排满运动发生过如下一段接触：

浙江大学的前身是求是书院（后改称浙江大学堂，又改为浙江高等学堂）。当我在养正书塾读书的时候，陈老师一面启发了我们同学的革命思想，又介绍了宋平子先生到求是书院当总教习。宋先生平常谈话是万分谨慎的，但是，他和陈老师一样，能在古书里发出新义，叫人们自然会走上这条路上去。那时求是书院还有一位教员叫孙江东，也有革命思想，他偶然在暑假里出了一个题目，叫《罪辫文》，教学生做。学生里有史久光（江苏溧阳人，辛亥革命后在参谋本部任第四局局长）、李斐然（辛亥革命前任周承菼标部的参谋），都大发议论，斥责清朝。孙江东还嫌他们文章里"本朝"两个字不行，给他们改成"贼清"。不想被院里的旗籍学生们晓得了，报告了金梁。金梁通过他的哥哥告到将军那里，将军就请巡抚任道镕查办。这位巡抚是江苏宜兴人，是个正途出身。他对于这件"大逆不道"的事情怎敢怠慢；但是，他究竟是老于仕途的，晓得一经查办出来，除了几个活该的以外，从他起直到芝麻绿豆大的官，都要担着处分，不是闹着玩的。所以他很谨慎，先把这件事秘密起来。一日，他只带了一个当差，青衣小帽，坐了一乘普通轿子（巡抚照例是坐红呢大轿，四抬四插）一直来到了求是书院。他也不待通报，先看了各处书院的布告和斋舍壁上私贴的学生文课作品，然后再请"监院"把学生平日作文检来带走，说是要考察考察他们的成绩。当时，大家并不以为有什么大事。

过了几日，这位巡抚率领着两司（布政司、按察司）、二道（杭嘉湖道、督粮道）、一府（杭州府）、两县（钱塘、仁和），都是全副执事，来到书院。大家都感到惊奇，因为向例书院没有大典礼，他们是不会一齐来的。巡抚召集了书院的当局以下，用非常严肃的态度，郑重宣布他来院的目的。他说，因为有本院旗籍学生告发本院学生有悖逆文字，所以上次亲身来院查访，并将书院的布告和学生的作文带去，一一仔细过目，其中确实并无一点悖逆文字，可见这是诬告。接着他又说，在这个时候，还有人挑拨满汉意见，希望"大兴文字之狱"，实在不是国家之福。本当严办诬告，姑念这些旗籍学生年轻无知，命仁、钱两县立即勒归营里，又命杭州府去察告将军，请他惩办。他发落完毕，才从袋里取出那束作文卷子，叫司道以下看完，还给监院而去。

这场大事，竟化做无事，不能不说这位巡抚心地厚道。不过写《罪辫文》这件事可是实在有的，只是真凭实据没有落在旗籍官员们手里，所以也只好认错息事，可是心里当然很不痛快。后来孙江东被人告了风化案子，贵林就在后面支持原告，终于闹得孙江东在杭州不能立足。

（六）

浙江光复后，紧接着江苏巡抚程德全也宣告独立，自称都督。程德全的宣告独立，是我的一位世交长辈应德闳先生和江苏督练公所里的几位湖南人张通典、章驾时、罗偦子和我的同学杜士珍策划的。应先生的父亲曾做过江苏布政使，后来应先生也去江苏候补知府。辛亥那年，他新过了道班，在程德全幕里，很被程所赏识。布政使陆钟琦升了山西巡抚以后，程德全就派应先生署理布政使，着实使当时的按察使和一班老的候补道难堪。程德全竟因此事被御史参了一本，说他不应以未引见道员径署布政使（清例，道员未曾引见，不能正式任官，引见就是由吏部或军机处带领去见皇帝）。这样，既把应先生的前途丢了，程德全也碰了一鼻子灰。加上上海都督陈其美要移师北伐了。所以在章驾时等敦促之下，程德全就在苏州宣布独立了。应先生做了都督府的秘书长，杜士珍也在都督府任职，他们邀我去苏州一走。我到苏州，他们要我在上海办一份日报。我就担负了这个任务，在上海福州路找了一所房子，筹备起来。

不久，章太炎先生由日本回到上海，住在爱俪园（即哈同花园），我每日都去和章先生商谈。这时，汉阳被清军冯国璋攻陷，但上海各报不敢发表，因为那时民意激昂，热烈拥护革命，不愿意听到革命军失败的消息，报纸如果贸然把这个消息发表出来，就会激怒民众，报馆有被捣毁的危险，《申报》就曾因为这样而被打过的。章先生却得到了黎元洪的电报，知道了这个消息。他非常生气，在给我的信上竟把黄兴称作"逃帅"。我办的那份报纸取名《大共和日报》，请章先生做社长，杜杰风任经理，我担任了总编辑，章驾时、汪东（字旭初，章先生的学生）都是编辑（章驾时因军事关系，始终未到）。

汤老在浙江因为环境不好，都督做不下去了。楼守光的哥哥楼守愚和蒋尊簋的父亲既是同乡，又是好友，蒋父和汤老也是朋友，楼家两弟兄就替汤老去找蒋尊簋来做替身。汤老和孙中山先生说了，自然没有不妥的。一日，楼守光来向我说，本晚蒋尊簋专车回杭，叫我约应德闳先生同去，要应先生去做秘书长，我任秘书。当夜，蒋尊簋就偕同应先生、楼家弟兄和我，还有蒋的学生夏超，一同回杭。蒋尊簋走马到任，接了都督印。他是做过浙江标统的，和周承菼是同学，自然一无问题。可是，应先生因为程德全不放他走，并没有回浙就秘书长职。我起先在秘书处混了几个月，后来楼守光由都督府印铸局局长出任衢县知事，我又补了他的缺。印铸局的公报总纂杭辛斋先生、编辑部邵飘萍和我闹了一点意见，印铸局改了公报处，我改任经理。我却就此"还我初服"，仍回浙江第一师范学校教书去了。这时是一九一二年，我二十八岁。

——摘自《辛亥革命回忆录》（一）

辛亥断忆

梁漱溟

二十世纪初，清廷的腐败是有目共睹的。整个中国，民不聊生，国将不国，皇帝所在的首善之区北京，种种情况，不堪入目。清王朝的骄淫、奢侈、讲排场，仍然有增无减。清宫里面的事未曾亲眼目睹，且不说它。一年一度皇帝到天坛祭天的情况则是老百姓都看到了的。那时我家一直居在宣武门外和崇文门外两处，皇帝出来的排场和威风，这一带的老百姓常常传谈多日而不散。皇帝出故宫前往天坛，沿途戒严，老百姓禁止观看，在前门外大街繁华地带，胡同口及门窗都钉上临时的木板、苇席。当然也有一些大胆的人在木板、苇席之后或门窗缝隙里偷看。那高头大马，金轿银鞍，鸣金放炮，浩浩荡荡，场面十分可观，依然不可一世。

大约在1909年吧，当时我寄宿在顺天中学堂。一天早上起来，看见学校布告栏书写着大幅讣告："大行皇帝龙驭上宾。"那时候，皇上驾崩（死了），是非同小可之事。不一会校方召集全校近千名师生举哀，在礼堂正中上方供着光绪皇帝的牌位。主持人命令，下跪哭丧。哀乐起，有放声大哭的，有干嚎的，亦有不作声的。其时学校中已有少数革命党人，不少人倾向革命派，许多人对清廷丧失信心。所以举哀只是形式，多数人并不迷信皇帝。记得举哀结束后，同学们还窃窃私议，认为举哀中那种长哭干嚎的场面十分滑稽可笑。不料第二天一早，又看到西太后归天的讣告。于是全校再一次举哀，重演昨日一套仪式。事后同学们议论的却是光绪帝与西太后谁先死谁后死，光绪帝是不是被谋杀等等问题，当然谁也议论不出什么结果来，因为这始终是个谜。

至于溥仪三岁登基，改年号宣统的事，同学们更认为是儿戏不值一谈，谁都没有兴趣了。

在当时的历史条件下，京津保地区革命党人的活动，开始是小组织、小团体，甚至是单枪匹马，个别活动。后来酝酿成立同盟会，才逐步联络，成立统一的组织。约在1911年冬，甄元熙向我传达，说汪兆铭（精卫）邀胡鄂公、白逾桓、彭家珍等在天津开会，正式宣告中国革命同盟会京津保支部成立。由汪兆铭任支部长，下设参谋、军事、财政、交通四部。胡任交通部长，白任参谋部长。财政部长是汪自己兼任，还是别的什么人担任，记不起来了。至此，京津同盟会才有了统一的指挥，组织形式也较前严密了些。

我加入同盟会后，经常去的联络点在北京东单三条。这里有一间京津同盟会开设的沿街而门面很小的杂货店，负责人就是甄元熙。小店前边卖货，后边聚会，常有同盟会会员三三两两来这里碰头，其中不少是河南、四川、云南籍的保定军校入伍生，大多议论革命形势和军事举动。胡鄂公和彭家珍都来过这里。我是甄君直接领导的同盟会会员，常到这里来听消息，议国事，传送革命书刊；有时也守店面卖货，记得还曾奉派到京郊购置一批带玻璃罩的煤油灯。在当时的北京，还没有电灯，这便是时髦的家用照明用具了。

京津同盟会当时在北京地区也有军事举动，但不是搞武装起义，而是为配合南方革命军的军事行动，谋划刺杀清廷掌握大权的显贵，最有名的如刺杀袁世凯、良弼、摄政王等人的事件，曾经震动京内外。详细的情节已有史载，我只是想特别谈一下彭家珍刺杀良弼而壮烈牺牲的情况。1912年1月中旬，张先培等四人携炸弹刺杀袁世凯失败，均壮烈牺牲。消息传来，京津同盟会会员无不怒火满腔。东单三条聚会时常有人拍案而起，摩拳擦掌。几天后（即 1912 年 1 月 26 日），突然传来彭家珍刺杀良弼成功，但本人亦当场牺牲的消息。彭家珍是四川人，我加入同盟会不久即与他相识。彭做事精明，胆量过人。作为军事部长，他深知张先培等刺杀袁世凯失败的影响，便单枪匹马，以一死去夺取成功。良弼是清廷贵族主战派（力主用武力平定南方革命党人）的代表人物，气焰嚣张，早就是革命党人要除掉的一个目标。刺杀那天，彭家珍身穿清朝军官的服饰，怀揣炸弹，独自来到北京西四北红罗厂良弼的住所，掏出一张事先准备好的良弼好友、清廷驻奉天将领崇恭的名片，要面见良弼。正在这时，一辆马车由远而来，靠近大门口，一片"大人到"的呼声。说时迟，那时快，良弼刚迈步下车，彭已将炸弹投去。由于距离太近，彭当场身殉，良弼被炸掉一条大腿，受重伤，第二天死去。这一壮举，吓得清廷亲贵闻风丧胆，纷纷逃窜；同时也大大鼓舞了革命党人的志气。后来孙中山先生赐给彭家珍以"大将军"的称号。民国以后，彭家珍和张先培等五位烈士，合葬在今北京动物园熊猫馆之东北角，立有一座五面碑，每面各镌刻着一位烈士的姓名。后因北京动物园不断扩建，这座墓碑，竟不知去向了，颇为可惜。

——摘自《梁漱溟问答录》

辛亥那年

冯友兰[1]

暑假后不久,辛亥革命就开始了。武昌起义一举成功。清朝政府惊慌得不知所措,派陆军部尚书荫昌率新军前往镇压。荫昌带兵到了信阳,连湖北境也不敢进,就在信阳住下了。整个中国都震动了。各省起义的消息每天都有,也不知道哪是真的,哪是假的。各学校的学生都纷纷回家。大哥、二哥说,我们也以回家为好,怕的是将来路不通,家里接济不到。当时我也不知道,是铁路真不通,还是大哥他们怕铁路不通。他们决定不坐火车了,在开封雇马车,顺着通铁路以前的大路回家。我倒很愿意这样走,因为想看看铁路通以前人们旅行的情况。从开封出发,走了一个上午,到了朱仙镇。原来旧日的大路有一定的站,每隔四十五里就是一站。一天规定走两站。走完两站,即使天色尚早,也不再走了。因为再走,就走不到下一站,那就要破站。照当时走路的规矩,无论冬夏,每天都是早上四五点钟出发,遇见有卖吃食的地方,随便吃一点作为早点,走到上午十一点

---

[1] 冯友兰,河南唐河人。著名学者。一九一五年考入北大,一九一八年执教于开封。一九一九年赴美,一九二三年获哥伦比亚大学哲学博士。回国后撰写了《中国哲学史》——被人称为"中国哲学研究的里程碑"。

左右，就到一站。坐车的人都下来吃午饭。车上也要喂牲口。这叫"打尖"。打尖以后再走四十五里，到下一站，无论天早天晚，都要住下。走路的规矩是每天都要起早走，宁可早一点到宿站住下，这叫作"赶早不赶晚"，每一个站都是一个县城或者大集镇，都有很多的旅店。车一进街，各旅店的伙计都跑出来截车，拉住马叫住他的店。赶车的人都有他们自己的熟店，都把车往他的熟店赶。车一进店门，停在大院里，赶车的把鞭子一扔，就不见了。有店家的伙计替他卸车，把牲口牵到槽边去喂。又有些伙计帮着坐车的人搬行李，送到房间里。这些客店一般都没有伙食，自有附近的小馆子派人来问饭，客人随便点菜点饭，吃完睡觉。第二天天不亮，店家的人就来打铺盖卷，搬行李上车，牵牲口套车。一切都齐备了，赶车的人才出现，拿起鞭子又上路了。我从小说上知道有这些情况，亲自经历一遍，觉得很有意思。车走到汝坟桥，住在一个店里，墙上都题满了诗。当时走路，最怕的是连阴天，路不能走，只能呆在旅店里，等候天晴。那种苦闷、焦急、无聊的心情，真是难以忍受。能够写字的人，大概都要在墙上写下几句，以为消遣。我听说我父亲在汝坟桥的一家店内，在墙上写了几首诗，当时很传诵，我就在我们这个店里墙上找，事有凑巧，他住的果然就是这家客店。我一找就找着了他的题壁诗，共有六首：

记得新春话别时，临歧温存挽征衣：曾闻天上玉堂好，莫为思侬愿早归。

文场一战竟抛戈，知尔同声唤奈何！料得相逢应慰藉：妾家薄命累郎多！

苦教夫婿觅封侯，柳色青青怕上楼。谁料天涯仍落拓，相逢莫问黑貂裘。

珠玑才调锦年华，久别当知初念差。一掬临风相思泪，而今应长海棠花。

年来事事不如人，惯逐群仙步后尘。才藻如卿堪第一，奈何偏现女儿身！

　　首堂辞罢感长征，晨馐夕膳代奉迎。归去慈帏仍健羡，晓妆台下谢卿卿。

父亲于己丑年中举人，到戊戌年成进士，这些诗大概是己丑至戊戌年间，父亲会试落第回家，过汝坟桥，在客舍写的。

一路顺利，回到了唐河县城。母亲也在唐河县城。原来唐河也办了一个女学，县里人们觉得，初办女学，如果没有一个有名望的妇女参加，恐怕办不起来。他们就请母亲到女学里负责管理学生，名义是学监。我到女学里去见母亲，母亲谈起了办学经过。她说，她自己给自己起了一个名字，叫吴清芝，还印了名片。这是她第一次走出家庭的范围，到社会上办事。她本来是一个极有才干的人，有机会到社会上作一点事，自然很高兴，心情很舒畅。但是她教学生的宗旨，仍然是贤妻良母。她对我说，她向学生们说，旧规矩还是要遵守的，叫你们来上学，是教你们学一点新知识、新本领，并不是叫你们用新知识、新本领代替旧规矩。这正是张之洞的"中学为体，西学为用"的思想。当时革命的形势日益发展，可是实际影响还没有到偏僻的小地方。在唐河一带，清朝的统治还没有动摇。县城里各学校都还在照常上课。母亲还只能留在县城的学校里。我跟着三个堂兄先回祁仪镇。

到快要过年的时候，革命军的队伍已经开到襄樊，安民告示贴到了河南境内。告示上写的官衔是"安襄郧荆招抚使"，不用清朝官名。安襄郧荆指的是湖北省的安陆、襄阳、郧阳和荆门这一带。告示一到，我们那一带都震动了。清朝在南阳设了一个军事据点叫"南阳镇"，有个南阳镇总兵镇守。当时那个总兵很顽固，声称要和革命军决一死战。后来他接到报告，说革命军漫山遍野而来。他一听就溜了。这样，并没有经过实际战争，南阳、唐河这一带就"光复"了。"光复"是当时用的一个名词，凡是革命政权建立了的地方，都称为"光复"，意思是说，从满人手里把失地收复了。伯父原是个很守旧的人，有人传话来，说革命军就要到祁仪镇，叫号召群众欢迎。伯父也很高兴，说这就快过年了，哪家没有酒肉，都愿意招待。看到这种情况，我想书本上常说的"传檄而定"，大概就是这个样子吧。那个总兵是"望风而逃"，革命军是"传檄而定"。这是大势所趋，人心所向。清朝的政权就是在这种情况下垮台的。可是，当时真正的群众，劳动人民，并没有发动起来，也没有人想到去发动他们。在革命中，活动的人还多半是知识分子。他们活动的动力，是三民主义中的民族主义，他们反对满人的统治，同时也反对外国洋人的侵略。在乡村，欢迎革命的，也是一些比较开明的绅士。他们实际上也是知识分子。我现在想起来，当时的斗争，是绅权和官权的斗争。在当时的封建社会中，官和绅本来是一样的人。知识分子经过科举作了官，在他做官的地方他是官，回到他原籍就是绅。在清朝末年，实行了一些新政。在新政中，往往用了些本地绅士，特别是教育一项，官是无能为力的。在教育界，绅权很快就发展起来了。父亲在武昌的时候，我听见他同母亲商议，说他有些朋友劝他辞去湖北的官，回河南当绅，说绅比官更有前途。我觉得，当时父亲心中也有所动。可是后来没有那样做。我还听父亲说，当时的总督张之洞要派一批人到日本学法政，梁鼎芬推荐父亲去，他以母老为辞，谢绝了。当时有不少的官，跑到日本去住几个月，回原籍就转为绅了。我现在觉得，辛亥革命的一部分动力，是绅权打倒官权，就是地主阶级不当权派打倒地主阶级当权派。三民主义中的民权主义和民生主义，不但当时的一般人不懂，当时革命队伍中的人也不是都很懂的。我也主张辛亥革命是资产阶级民主革命。但我也认为，当时的资产阶级力量是很软弱的。所谓官权与绅权的斗争，正是表现了地主阶级内部的矛盾，辛亥革命一起来，绅权便自然成为革命的一个同盟军，一起反对当权的地主阶级，即以清朝皇帝为代表的地主阶级当权派的统治。等到清朝被推翻以后，原来参加革命的那一部分地主阶级，就又同资产阶级发生了矛盾和斗争，因此资产阶级又来了个"二次革命"，其结果，还是失败了，以袁世凯为代表的地主阶级篡夺了革命的果实，在中国开始了北洋军阀的统治。

孙中山先生所宣传的，是资产阶级思想，可是那些都是上层建筑，在中国并没有坚强的经济基础。他主要是以舆论宣传为武器和封建势力做斗争，这显然是不够的。中国的旧民主主义革命的失败，是先天就注定了的。

——摘自《三松堂自序》

辛亥革命与双十节

梁启超

"革命"两个字，真算得中国历史上的家常茶饭，自唐虞三代以到今日，做过皇帝的大大小小不下三四十家，就算是经了三四十回的革命。好像戏台上一个红脸人鬼混一会，被一个黄脸人打下去了；黑脸人鬼混一会，又被一个花脸人打下去了。拿历史的眼光看过去，真不知所为何来。一千多年前的刘邦、曹操、刘渊、石勒是这副嘴脸，一千多年后的赵匡胤、朱元璋、忽必烈、福临也是这副嘴脸。他们所走的路线，完全是"兜圈子"，所以可以说是绝无意义。我想中国历史上有意义的革命，只有三回：第一回是周朝的革命，打破黄帝、尧、舜以来部落政治的局面；第二回是汉朝的革命，打破三代以来贵族政治的局面；第三回就是我们今天所纪念的辛亥革命了。

辛亥革命有什么意义呢？简单说：

一面是现代中国人自觉的结果。

一面是将来中国人自发的凭借。

自觉，觉些什么呢？

第一，觉得凡不是中国人，都没有权来管中国的事。

第二，觉得凡是中国人，都有权来管中国的事。

第一件叫作民族精神的自觉，第二件叫作民主精神的自觉。这两种精神，原是中国人所固有；到最近二三十年间，受了国外环境和学说的影响，于是多年的"潜在本能"忽然爆发，便把这回绝大的自觉产生出来。

如今请先说头一件的民族精神。原来一个国家被外来民族征服，也是从前历史上常有之事，因为凡文化较高的民族，一定是安土重迁，流于靡弱，碰着外来游牧慓悍的民族，很容易被他蹂躏。所以二三千年来世界各文明国，没有哪一国不经过这种苦头。但结果这民族站得住或站不住，就要看民族自觉心的强弱何如。所谓自觉心，最要紧的是觉得自己是"整个的国民"，永远不可分裂、不可磨灭。例如犹太人，是整个却不是国民；罗马人是国民却不是整个；印度人既不是国民更不是整个了。所以这些国家从前虽然文化灿烂，一被外族征服，便很难爬得转来。讲到我们中国，这种苦头，真算吃得够受了。自五胡乱华以后，跟着什么北魏咧，北齐咧，北周咧，辽咧，金咧，把我们文化发祥的中原闹得稀烂。虽然如此，四五千年前祖宗留下来这份家产，毕竟还在咱们手里。诸君别要把这件事情看得很容易啊！请放眼一看，世界上和我们平辈的国家，如今都往哪里去了？现在赫赫有名的国家，都是比我们晚了好几辈。我们好像长生不老的寿星公，活了几千年，经过千灾百难，如今还是和小孩子一样，万事都带几分幼稚态度。这是什么原故呢？因为我们自古以来就有一种觉悟，觉得我们这一族人像同胞兄弟一般，拿快利的刀也分不开；又觉得我们这一族人，在人类全体中关系极大，把我们的文化维持扩大一分，就是人类幸福扩大一分。这种观念，任凭别人说我们是保守也罢，说我们是骄慢也罢，总之我们断断乎不肯自己看轻了自己，确信我们是世界人类的优秀分子，不能屈服在别的民族底下。这便是我们几千年来能够自立的根本精神。民国成立前二百多年，进入了满洲贵族统治时代。所以晚明遗老像顾亭林、黄梨洲、王船山、张苍水这一班人，把一种极深刻的民族观念传给后辈，二百多年，未尝断绝。恰好碰着欧洲也是民族主义最昌的时代，他们的学说给我们极大的激刺，所以多年来磅礴郁积的民族精神，尽情发露，成为全国人信仰之中坚。那性质不但是政治的，简直成为宗教的了。

第二件再说那民主精神。咱们虽说是几千年的专制占国，但咱们向来不承认君主是什么神权，什么天授。欧洲中世各国，都认君主是国家的主人，国家是君主的所有物。咱们脑筋里头，却从来没有这种谬想。咱们所笃信的主义，就是孟子说的"民为贵，社稷次之，君为轻"。拿一个铺子打譬，人民是股东，皇帝是掌柜；股东固然有时懒得管事，到他高兴管起事来，把那不妥当的掌柜撵开，却是认为天经地义。还有一件，咱们向来最不喜欢政府扩张权力，干涉人民，咱们是要自己料理自己的事。咱们虽然是最能容忍的国民，倘若政府侵咱们自由超过了某种限度，咱们断断不能容忍。咱们又是二千年来没有什么等级制度，全国四万万人都是一般的高，一样的大。一个乡下穷民，只要他有本事，几年间做了当朝宰相，并不为奇；宰相辞官回家去，还同小百姓一样，受七品知县的统治，法律上并不许有什么特权。所以政治上自由、平等两大主义，算是我们中国人二千年来的公共信条。事实上能得到什么程度，虽然各时代各有不同，至于这种信条，在国民心目中却是神圣不可侵犯。我近来常常碰着些外国人，很疑惑我们没有民治主义的根底，如何能够实行共和政体。我对他说，恐怕中国人民治主义的根底，只有比欧洲人发达的早，并没比他们发达的迟；只有比他们打叠的深，并没比他们打叠的浅。我们本来是最"德谟克拉西"的国民，到近来和外国交通，越发看真"德谟克拉西"的好处，自然是把他的本性，起一种极大的冲动作用了。回顾当时清末的政治，件件都是和我们的信条相背，安得不一齐动手端茶碗送客呢？

当光绪、宣统之间，全国有知识有血性的人，可算没有一个不是革命党，但主义虽然全同，手段却有小小差异。一派注重种族革命，说是只要把满洲人撵跑了，不愁政治不清明；一派注重政治革命，说是把民治机关建设起来，不愁满洲人不跑。两派人各自进行，表面上虽像是分歧，目的总是归着到一点。一面是同盟会的人，暗杀咧，起事咧，用秘密手段做了许多壮烈行为；一面是各省咨议局中立宪派的人，请愿咧，弹劾咧，用公开手段做了许多群众运动。这样子闹了好几年,牺牲了许多人的生命财产,直到十年前的今日,机会凑巧,便不约而同的起一种大联合运动。武昌一声炮响,各省咨议局先后十日间,各自开一场会议,发一篇宣言,那二百多年霸占铺产的掌柜,便乖乖的把全盘交出,中华民国,便头角峥嵘的诞生出来了。这是谁的功劳呢?可以说谁也没有功劳,可以说谁也有功劳。老实说一句,这是全国人的自觉心,到时一齐进现的结果。现在咱们中华民国,虽然不过一个十岁小孩,但咱们却是千信万信,信得过他一定与天同寿。从今以后,任凭他哪一种异族,野蛮咧,文明咧,日本咧,欧美咧,独占咧,共管咧,若再要来打那统治中国的坏主意,可断断乎做不到了。任凭什么人,尧舜咧,桀纣咧,刘邦、李世民、朱元璋咧,王莽、朱温、袁世凯咧,若再要想做中国皇帝,可是海枯石烂不会有这回事了。这回革命,就像经过商周之间的革命,不会退回到部落酋长的世界;就像经过秦汉之间的革命,不会退回到贵族阶级的世界。所以从历史上看来,是有空前绝大的意义,和那红脸打倒黑脸的把戏,性质完全不同。诸君啊,我们年年双十节纪念,纪念个什么呢?就是纪念这个意义。为什么要纪念这个意义?为要我们把这两种自觉精神越加发扬,越加普及,常常提醒,别要忘记。如其不然,把这双十节当做前清阴历十月初十的皇太后万寿一般看待,白白放一天假,躲一天懒,难道我们的光阴这样不值钱,可以任意荒废吗?诸君想想啊!

我下半段要说的是十年双十节之乐观。想诸君骤然听着这个标题,总不免有几分诧异,说是现在人民痛苦到这步田地,你还在那里乐观,不是全无心肝吗?但我从四方八面仔细研究,觉得这十年间的中华民国,除了政治一项外,没有哪一样事情不是可以乐观的。就算政治罢,不错,现时是十分悲观,但这种悲观资料,也并非很难扫除,只要国民加一番努力,立刻可以转悲为乐。请诸君稍耐点烦,听我说明。

乐观的总根源,还是刚才所说那句老话:"国民自觉心之发现。"因为有了自觉,自然会自动;会自动,自然会自立。一个人会自立,国民里头便多得一个优良分子；个人人会自立，国家当然自立起来了。十年来这种可乐观的现象，在实业、教育两界，表现得最为明显。我如今请从实业方面举几件具体的事例：宣统三年，全国纺纱的锭数，不满五十万锭；民国十年，已超过二百万锭了。日本纱的输入，一年一年的递减，现在已到完全封绝的地步。宣统三年，全国产煤不过一千二三百万吨；民国十年，增加到二千万吨了。还有一件应该特别注意的，从前煤矿事业，完全中国人资本，中国人自当总经理，中国人自当工程师，这三个条件具备的矿，一个也没有，所出的煤，一吨也没有；到民国十年，在这条件之下所产的煤四百万吨，几乎占全产额四分之一了。但这些情节，暂且不必多管。我总觉得目前这点子好现象，确是从国民自觉心发育出来："中国人用的东西，为什么一定仰给外国人？"这是自觉的头一步；"外国人经营的事业，难道中国人就不能经营吗？"这是自觉的第二步；"外国人何以经营得好，我们从前赶不上人家的在什么地方？"这是自觉的第三步。有了这三种自觉，自然会生出一种事实来，就是"用现代的方法，由中国人自动来兴办中国应有的生产事业。"我从前很担心，疑惑中国人组织能力薄弱，不能举办大规模的事业。近来得了许多反证，把我的疑惧逐日减少。我觉得中国人性质，无论从哪方面看去，总看不出比外国人弱的地方；所差者还是旧有的学问知识，对付不了现代复杂的社会。即如公司一项，前清所办的十有八失败，近十年内却是成功的成数比失败的多了。这也没什么稀奇，从前办公司的不是老官场便是老买办，一厘新知识也没有，如今年富力强的青年或是对于所办事业有专门学识的，或是受过相当教育常识丰富的，渐渐插足到实业界，就算老公司里头的老辈，也不能不汲引几位新人物来做臂膀。简单说一句，实业界的新人物新方法，对于那旧的，已经到取而代之的地位了。所以有几家办得格外好的，不惟事事不让外国人，只有比他们还要崭新进步。刚才所说的是组织方面，至于技术方面，也是同样的进化。前几天有位朋友和我说一段新闻，我听了甚有感触，诸君若不厌麻烦，请听我重述一番。据说北京近来有个制酒公司，是几位外国留学生创办的，他们卑礼厚币，从绍兴请了一位制酒老师傅来。那位老师傅头一天便设了一座酒仙的牌位，要带领他们致敬尽礼的去祷拜。这班留学生，自然是几十个不愿意，无奈那老师傅说不拜酒仙，酒便制不成，他负不起这责任，那些留学生因为热心学他的技术，只好胡乱陪着拜了。后来这位老师傅很尽职的在那里日日制酒，却是每回所制总是失败；一面这几位学生在旁边研究了好些日子，知道是因为南北气候和其他种种关系所致，又发明种种补救方法，和老师傅说，老师傅总是不信。后来这些学生用显微镜把发酵情状打现出来，给老师傅瞧，还和他说明所以然之故，老师傅闻所未闻，才恍然大悟的说道："我向来只怪自己拜酒仙不诚心，或是你们有什么冲撞，如今才明白了完全不是那么一回事。"从此老师傅和这群学生教学相长，用他的经验来适用学生们的学理，制出很好的酒来了。这段新闻，听着像是琐碎无关轻重，却是"科学的战胜非科学的"真凭实据。又可见青年人做事，要免除老辈的阻力而且得他的帮助，也并非难事。只要你有真实学问再把热诚贯注过去，天下从没有办不通的事啊。我对民国十年来生产事业的现象，觉得有一种趋势最为可喜，就是科学逐渐占胜。科学的组织，科学的经营，科学的技术，一步一步的在我们实业界中得了地盘。此后凡属非科学的事业，都要跟着时势，变计改良，倘其不然，就要劣败淘汰去了。这种现象，完全是自觉心发动扩大的结果，完全是民国十年来的新气象。诸君想想，这总算够得上乐观的好材料罢。

在教育方面，越发容易看得出来。前清末年办学堂，学费、膳费、书籍费，学堂一揽千包，还倒贴学生膏火，在这种条件下招考学生，却是考两三次还不足额。如今怎么样啦？送一位小学生到学校，每年白打百块钱，大学生要二三百，然而稍为办得好点的学校，哪一处不是人满。为什么呢？这是各家父兄有极深刻的自觉，觉得现代的子弟非求学问不能生存。在学生方面，从前小学生逼他上学，好像拉牛上树，如今却非到学堂不快活了；大学生十个里头，总有六七个晓得自己用功，不必靠父师督责。一上十五六岁，便觉得倚赖家庭，是不应该的，时时刻刻计算到自己将来怎样的自立。从前的普通观念，是想做官才去读书，现在的学生，他毕业后怎么的变迁，虽然说不定，若当他在校期间，说是打算将来拿学问去官场里混饭吃，我敢保一千人里头找不着一个。以上所说这几种现象，在今日看来，觉得很平常，然而在十年前却断断不会有的。为什么呢？因为多数人经过一番自觉之后才能得来，所以断断不容假借。讲到学问本身方面，那忠实研究的精神，一天比一天增长。固然是受了许多先辈提倡的影响，至于根本的原因，还是因为全国学问界的水平线提高了，想要学十年前多数学生的样子，靠那种"三板斧"、半瓶醋的学问来自欺欺人，只怕不会站得住。学生有了这种自觉，自然会趋到忠实研究一路了。既有了研究精神，兴味自然是愈引愈长，程度自然是愈进愈深。近两年来"学问饥饿"的声浪，弥漫于青年社会。须知凡有病的人，断不会觉得饥饿，我们青年觉得学问饥饿，便可证明他那"学问的胃口"消化力甚强；消化力既强，营养力自然也大。咱们学问界的前途，谁能够限量他呢？有人说："近来新思潮输入，引得许多青年道德堕落，是件极可悲观的事。"这些话，老先生们提起来，十有八九便皱眉头。依我的愚见，劝他们很可以不必白操这心。人类本来是动物不是神圣，"不完全"就是他的本色。现在不长进的青年固然甚多，难道受旧教育的少爷小姐们，那下流种子又会少吗？不过他们的丑恶摅掩起来，许多人看不见罢了。凡一个社会当过渡时代，鱼龙混杂的状态，在所不免，在这个当口，自然会有少数人走错了路，成了时代的牺牲品。但算起总账来，革新的文化，在社会总是有益无害。因为这种走错路的人，对于新文化本来没有什么领会，就是不提倡新文化，他也会堕落。那些对于新文化确能领会的人，自然有法子鞭策自己、规律自己，断断不至于堕落。不但如此，那些借新文化当假面具的人，终久是在社会上站不住，任凭他出风头出三两年，毕竟要屏出社会活动圈以外。剩下这些在社会上站得住的人，总是立身行己，有些根底，将来新社会的建设，靠的是这些人，不是那些人。所以我对于现在青年界的现象，觉得是纯然可以乐观的。别人认为悲观的材料，在我的眼内，都不成问题。

以上不过从实业、教育两方面立论，别的事在今天的短时间内恕我不能多举。总起来说一句，咱们十个年头的中华民国，的确是异常进步。前人常说：理想比事实跑得快。照这十年的经验看来，倒是事实比理想跑得快了。因为有许多事项，我们当宣统三年的时候，绝不敢说十年之内会办得到，哈哈！如今早已实现了。尤可喜的是，社会进步所走的路，一点儿没有走错。你看，近五十年来的日本，不是跑得飞快吗？可惜路走歪了，恐怕跑得越发远，越发回不过头来。我们现在所走的，却是往后新世界平平坦坦的一条大路；因为我们民族，本来自由平等的精神是很丰富的，所以一到共和的国旗底下，把多年的潜在本能发挥出来，不知不觉，便和世界新潮流恰恰相应。现在万事在草创时代，自然有许多不完全的地方，而且常常生出许多毛病，这也毋庸为讳。但方向既已不错，能力又不缺乏，努力前进的志气又不是没有，像这样的国民，你说会久居人下吗？还有一件，请诸君别要忘记；我们这十年内社会的进步，乃是从极黑暗、极混乱的政治状态底下，勉强挣扎得来。人家的政治，是用来发育社会；我们的政治，是用来摧残社会。老实说一句，十年来中华民国的人民，只算是国家的孤臣孽子。他们在这种境遇之下，还挣得上今日的田地，倘使政治稍为清明几分，他们的进步还可限量吗？

　　讲到这里，诸君怕要说："梁某人的乐观主义支持不下去了。"我明白告诉诸君，我对于现在的政治，自然是十二分悲观；对于将来的政治，却还有二十四分的乐观哩！到底可悲还是可乐，那关键却全在国民身上。国民个个都说"悲呀，悲呀！"那真成了旧文章套调说的"不亦悲乎！"只怕跟着还有句"呜呼哀哉"呢！须知政治这样东西，不是一件矿物，也不是一个鬼神，离却人没有政治，造政治的横竖不过是人。所以人民对于政治，要他好他便好了，随他坏他便坏了。须知十年来的坏政治，大半是由人民纵坏。今日若要好政治，第一，是要人民确然信得过自己有转移政治的力量；第二，是人民肯把这份力量拿出来用。只要从这两点上有彻底的自觉，政治由坏变好，有什么难？拿一家打譬，主人懒得管事，当差的自然专横，专横久了，觉得他像不知有多大的神通，其实主人稍为发一发威，哪一个不怕？现在南南北北什么总统咧，巡帅咧，联帅咧，督军咧，总司令咧，都算是素来把持家政的悍仆，试问他们能有多大的力量，能有多久的运命？眼看着从前在台面上逞威风的，已经是一排一排的倒下去，你要知道现时站在台上的人结果如何，从前站的人就是他的榜样。我们国民多半拿军阀当做一种悲观资料，我说好像怕黑的小孩，拿自己的影子吓自己。须知现在纸糊老虎的军阀，国民用力一推，固然要倒，就是不推他也自己要倒。不过推他便倒得快些，不推他便倒得慢些。

他们的末日，已经在阎罗王册上注了定期，在今日算不了什么大问题。只是一件，倘若那主人还是老拿着不管事的态度，那么这一班坏当差的去了，别一班坏当差的还推升上来，政治却永远无清明之日了。讲到这一点吗，近来许多好人打着不谈政治的招牌，却是很不应该；社会上对于谈政治的人，不问好歹，一概的厌恶冷谈，也是很不应该。国家是谁的呀？政治是谁的呀？正人君子不许谈，有学问的人不许谈，难道该让给亡清的贪官污吏来谈？难道该让给强盗头目来谈？难道该让给流氓痞棍来谈？我奉劝全国中优秀分子，要重新有一种觉悟："国家是我的，政治是和我的生活有关系的。谈，我是要谈定了；管，我是要管定了。"多数好人都谈政治，都管政治，那坏人自然没有站脚的地方。

再申说一句，只要实业界、教育界有严重监督政治的决心，断不愁政治没有清明之日。好在据我近一两年来冷眼的观察，国民吃政治的苦头已经吃够了，这种觉悟，已经渐渐成熟了。我信得过我所私心祈祷的现象，不久便要实现。方才说的对于将来政治有二十四分乐观，就是为此。

诸君，我的话太长了，麻烦诸君好几点钟，很对不起。但盼望还容我总结几句。诸君啊，要知道希望是人类第二个生命，悲观是人类活受的死刑！一个人是如此，一个民族也是如此。古来许多有文化的民族，为什么会灭亡得无影无踪呀？因为国民志气一旦颓丧了，那民族便永远翻不转身来。我在欧洲看见德奥两国战败国人民，德国人还是个个站起了，奥国人已经个个躺下去，那两国前途的结果，不问可知了。我们这十岁大的中华民国，虽然目前像是多灾多难，但他的禀赋原来是很雄厚的，他的环境又不是和他不适，他这几年来的发育，已经可观，难道还怕他会养不活不成？养活成了，还怕没有出息吗？只求国民别要自己看不起自己，别要把志气衰颓下去，将来在全人类文化上，大事业正多着哩。我们今天替国家做满十岁的头一回整寿，看着过去的成绩，想起将来的希望，把我欢喜得几乎要发狂了。

（1921年10月10日）

——摘自《中国人的启蒙》

辛亥革命

周作人[1]

（一）

现在已是辛亥这一年了。这实在是不平常的一个年头，十月十日武昌起义，不久全国响应，到第二年便成立了中华民国，人民所朝夕向往的革命总算实现了。可是这才是起了一个头，一直经过了四十年，这个人民解放事业才是成功的，以前所经过的这些困难时代，实在是长得很，也是很暗淡的。何况在当时革命的前夜，虽是并没有疾风暴雨的前兆，但阴暗的景象总是很普遍，大家知道风暴将到，却不料会到得这样的早罢了。这时清廷也感到日暮途穷，大有假立宪之意，设立些不三不四的自治团体，希图敷衍。我在翻译波兰显克微支的《炭画》，感觉到中国的村自治如办起来，必定是一个"羊头村"无疑，所以在小序里发感慨说：

"民生颛愚，上下离析，一村大势，操之凶顽，而农妇遂以不免，人为之亦政为之耳。古人有言，庶民所以安其田里，而亡叹息愁恨之心者，政平讼

---

[1] 周作人，文学家。浙江绍兴人。早年留学日本，辛亥革命后回国，在北大任教，抗战时投靠伪政府。后从事翻译工作，一九六七年病故。

理也。观于羊头村之事，其亦可以鉴矣。"及至回到故乡来一看，果然是那一种情形。在日本，其时维新的反动也正逐渐出现。而以大逆案作为一转折点，但到底是别国的事情，与自己没有多少迫切的关系；这回却是本国了，处于异族与专制两重的压迫下，更其觉得难受。那时将庚戌秋天钓鱼的事抄录了出来，后边加上一段附记道：

"居东京六年，今夏返越，虽归故土，弥益寂寥；追念昔游，时有怅触。宗邦为疏，而异地为亲，岂人情乎？心有不能自假，欲记其残缺以自慰焉，而文情不副，感兴已隔。用知怀旧之美，如虹霓色，不可以名。一己且尔，若示他人，更何能感？故不复作，凭其飘泊太虚，时与神会，欣赏其美，或转退色，徐以消灭；抑将与身命俱永，溘然相随，以返虚浩，皆可尔。所作一则，不忍捐弃，且录存之，题名未定，故仍其旧。辛亥九月朔日记。"后末有九月初七日夜中作诗一首，题在末后云：

"远游不思归，久客恋异乡，寂寂三田道，衰柳徒苍黄，旧梦不可道，但令心暗伤。"

但是十月十日"霹雳一声"，各地方居然都"动"了起来了，不到一个月的工夫，大势已经决定，中国有光复的希望了。在那时候也有种种谣言，人心很是动摇，但大抵说战局的胜败，与本地没有多少关系。到了浙江省城已经起义，绍兴只隔着一条钱塘江，形势更是不稳；因此乘机流行一种谣言，说杭州的驻防旗兵突围而出，颇有点儿危险，足以引起反动的骚乱；但是仔细按下去，仍是不近情理，不过比平常说九龙山什么地方的白帽赤巾党稍好罢了。一有谣言，照例是一阵风的"逃难"，鲁迅在一篇文言的短篇小说《怀旧》里描写这种情形，有一节云：

"予窥道上，人多于蚁阵，而人人悉函惧意，惘然而行。手多有挟持，或徒其手。王翁语予，盖图逃难者耳。中多何墟人，来奔芜市，而芜市居民则争走何墟。李媪亦至金氏问讯，云仆犹弗归，独见众如夫人方检脂粉芗泽，纨扇罗衣之属，纳行箧中；此富家姨太太似视逃难亦如春游，不可废口红眉黛者。"这篇小说是当时所写，记的是辛亥年的事，而逃难的情形乃是借用庚子夏天的事情。因为本家少奶奶预备逃难，却将团扇等物装入箱内，这是事实。但是辛亥年的谣言，却只一天就过去了，只人心惶惶，仿佛大难就在目前的样子。有一位小奶奶，乃是庚子年那一位妯娌，她的丈夫是前清秀才在任高小教员，当时在学校里不曾回家，她就着急地说道："大家快要杀头了，为什么还死赖在外边？"她大约是固守着"长毛"时候的教训，以为是遇乱当然要杀头，所以是在准备遭难而不是逃难了。幸而这恐慌只是一时的，城内经了学生们组织武装起来，但是拿着空枪出去游行，市面已安定下来了；接着省城里也派了"王逸"率领少数军队前来接防，成立了绍兴军政分府。这王逸本来名叫王金发，是绍兴人所熟知的草泽英雄，与竺酌仙齐名，这是大通学堂的系统。他的两年来在绍兴的行事，究竟是功是过，似乎很难速断，后来他被袁世凯派的浙江督军朱瑞所诱杀，实在可是死得很冤的。

——摘自《知堂回想录》

我在辛亥中的几件事

陈嘉庚[1]

与满清脱离

余年三十七岁，即民国光复前一年春，剪去辫发，与满清脱离关系。是年新加坡道南学校举余任总理。其时校中理事三十余人，后来改理事为校董，总理曰董事长。向黄仲涵捐款一万余元，购置校址。余乃提倡向闽侨募捐四万余元，建筑新校舍。其时国内学制虽已改革十余年，而南洋学校寥寥可数，新加坡只有广帮之养正学校，闽帮之道南学校，潮帮之端蒙学校，客帮之启发学校，琼帮之育英学校而已。女学校仅有广帮一校，余均未有。时社会甚幼稚，侨民只迷信鬼神，爱国观念公益观念均甚形薄弱。

---

[1] 陈嘉庚，福建同安人。早年随父在新加坡习商，后成为南洋著名的华侨实业家。他热心家乡和华侨的文化教育公益事业。一九一〇年加入同盟会。辛亥革命时曾募集巨款支持孙中山，抗战时也大力支持国人抵抗侵略。一九四九年参加新政协。一九六一年在北京逝世。

问省光复与南洋华侨

我国旧历辛亥年八月十九日,即新历十月十日武昌起义,民国光复。时闽省于近日间亦闻光复,其时中外消息尚乏灵敏,唯新加坡路透电有传报。住坡闽侨乃在天福宫福建会馆开会,组织保安会,举余为正会长,筹款救济闽省及维持治安。即发电福州问黄乃裳君:"闽省是否光复?都督何人?此间已成立保安会,筹款救济,复。"越日黄君回电云:"全省光复,都督孙道仁,需款急,请速汇。"即汇去国币二万元,并电云:"厦泉漳素多匪,乞维持治安,款可续汇。"越日孙都督回电云:"款收,漳泉已派某大员负责安全,请再汇巨款以应急需,至感。"月余之间,计汇去二十余万元。盖光复初,库空如洗,民心动摇,二万元收后,立即宣传"南洋新加坡汇来二十万元,尚有百万元可接续汇到"云云。由是民气更形兴奋,各处地方安定如常。至全省光复,只福州小有纠纷,立即平息,死伤甚寡。时南洋华侨爱国风气未开,故他埠闽侨未有响应捐汇。孙中山先生自欧洲回国,途过新加坡将赴上海,曾言到国内时如私人需款可否帮助,余许筹五万元。其后来电告予,将赴南京需费,予即如数汇交。

——摘自《南侨回忆录》

辛亥断忆

胡兰畦[1]

四川女子保路同志会和天脚会

一九〇三年清政府曾与英国借款，出卖了川汉铁路的修筑权，四川人民奋起反对，于一九〇五年成立川汉铁路总公司，规定"不招外股，不借外债，是以专集中国人股份"。但一九一一年，清政府突然宣布所谓"铁路国有"政策，可是又把筑路权出卖给帝国主义，并决定由邮传部的盛宣怀和帝国主义签订条约。这个丧权辱国的决定激起了四川人民的激烈反对，展开了轰轰烈烈的保路运动。领导这一爱国运动的罗纶、张澜、蒲殿俊，他们组织了保路同志会，并通过演说、传单、画报来宣传自己的主张。街道上、城门洞，到处都贴着漫画，上面画着盛宣怀奴颜婢膝的可耻嘴脸。当时只要有点爱国心的人都不甘心当亡国奴，都要争取自己国家的主权独立，各行各业的人都纷纷参加保路同志会，新式女学校长罗旭芝先生也在她的学堂内组织了四川女子保路同志会。

这一年，曹师母已从罗旭芝先生学堂里毕业，在荣县教书。她暑假回来，

---

[1] 胡兰畦，北伐时武汉军校女学生，后在宋庆龄身边工作，是宋的好友。

就积极参加四川女子保路同志会的活动，还去总督府南院许了愿。

罗旭芝先生这时还倡办了四川女子天脚会。这个会在成都城内还不见得有多大反响，但在东门外牛市口、大面铺、沙河堡一带，却有很大的号召力。牛市口有个中药铺大德堂，门口就挂着一个"女子天脚会"的大牌子。原来东大路一带，多半是广东客家人，妇女都要下田种地，平时城里人都嘲笑她们是"黄泥巴裹脚大花鞋"。现在公开组织天脚会，她们就都大摇大摆地前来参加。天脚会中的很多妇女，后来也都成了保路同志会的成员。

推翻清朝政府以后

一九一一年十月十日，爆发了武昌起义，四川保路同志会受了鼓舞，杀了钦差大臣端方，宰了总督赵尔丰，成立了军政府。蒲殿俊当了都督。代表大汉民族的红旗中间写着一个大汉字，周围围着十八个圆圈，表示全中国的十八个省份，这杆鲜红的大旗在都督府的旗杆上迎风飘扬。

虽然夺得了政权，但人心不齐。有的人说要复古，就穿着古装，头插绒花，像戏台上的英雄人物一样招摇过市；有些人又喊维新，要照孙中山先生的办法，驱除鞑虏，建立民国，要讲民权，男女平等。维新派反对保皇党的蒲殿俊，十月十八日，在成都东校场阅兵时，部队发生了哗变。蒲殿俊从东校场后面越墙逃到玉皇观一家祠堂的竹林中，才由看守祠堂的老头救了他的性命。

蒲殿俊一逃跑，叛兵们也就四散奔跑，这一下便造成了全城的大抢劫，叛兵和警察互相勾结，拿着警察派出所的户口册子，在每街每巷找殷实户进行劫掠，开始主要抢当铺、银号、大商行。巡防军（清政府用以镇压人民的军队）和警察同时出动，他们碰头时就说："不照！不照！""两不照！"意思是彼此不管，互不干涉，各人抢各人的。他们自由放胆地抢了个整天整夜。

巡防军越抢越来劲，觉得当铺、商号还不过瘾，于是唿哨一声，一拥而去藩库街抢藩库。藩库是政府的金库，集中了全省的现银，里面是一封封的元宝和大洋。巡防兵和警察，凡是进去了的，无不尽力而拿。结果，满街遍地都丢满了包银子的纸，有的人在街上捡废纸都捡到很多银元，甚至还有捡到银元宝的。这一次大抢劫，在成都历史上空前未有！被抢的都是富有户或官宦人家。

这期间还有一个小插曲：草市街有个刘裁缝，他本来和邻居的何姑娘相爱，但受到周围旧势力的压迫，长期不能结为夫妇。这时趁着大乱，两人竟自结了婚。刘裁缝拿了两封点心，送到何家，一下就把何姑娘背回家，又打了两斤水酒，买了两斤花生，请了隔壁邻舍两三个老太婆喝了几杯，于是不管它城里抢得怎样闹热，他们却开始洞房花烛了。

蒲殿俊一走，尹昌衡接着当了军政府的都督。他下了一道命令说："男人梳辫子，是满清政府强迫汉人服从他们满人的奴隶风俗，现在光复了，决不能再守满清的奴化习惯，因此，每个汉人都要剪掉辫子。"但当时，遵守这个法令，自觉剪辫子的人少，不遵守的人却要多些，特别是那些没有文化的工农群众，一时想不过来，不愿剪发。于是，军政府下了命令，在城门口挂上几把大剪，凡是进城出城的人，没有剪辫的拉着就剪。当时有的人埋怨说："秀才遇到兵，有理说不清。"也有的人怕剪去辫子，干脆躲着不出门。但是，工人、农民要进城谋生，无法躲避，当然只好由那些兵剪去算了。

我的母亲，头发又多又长，每天梳头总要占去很长时间。于是，她感慨地说："为什么不让妇女也剪发？能剪去多好啊！"

但不久，真的有妇女剪发了。有一次，罗旭芝先生带领曹师母和另外几个女教师到铁路公司去开会。那次我也跟着去了，记得在会上有一个叫孙友根先生的，年纪大约三十岁，在当时是唯一剪短发的妇女。她一头乌黑透亮的短发，梳着偏分式，当时这种发式叫拿破仑式。还有一种从头发中间分开，两边梳得一样平的，叫华盛顿式。梳这两种发式的，多半是一些懂得新知识的青年学生和公务人员。至于那些被迫剪发的工农大众，他们却从不管梳什么发式。

孙友根女士那天上台发表了演说。我简直不懂她说了些什么,只见很多人都在鼓掌,这就引起我很大兴趣。我想回去对我妈说,要她把我的头发也剪了。我要像孙友根那样,梳个拿破仑式。我长大了,也要上台去演说。

——摘自《胡兰畦回忆录》

我的童年

溥 仪

登极与退位

光绪三十四年旧历十月二十日的傍晚，醇王府里发生了一场大混乱。这边老福晋不等听完新就位的摄政王带回来的懿旨，先昏过去了。王府太监和妇差丫头们灌姜汁的灌姜汁，传大夫的传大夫，忙成一团，那边又传过来孩子的哭叫和大人们哄劝声。摄政王手忙脚乱地跑出跑进，一会儿招呼着随他一起来的军机大臣和内监，叫人给孩子穿衣服，这时他忘掉了老福晋正昏迷不醒，一会被叫进去看老福晋，又忘掉了军机大臣还等着送未来的皇帝进宫。这样闹腾好大一阵，老福晋苏醒过来，被扶送到里面去歇了，这里未来的皇帝还在"抗旨"，连哭带打地不让内监过来抱他。内监苦笑着看军机大臣怎么吩咐，军机大臣则束手无策地等摄政王商量办法，可是摄政王只会点头，什么办法也没有……

家里的老人给我说的这段情形，我早已没有印象了。老人们说，那一场混乱后来还亏着乳母给结束的。乳母看我哭得可怜，拿出奶来喂我，这才止住了我的哭叫。这个卓越的举动启发了束手无策的老爷们。军机大臣和我父亲商量了一下，决定由乳母抱我一起去，到了中南海，再交内监抱我见慈禧太后。

我和慈禧这次见面，还能够模糊地记得一点。那是由一次强烈的刺激造成的印象。我记得那时自己忽然处在许多陌生人中间，在我面前有一个阴森森的帏帐，里面露出一张丑得要命的瘦脸——这就是慈禧。据说我一看见慈禧，立刻嚎啕大哭，浑身哆嗦不住。慈禧叫人拿冰糖葫芦给我，被我一把摔到地下，连声哭喊着："要嬷嬷！要嬷嬷！"弄得慈禧很不痛快，说："这孩子真别扭，抱到哪儿玩去吧！"

我入宫后的第三天，慈禧去世，过了半个多月，即旧历十一月初九，举行了"登极大典"。这个大典被我哭得大煞风景。

大典是在太和殿举行的。在大典之前，照章要先在中和殿接受领侍卫内大臣们的叩拜，然后再到太和殿受文武百官朝贺。我被他们折腾了半天，加上那天天气奇冷，因此当他们把我抬到太和殿，放到又高又大的宝座上的时候，早超过了我的耐性限度。我父亲单膝侧身跪在宝座下面，双手扶我，不叫我乱动，我却挣扎着哭喊："我不挨这儿！我要回家！我不挨这儿！我要回家！"父亲急得满头是汗。文武百官的三跪九叩，没完没了，我的哭叫也越来越响。我父亲只好哄我说："别哭别哭，快完了，快完了！"

典礼结束后，文武百官窃窃私议起来了："怎么可以说'快完了'呢？""说要回家可是什么意思呵？"……一切的议论，都是垂头丧气的，好像都发现了不祥之兆。

后来有些笔记小品里加枝添叶地说，我是在钟鼓齐鸣声中吓哭了的，又说我父亲在焦急之中，拿了一个玩具小老虎哄我，我才止住了哭。其实那次大典因为处于"国丧"期，丹陛大乐只设而不奏，所谓玩具云者更无其事。不过说到大臣们都为了那两句话而惶惑不安，倒是真事。有的书上还说，不到三年，清朝真的完了，要回家的也真回了家，可见当时说的句句是谶语，大臣们早是从这两句话得到了感应的。

事实上，真正的感应不是来自偶然而无意的两句话。如果翻看一下当时历史的记载，就很容易明白文武百官们的忧心忡忡是从哪里来的。只要看看《清鉴纲目》里关于我登极前一年的大事提要就够了：

> 光绪三十三年，秋七月。广州钦州革命党起事，攻陷阳城，旋被击败。
>
> 冬十一月。孙文、黄兴合攻广西镇南关（现改名睦南关——作者），克之，旋败退。
>
> 谕：禁学生干预政治及开会演说。
>
> 三十四年，春正月。广东缉获日本轮船，私运军火，寻命释之。
>
> 三月。孙文、黄兴遣其党攻云南河口，克之，旋败退。
>
> 冬十月，安庆炮营队官熊成基起事，旋败死。

这本《清鉴纲目》是民国时代编出的，所根据的史料主要是清政府的档案。我从那个时期的档案里还看到不少"败死""败退"的字样。这类字样越多，也就越说明风暴的加剧。这就是当时那些王公大臣们的忧患所在。到了宣统朝，事情越加明显。后来起用了袁世凯，在一部分人心里更增加一重忧虑，认为外有革命党，内有袁世凯，历史上所出现过的不吉之兆，都集中到宣统一朝来了。

我糊里糊涂地做了三年皇帝，又糊里糊涂地退了位。在最后的日子里所发生的事情，给我的印象最深的是：有一天在养心殿的东暖阁里，隆裕太后坐在靠南窗的炕上，用手绢擦眼，面前地上的红毡子垫上跪着一个粗胖的老头子，满脸泪痕。我坐在太后的右边，非常纳闷，不明白两个大人为什么哭。这时殿里除了我们三个，别无他人，安静得很，胖老头很响地一边抽缩着鼻子一边说话，说的什么我全不懂。后来我才知道，这个胖老头就是袁世凯。这是我看见袁世凯唯一的一次，也是袁世凯最后一次见太后。如果别人没有对我说错的话，那么正是在这次，袁世凯向隆裕太后直接提出了退位的问题。从这次召见之后，袁世凯就借口东华门遇险[1]的事故，再不进宫了。

武昌起义后，各地纷纷响应，满族统帅根本指挥不动抵抗民军的北洋各镇新军，摄政王再也没办法，只有接受奕劻这一伙人的推荐，起用了袁世凯。待价而沽的袁世凯，有徐世昌这位身居内阁协办大臣的心腹之交供给情报，摸透了北京的行情，对于北京的起用推辞再三，一直到被授以内阁总理大臣和统制全部兵权的钦差大臣，军政大权全已在握的时候，他才在彰德"遥领圣旨"，下令北洋军向民军进攻。夺回了汉阳后，即按兵不动，动身进京，受隆裕太后和摄政王的召见。

这时候的袁世凯和从前的袁世凯不同了，不仅有了军政大权，还有了比这更为难得的东西，这就是洋人方面对他也发生了兴趣，而革命党方面也有了他的朋友。北洋军攻下汉阳之后，英国公使朱尔典得到本国政府的指示，告诉他：英国对袁"已经发生了极友好的感情"[2]。袁到北京不久，英国驻武昌的总领事就奉朱尔典之命出面调停民军和清军的战事。袁世凯的革命党方面的朋友，主要的是谋刺摄政王不遂的汪精卫。汪精卫被捕之后，受到肃亲王善耆的很好的招待。我父亲在自己的年谱中说这是为了"以安反侧之心"，其实并非如此。我有位亲戚后来告诉过我，当时有个叫西田耕一的日本人，通过善耆那里的日本顾问关系告诉善耆，日本人是不同意杀掉汪精卫的。摄政王在几方面压力之下，没有敢对汪精卫下手。武昌事起，汪精卫得到释放，他立刻抓住机会和善耆之流的亲贵交朋友，袁世凯到北京，两人一拍即合，汪精卫也很快与袁的长公子克定变成了好朋友，从而变成了袁的谋士，同时也变成了袁世凯和民军方面某些人物中间的桥梁。民军方面的消息经此源源

---

[1] 一九一二年一月十六日袁世凯退朝回家，三个革命党人伺于东华门大街便宜坊酒楼上，掷弹炸袁未中，炸毙袁的侍卫长袁金标，炸伤护兵数人，事后袁以"久患心跳作烧及左骨骸腰疼痛等症"为名请假，拒不入朝，让胡惟德等人代奏。

[2] 一九一一年十一月十五日，英国外相格雷复驻华公使朱尔典电。其全文是"复你十二日电。我们对袁世凯已发生了极友好的感情和崇敬。我们愿意看到一个足够有力的政府，可以不偏袒地处理对外关系，维持国内秩序以及革命后在华贸易的有利环境。这样的政府将要得到我们所能给予的一切外交援助"（见蓝皮书中国第一号，一九一二年四十页）。

地传到袁世凯这边，立宪派人物也逐渐对他表示好感。袁世凯有了许多新朋友，加上在国内外和朝廷内外的那一伙旧朋友，就成了对各方面情况最清楚而且是左右逢源的人物。袁世凯回到北京后，不到一个月，就通过奕劻在隆裕面前玩了个把戏，把摄政王挤掉，退归藩邸。接着，以接济军用为名挤出了隆裕的内帑，同时带着亲贵们输财赡军。亲贵感到了切肤的疼痛，皇室的财力陷入了枯竭之境，至此，政、兵、财三权全到了袁的手里。接着，袁授意驻俄公使陆征祥联合各驻外公使致电清室，要求皇帝退位，同时以全体国务员名义密奏太后，说是除了实行共和，别无出路。我查到了这个密奏的日期，正是前面提到的与袁会面的那天，即十一月二十八日。由此我明白了太后为什么后来还哭个不停。密奏中让太后最感到恐怖的，莫过于这几句："海军尽叛，天险已无，何能悉以六镇诸军，防卫京津？虽效周室之播迁，已无相容之地。""东西友邦，有从事调停者，以我只政治改革而已，若等久事争持，则难免无不干涉。而民军亦必因此对于朝廷，感情益恶，读法兰西革命之史，如能早顺舆情，何至路易之子孙，靡有孑遗也。……"

隆裕太后完全给吓昏了，连忙召集御前会议，把宗室亲贵们叫来拿主意。王公们听到了密奏的内容和袁世凯的危言，首先感到震动的倒不是法兰西的故事，而是袁世凯急转直下的变化。本来在民、清两军的议和谈判中，袁世凯一直反对实行共和，坚决主张君主立宪。他曾在致梁鼎芬的一封信中，表示了自己对清室的耿耿忠心，说"决不辜负孤儿寡妇（指我和太后）"。在他刚到北京不久，发布准许百姓自由剪发辫的上谕的那天，在散朝外出的路上，世续指着自己脑后的辫子笑着问道："大哥，您对这个打算怎么办？"他还肃然回答："大哥您放心，我还很爱惜它，总要设法保全它！"因此一些对袁世凯表示不信任的人很为高兴，说"袁宫保决不会当曹操！"民清双方的谈判，达成了把国体问题交临时国会表决的原则协议，国会的成员、时间和地点问题，则因清方的坚持而未决。正争执中，南京成立了临时政府，选了孙中山为临时大总统，第二天，袁世凯忽然撤去唐绍仪代表的资格，改由他自己直接和民军代表用电报交涉。国体问题还远未解决，忽然出现了袁内阁要求清帝退位问题，自然使皇室大为震骇。

原来袁世凯这时有了洋人的支持，在民军方面的朋友也多到可以左右民军行动的程度。那些由原先的立宪党人变成的革命党人，已经明白袁世凯是他们的希望；这种希望后来又传染给某些天真的共和主义者。因此在民军方面做出了这个决议：只要袁赞成共和，共和很快就可成功；只要袁肯干，可以请袁做第一任大总统。这正符合了袁的理想，何况退位的摄政王周围，还有一个始终敌对的势力，无论他打胜了革命党还是败给革命党，这个势力都不饶他。他决定接受这个条件，但对清室的处置，还费考虑。这时他忽然听说孙中山在南京就任了临时大总统，不免着起急来。他的心腹助手赵秉钧后来透露："项城本具雄心，又善利用时机。但虽重兵在握，却力避曹孟德欺人之名，故一面挟北方势力与南方接洽，一方面挟南方势力，以挟制北方。项城初以为南方易与，颇侧南方，及南方选举总统后，恍然南北终是两家，不愿南方势力增长，如国民大会成立，将终为其挟持，不能摆脱。乃决计专对清室着手，首先胁迫亲贵王公，进而胁迫清帝，又进而恫吓太后，并忖度其心理，诱饵之以优待条件，达到自行颁布退位，以全权组织临时政府。"这就是袁世凯突然变化的真相。

变化尽管是变化，如果想从善于流泪的袁世凯脸上，直接看到凶相，是办不到的。他最后和太后见了那次面，在东华门碰上了一个冒失的革命党人的炸弹，给了他一个借口，从此再不进宫，而由他的助手赵秉钧、胡惟德等人出面对付皇室。他自己不便于扮演的角色就由他们来扮演。

但是变化终归是变化。那些相信过袁世凯的人，又改变了看法。

"谁说袁世凯不是曹操？"

一直坚持这个说法的是恭王溥伟、肃王善耆、公爵载泽等人，还有醇王周围的年轻的贝勒们。一位贵胄学堂的学生后来说，当时的民政大臣满人桂春曾宣称，为了回答外地对满人仇杀的行为，他已组织了满族警察和贵胄学堂的学生，对北京城的汉人实行报复。远在西安的总督蒙古族人升允，这时带兵勤王，离了西安，袁世凯去了一封表示赞许的电报，同时命令他停在潼关不得前进，以良弼为首的一些贵族组织了宗社党[1]，宗社党将采取恐怖行动的传说也出现了。

总之，一部分满蒙王公大臣做出了要拼命的姿态。太后召集的第一次御前会议，会上充满了愤怒之声。奕劻和溥伦由于表示赞成退位，遭到了猛烈的抨击。第二天，奕劻没有敢来，溥伦改变了口风，声明赞成君主。

这种情势没有保持多久。参加会议的毓朗后来和他的后辈说过这个会议，溥伟也有一篇日记做了一些记载，内容都差不多。其中的一次会议是这样开的——

太后问："你们看是君主好还是共和好？"

大约有四五个人立刻应声道："奴才都主张君主，没有主共和的道理。"接着别人也表示了这个态度，这次奕劻和溥伦没参加，没有相反的意见。有人还说，求太后"圣断坚持，勿为奕劻之流所惑"。太后叹气道：

"我何尝要共和，都是奕劻跟袁世凯说的，革命党太厉害，咱没枪炮没军饷，打不了这个仗。我说不能找外国人帮忙吧？他们说去问问。过了两天说问过了，外国人说摄政王退位他们才帮忙。载沣你说是不是这样说的？"

溥伟忿忿地说："摄政王不是已退位了吗？怎么外国人还不帮忙？这显然是奕劻欺君罔上！"

那彦图接口道："太后今后可别再听奕劻的啦！"

溥伟和载泽说："乱党实不足惧，只要出军饷，就有忠臣去破贼杀敌。冯国璋说过，发三个月的饷他就能把革命党打败。"

"内帑已经给袁世凯全要了去。我真没有钱了！"太后摇头叹气。

溥伟拿出日俄战争中日本帝后以首饰珠宝赏军的故事，劝请太后效法。善耆支持溥伟的意见，说这是个好主意。隆裕说："胜了固然好，要是败了，

---

[1] 在辛亥革命期间，清朝皇族的最顽固最反动的集团，以良弼、溥伟、铁良等为首组成了宗社党，其目的是挽救清朝的灭亡，反对清帝退位，反对袁世凯，反对议和。后良弼被革命党人彭家珍炸死，袁世凯又策动冯国璋等发表通电，赞成共和，才被迫同意清帝退位，隆裕亦传谕，把它解散。宗社党解体之后，其中一些主要分子并不死心，分别投靠了帝国主义企图借外力来复辟。

连优待条件不是也落不着了吗？"

这时优待条件已经由民清双方代表议出来了。

"优待条件不过是骗人之谈，"溥伟说，"就和迎闯王不纳粮的话一样，那是欺民，这是欺君。即使这条件是真的，以朝廷之尊而受臣民优待，岂不贻笑千古，贻笑列邦？"说罢，他就地碰起头来。

"就是打仗，只有冯国璋一个也不行呀！"太后仍然没信心。溥伟就请求"太后和皇上赏兵去报国"。善耆也说，有的是忠勇之士。太后转过头，问跪在一边一直不说话的载涛：

"载涛你管陆军，你知道咱们的兵怎么样。"

"奴才练过兵，没打过仗，不知道。"载涛连忙碰头回答。

太后不作声了，停了一晌才说了一句：

"你们先下去吧。"

末了，善耆又向太后嘱咐一遍："一会，袁世凯和国务大臣就觐见了，太后还要慎重降旨。"

"我真怕见他们。"太后摇头叹气。……

在这次会议上，本来溥伟给太后想出了个应付国务大臣们的办法，就是把退位问题推到遥遥无期的国会身上。可是国务大臣赵秉钧带来了袁世凯早准备好了的话：

"这个事儿叫大伙儿一讨论，有没有优待条件，可就说不准了！"

太后对于王公们主战的主意不肯考虑了。王公们曾千嘱咐万嘱咐不要把这件事和太监说起，可是太后一回宫，早被袁世凯喂饱的总管太监小德张却先开了口：

"照奴才看，共和也罢，君主也罢，老主子全是一样。讲君主，老主子管的事不过是用用宝。讲共和，太后也还是太后。不过这可得答应了那'条件'。要是不应呵，革命党打到了北京，那就全完啦！"

在御前会议上，发言主战的越来越少，最后只剩下了四个人。据说我的二十几岁的六叔是主战者之一，他主张来个化整为零，将王公封藩，分踞各地进行抵抗。这个主张根本没人听。毓朗贝勒也出过主意，但叫人摸不清他到底主张什么。他说：

"要战，即效命疆场，责无旁贷。要和，也要早定大计。"

御前会议每次都无结果而散。这时，袁的北洋军将领段祺瑞等人突然从前线发来了要求"清帝"退位的电报，接着，良弼被革命党人炸死了。这样一来，在御前会议上连毓朗那样两可的意见也没有了。主战最力的善耆、溥伟看到大势已去，离了北京，他们想学申包胥哭秦廷，一个跑到德国人占领的青岛，一个到了日本人占领的旅顺。他们被留在那里没让走。外国官员告诉他们，这时到他们国家去是不适宜的。问题很清楚，洋人已决定承认袁世凯的政府了。

宣统三年旧历十二月二十五日，隆裕太后颁布了我的退位诏。一部分王公跑进了东交民巷，奕劻父子带着财宝和姨太太搬进了天津的外国租界。醇王在会议上一直一言不发，颁布退位诏后，就回到家里抱孩子去了。袁世凯一边根据清皇太后的懿旨，组织了民国临时共和政府，一边根据与南方革命党达成的协议，由大清帝国内阁总理大臣一变而为中华民国的临时大总统。而我呢，则作为大总统的邻居，根据清室优待条件[1]开始了小朝廷的生活。

这个清室优待条件如下：

第一款　大清皇帝辞位之后，尊号仍存不废。中华民国以待各外国君主之礼相待。

第二款　大清皇帝辞位之后，岁用四百万两。俟改铸新币后，改为四百万元，此款由中华民国拨用。

第三款　大清皇帝辞位之后，暂居宫禁。日后移居颐和园。侍卫人等，照常留用。

第四款　大清皇帝辞位之后，其宗庙陵寝，永远奉祀。由中华

---

[1]　与"关于清帝逊位后优待之条件"同时颁布的还有"关于满蒙回藏各族待遇之条件"和"关于清皇族待遇之条件"。

民国酌设卫兵，妥慎保护。

第五款　德宗崇陵未完工程，如制妥修。其奉安典礼，仍如旧制。所有实用经费，并由中华民国支出。

第六款　以前宫内所用各项执事人员，可照常留用，惟以后不得再招阉人。

第七款　大清皇帝辞位之后，其原有之私产由中华民国特别保护。

第八款　原有之禁卫军，归中华民国陆军部编制，额数俸饷，仍如其旧。

——摘自爱新觉罗·溥仪《我的前半生》

父亲与孙中山

溥 杰[1]

我父亲虽然成了国家拥有最高权力的人，可是他是个老实人，也和我祖父一样，都是把权力看得较淡，再加上庆亲王奕劻在当时的北洋大臣袁世凯的利用下，使袁世凯逐渐得到实际权力。还有个说法，说是光绪临死前曾给摄政王留下遗诏，要求杀死袁世凯。我虽然没有听我父亲口述过，但我父亲不满意袁世凯，则是真的。所以在他当上摄政王后，曾以回家养足疾为名黜退了袁世凯，可是到武昌起义时又只好起用他。袁世凯出山后也不买我父亲的账，使父亲处于十分为难的境地。我们小时候也都痛恨袁世凯，看到袁世凯的相片，就用手剜去其眼睛。但我母亲由于荣禄和袁的关系，曾反对我们这样的恶作剧。在辛亥革命成功后，父亲立即主动放弃了摄政王的地位，回家以后反而高兴地对家人说："从今天起我可以回家抱孩子了！"说罢轻轻抱起了我。当时母亲被他那种轻松的神气气得哭了一场，父亲倒是心安理得地开始了新生活。

一九一二年九月孙中山先生来北京，要见我父亲。父亲有些紧张。孙中山先生不是说过要"驱除鞑虏"吗？这"鞑虏"不就是满族吗？父亲怀着忐

---

[1] 溥杰，满族，姓爱新觉罗，载沣之子，清朝最后一个皇帝溥仪的弟弟。

忐不安的心情在家里接待了孙中山先生。一见面,孙中山先生就说:

"你拥护共和,这很好呀!虽然你是摄政王,但将来在中华民国五族共和的大家庭里,你还是有前途的。"

我父亲说:"我拥护民国,大势所趋,感谢民国政府对我们的照顾。"

孙中山先生赠给父亲他亲笔签名的照片。父亲非常感动。父亲想回拜孙中山先生,被袁世凯阻止了。袁世凯对父亲不放心。

——摘自《溥杰自传》,题目为编者所加

载沣与袁世凯的矛盾

载 涛[1]

载沣是我的胞兄，他的秉性为人，我知道的比较清楚。他遇事优柔寡断，人都说他忠厚，实则忠厚即无用之别名。他日常生活很有规律，内廷当差谨慎小心，这是他的长处。他做一个承平时代的王爵尚可，若仰仗他来主持国政，应付事变，则绝难胜任。慈禧太后执掌政权数十年，所见过的各种人才那么多，难道说载沣之不堪大任，她不明白吗？我想绝不是。她之所以属意载沣，是因为她观察皇族近支之人，只有载沣好驾驭，肯听话，所以先叫他做军机大臣，历练历练。慈禧太后到了自知不起的时候，光绪帝虽先死去，她仍然贪立幼君，以免翻她从前的旧案。但她又很明白光绪的皇后（即后来之隆裕太后）亦是庸懦无能、听人摆布之人，绝不可能叫她来重演"垂帘"的故事，所以既决定立载沣之子为嗣皇帝，又叫载沣来摄政。这仍然是从她的私见出发来安排的。

载沣虽无统驭办事之才，然并不能说他糊涂。他摄政以后，眼前摆着一个袁世凯，处于军机大臣的要地；而奕劻又是叫袁拿金钱喂饱了的人，完全

---

[1] 载涛，满洲正黄旗人。姓爱新觉罗，醇亲王奕譞第七子。曾任禁卫军大臣。辛亥革命时，参与宗社党，反对清帝退位，支持过张勋复辟。

听袁支配。近畿陆军将领以及几省的督抚，都是袁所提拔，或与袁有秘密勾结。他感到，即使没有光绪帝的往日仇恨，自己这个监国摄政亦必致大权旁落，徒拥虚名。至于传闻之说，如光绪临危拉着载沣的手，叫他杀袁世凯；又如隆裕面谕载沣，杀袁给先帝报仇等等，载沣生前并没有向我说过，或许是他保密的缘故。因此，是否真有其事，我也无从判断了。

载沣摄政不久，即下谕罢免袁世凯。据我所知，促所其事的为肃亲王善耆和镇国公载泽。他两人向载沣秘密进言，此时若不速作处置，则内外军政方面，皆是袁之党羽；从前袁所畏惧的是慈禧太后，太后一死，在袁心目中已无人可以钳制他了，异日势力养成，消除更为不易，且恐祸在不测（大意就是说袁心存叛逆）。善耆主张非严办不可；载沣彼时对袁，也觉得是自己的绝大障碍，遂同意善耆等的做法，又将谕旨用蓝笔写好（彼时尚在大丧百日之内，不能动朱笔）。其实，这种事必须用迅雷不及掩耳的手段去作，不是可以迁延时日、从容研究的。事后就有人说过，袁每日上朝，仅带差官一名；进乾清门后，便只他单身一个人，若能出以非常手段，干了再说，即使奕劻如何有心庇护，张之洞如何危词耸听，亦来不及了。可是载沣哪里有康熙皇帝擒鳌拜的决断和魄力呢？据闻那一道谕旨原文，是将袁革职拿交法部治罪。这从袁的方面来讲，就已因此有了宽转，结果可以不死了。及至拿给奕劻等一看，奕劻尚模棱其词，不过说："此事关系重大，请王爷再加审度。"张之洞则明白地说出什么"主少国疑，不可轻于诛戮大臣"，力为反对。彼时，凡是谕旨非经军机大臣副署不能发表。载沣处此僵局之下，竟自无可如何；乃将原谕一再修改，措辞前紧后松，变为"开缺回籍养病"。纵虎归山，自贻后患，善耆等亦只有付之浩叹而已。

我在此尚要补充几句话。清朝家法最严，尤其是近支王公更不能稍有轨外行动。所以每一代皇帝死亡和继承的时候，从未有过如过去历史上各个朝代所发生的那种变故。当辛亥年冬，丁士源曾问过善耆："王爷在光绪戊申（一九〇八年）十一月的时候，为什么不帮助摄政王将袁除掉？"善耆说："你不知道，我们宗族王公，在宫廷内错走一步便是死罪，我虽是御前大臣，怎么敢在宫内乱来。"这段问答，曾见丁自著笔记。这是实在情形。载沣究竟不是皇帝，其不能作断然的处置，此亦原因之一。

袁住在彰德洹上村之时，善耆对他并不放心。那时，日本人川岛浪速是善耆的警察顾问，亦即是他的心腹之人。川岛手下曾秘密侦探袁的行动，随时都有密报。这种报告，善耆曾经给我看过。当辛亥年四月，新组成之内阁（将军机处归并内阁）受各省咨议局的攻击说："皇族内阁不合君主立宪公例，失臣民立宪之希望，请另行组织。"于是总协理大臣均奏请辞职。奕劻、那桐、徐世昌的原奏，均在述治官报上发表。所最不可解者，那、徐两人均说，自己才力短绌，从前罢免之袁世凯，"其才胜臣等十倍，若蒙特予起用，必可宏济艰难"云云（大意如此）。徐世昌本是袁一手提拔的私党，不足深论；那桐是一个著名圆滑的官僚，何以亦有这样说词？况且其时各省并无特别事故，必须袁出来收拾。他们两人既敢如此说，监国亦居然未加斥责，凡看到官报的人无不诧异。

到了武昌首义，革命爆发，那、徐协谋，推动奕劻，趁着载沣仓皇失措之时，极力主张起用袁世凯。袁在彰德，包藏野心，待时而动。冯国璋、段祺瑞是袁的嫡系心腹大将，亦认为"非宫保再出，不能挽救危局"。载沣本不愿意将这个大对头请出，以威胁自己的政治生命，但是他素性懦弱，没有独作主张的能力，亦没有对抗他们的勇气，只有任听摆布，忍泪屈从。其实，彼时除近畿陆军以外，禁卫军是一支新练成的精锐之师，未尝不可一试。但是冯、段已先任为第一、二两军总统，担任前线军事，此两军已为袁所能直接操纵。于是将禁卫军编列第三军，专负保卫京畿之责。我自永平秋操营地赶回北京，内阁总协理大臣已决定如此主张，我亦不便再持异议。及听到前线作战缺乏炮弹应用，我立即派遣禁卫军炮标统带吴金声带领炮队一营，配带应需实弹，专车抢先开往。陆军大臣荫昌督师南下，过彰德时曾与袁会晤。至于外间传说，徐世昌曾秘密赴彰，往来磋商条件，据我想，袁、徐两人早有默契，似不必再作形式上之会见，且当时亦未听说徐有赴彰之事。

袁世凯既出任内阁总理，于十月十五日（旧历，下同）奉皇太后懿旨，监国摄政王载沣以醇亲王归藩，不预政事。袁于是无所顾忌，为所欲为。袁又看准奕劻、那桐平日贪得无厌，遂以大量金钱投其所好。奕劻之无钱不要，为人所共知。据闻袁前在直隶总督任内，对于庆王府中大小生日所需，以及嫁娶妆奁等项，无一不悉予供给。当革命事起。十月十七日北京报纸曾登载，奕劻私有的金银珠宝衣饰详单估计所值在现金万万两以上；其来源固无从深悉，恐亦不是随便捏造。平日蓄积有如是之巨，真是骇人听闻。又据人说，吴禄贞之得第六镇统制，亦曾化了运动费二万两，其过付为谁，现尚有人能指实。吴是很有声望的军人，奕劻尚不肯轻轻放过，则其他更可想而知。那桐亦是著名大贪污者，拿钱走他的门路者，大有其人。在当时的朝局，已成公开之秘密。奕劻和那桐及那、袁两家彼此皆系姻亲，关系密切，他们三角勾结，袁之阴谋始得实现。

  隆裕太后之为人，其优柔寡断更甚于载沣，遇着极为难之事，只有向人痛哭。平日宠信太监张兰德，言听计从。张亦居然以李莲英自居，器小易盈，惟知聚敛赀财。袁世凯摸清这条路线，专派人密向张联络，许以巨额金钱，叫他向隆裕施用威胁利诱的手段，说袁世凯如何忠心，但是各省纷纷独立，前敌军队撤不下来，外债无望，饷项难筹，若不答应民党的要求，则革命军队杀到北京，您的生命难保；倘能依从让位，则优待条件如何如何，仍可安居宫闱，长享尊荣富贵，袁世凯一切可以担保云云。奕劻、那桐本来只认得钱，至于清廷封建统治的垮台，并不在他们的心上。他们二人与张兰德里应外合，不由得隆裕不入他们的圈套。后来他三人皆如愿以偿，各自在家纳福去了。奕劻在天津所买大楼房，即是张兰德的产业。王闿运所著《祺祥纪事》末段说："乃至德宗末年，天下惟论财货，禅让亦以贿成，举古今不闻之说，公言之而无怍。"这种"禅让"之局得以成功，可说是全由奕、那、张三人之手。载沣对于皇帝退位，是始终不赞成的，但他无权无力，在袁世凯看来，已在无足重轻之列。但因他优柔寡断已贻误于前，到此也就没有任何办法了。

（一九六一年七月）
——摘自《晚清宫廷生活见闻》

隆裕与载沣之矛盾

载　润[1]

隆裕皇后，姓叶赫那拉氏，桂祥之女，亦即慈禧之内侄女。光绪十五年（一八八九年）立为皇后。因她与慈禧之关系，故不为光绪所喜爱；终光绪一生，与隆裕皇后迄未和好相处。

隆裕为人，庸碌无识，较之慈禧，则远远不如。例如慈禧对于政治虽然残暴自私，但尚有个人的见解；对于王公大臣，亦有一定的笼络手段。而隆裕则一切皆为其宠监张兰德所操纵，个人毫无主见。

光绪故后，隆裕一心想仿效慈禧"垂帘听政"。迨奕劻传慈禧遗命立溥仪为帝，载沣为监国摄政王之旨既出，则隆裕想借以取得政权的美梦，顿成泡影，心中不快，以至迁怒于载沣。因此，后来常因事与之发生龃龉。

宣统既立，隆裕皇后自然抑郁不乐，后受太监张兰德的怂恿，在宫中东部大兴土木，修建"水晶宫"，以为娱乐之所。按清代制度，在"国服"期间，不得兴修宫殿（在封建时代，这是一个严重问题），然而隆裕对此并不顾忌；尤其当时清廷正在兴建新军（海、陆两军），所需甚巨，国库本已空虚，建军之用尚感不足，而隆裕乃不计及此，竟命由度支部拨出巨款来兴修

---

[1] 载润，满洲正黄旗人。姓爱新觉罗。

宫殿，以为个人娱乐之举。后虽因革命军起而不得不停止，然此亦可见其无识之一斑。

宣统二年五月，载沣命毓朗、徐世昌为军机大臣。不数日，隆裕即迫令载沣将此二人撤去。载沣始则婉言请稍从缓；隆裕复以言语相逼。载沣不得已，以太后不应干预用人行政之权为对，隆裕始无可如何。其对载沣无理取闹，颇多类此。

隆裕闻革命军起，惟恐失去太后之地位与享受，初意亦在主战；后因张兰德受了袁世凯之贿，乃劝隆裕共和，谓共和仅是去掉摄政王之职权，太后之尊严与享受依然如故。隆裕信之，遂有逊位之举。载沣无可如何，只好辞职，故逊位诏书不是由监国摄政王出名，而由隆裕下的诏书。其实，隆裕对共和之意义并不了解，只不过认为是把载沣之政权，移交给袁世凯而已，而在逊位诏中仍有"即由袁世凯以全权组织临时共和政府"之语。其后发现民国优待条件与张兰德所言完全不符，遂终日抑郁，逾年而殁。

载沣生性懦弱，在政治上并无识见。其在受命监国摄政期间，里边常有隆裕掣肘，外边又受奕劻、那桐等人挟制，他的地位虽为监国摄政王，然并没有任何作为的余地（实际上也不会有什么作为）。即如对隆裕之兴建"水晶宫"事，本可以既"违反祖制"，又影响建军之正当理由，进行拦阻，但由于其怯懦怕事，不敢多言，也就不加可否任凭兴建。至于当时用人行政之实权，也等于完全操在奕劻、那桐之手；他个人并无一定的见解和主张。

光绪故后，隆裕在他的砚台盒内，发现有光绪亲用朱笔，写的"必杀袁世凯"的手谕，即交载沣处理。载沣犹豫不能决，乃商之于奕劻、那桐等人；而奕、那等则力主保全，让袁世凯自行称疾辞职，袁乃有辞职之举。迨袁辞职后，载沣又不留其在京，反命回籍养病，把袁放走了。当时，清政府官僚中之有识者，多认为这无异是"纵虎归山，养痈成患"。其巧黠者则暗与袁通。这事是载沣之优柔寡断，毫无政治手段的表现。

载沣对共和，本无定见，但由于内有隆裕赞同，外有奕、那挟制，个人又无良策以应付时局，惟坚决表示自己决不下此诏书而已。故其辞去监国摄政王之职,而由隆裕出名下逊位诏书者,乃实不得已也。

　　隆裕与载沣皆无治国之才,而奕劻、那桐等人,又只知贪污受贿;袁世凯有见于此,乃极力拉拢奕劻、那桐和张兰德三人,对彼等大行贿赂,以满足其贪财之欲。他一方面利用张兰德哄骗隆裕;另一方面又利用奕、那,挟制载沣。因此,实际上当时的军政大权已操诸袁世凯之手。即在袁辞去军机大臣,而返回河南之后,仍在暗中操纵一切。及革命军起,清廷复起用袁为内阁总理大臣,袁乃认为时机已至,遂利用革命声势,对清廷进行威胁,而自己乘机窃取国政。由上观之,由于袁世凯之阴谋及隆裕、载沣等之庸懦无识,遂造成清末民初未能真正建成一个共和国家,徒供军阀数十年之混战而已。

（一九六一年八月）
——摘自《晚清宫廷生活见闻》

编后记

  本书稿以名人自述为点，以他们的亲身经历为线，共同揭开一段历史的真实面纱，在某种程度上给读者一个看历史的角度。本作品主要内容以亲历者记忆的方式记述了一九〇〇年至一九一一年这段时间发生的历史。其主要集中于义和团运动、辛亥革命两个主题。作品亲历者均为当时名人，其中不乏朝廷显贵，也有革命者，更有学者名流。通过他们的所闻、所见，点缀成那段历史的灿烂星空。诚然，由于所选作品作者对当时事件的立场不同，文化水平不同，视野不同，因此所持观点、表达方式难免有其局限性，但总体上瑕不掩玉。另外，编者本着认真、全面、真实的态度，除对部分文章标题加以完善外，对其他部分保留原作风貌，以便给读者更广阔的思考空间。

  另外，由于资料浩繁，搜集难度较大，编者水平精力有限，难免有挂一漏万之处，希望读者品评指正。